Withdrawn from library collection

Second hand sale authorized by

Arapahoe Library District

GALO SÁNCHEZ-CASADO

# El Templo de Salomón y las leyendas masónicas

EDICIONES OBELISCO

Si este libro le ha interesado y desea que le mantengamos informado
de nuestras publicaciones, escríbanos indicándonos qué temas son de su interés (Astrología,
Autoayuda, Ciencias Ocultas, Artes Marciales, Naturismo, Espiritualidad, Tradición…)
y gustosamente le complaceremos.

Puede consultar nuestro catálogo en www.edicionesobelisco.com

**Colección Estudios y Documentos**
El Templo de Salomón y las leyendas masónicas
*Galo Sánchez-Casado*

1.ª edición: octubre de 2016

Maquetación: *Marga Benavides*
Corrección: *Sara Moreno*
Diseño de cubierta: *Enrique Iborra*

© 2016 Galo Sánchez-Casado
(Reservados todos los derechos)
© 2016, Ediciones Obelisco, S. L.
(Reservados los derechos para la presente edición)

Edita: Ediciones Obelisco, S. L.
Collita, 23-25 Pol. Ind. Molí de la Bastida
08191 Rubí - Barcelona - España
Tel. 93 309 85 25 - Fax 93 309 85 23
E-mail: info@edicionesobelisco.com

ISBN: 978-84-9111-152-8
Depósito Legal: B-19.551-2016

*Printed in Spain*

Impreso en España en los talleres gráficos de Romanyà/Valls S. A.
Verdaguer, 1 - 08786 Capellades (Barcelona)

Reservados todos los derechos. Ninguna parte de esta publicación,
incluido el diseño de la cubierta, puede ser reproducida, almacenada,
transmitida o utilizada en manera alguna por ningún medio,
ya sea electrónico, químico, mecánico, óptico, de grabación
o electrográfico, sin el previo consentimiento por escrito del editor.
Diríjase a CEDRO (Centro Español de Derechos Reprográficos, www.cedro.org)
si necesita fotocopiar o escanear algún fragmento de esta obra.

# Prólogo

Inicio este libro hablando de las montañas sagradas, aunque no son los únicos lugares sagrados; los maestros espirituales conceden una particular importancia a todos esos emplazamientos porque son importantes para la meditación y las prácticas espirituales. Muchos de ellos se ven influenciados por el campo magnético de la Tierra o por su relación con el agua, bien sea a través de ríos o de fuentes, también las montañas de granito casi siempre forman parte de esa particular cosmogonía. Esos lugares atraen a mucha gente y son muchos los que sienten deseos de estar allí. También existen lugares en los que a nadie le gusta estar, ni siquiera a los animales, que son más sensibles que la mayoría de los seres humanos, algunos son ejemplos claros, como los tendidos eléctricos de alta tensión o lugares donde se desprenda una energía negativa.

También los fenómenos astronómicos nos afectan y por tanto hablamos del tiempo. Existe una sutil relación entre el tiempo y los cambios de estación, las fases lunares o las fluctuaciones climatológicas, por lo tanto, no hay duda de que también hay una correlación de los humanos con el mundo cósmico, desarrollándose energías tanto positivas como negativas que afectan de igual forma al plano físico como al espiritual.

El Ser Supremo, creador de todas las cosas, aparece como idea común de toda la humanidad simplemente con diferentes nombres, pero representando la misma trascendencia en las diferentes culturas, ya sea Marduk, Yehovah, Allah o cualquier forma animista mantenida por las religiones primitivas. ¿Por qué esta necesidad de la humanidad que se da, de una forma u otra, en todas las tribus del mundo desde el inicio hasta nuestro siglo actual? Hasta los más ateos y materialistas deben preguntarse por qué tantos y tantos millones de seres han tenido esa necesidad. Ya sé que los más fanáticos del materialismo dirán que es culpa de la Iglesias para dominar a la gente. Razones no les faltan, pero ¿es solamente eso, entonces cómo se le aplica a los animistas que no tienen Iglesia alguna? o ¿existe algo en el interior del ser humano que necesita sustentarse en alguna cosa incomprensible para él? Debemos tener en cuenta que desde el *Australopitecus* hasta el *Homo sapiens sapiens,* la humanidad basó sus creencias en dioses bajo un concepto politeísta y evolucionó hacia el monoteísmo apenas hace unos 5000 años. Augusto Comte manifestaba que la creencia del monoteísmo tuvo su evolución desde el politeísmo y éste a su vez evolucionó del fetichismo.

El primer paso que debe dar la persona que busca es comprender qué significa «estar». Cuando somos niños testimoniamos cosas físicas: los juguetes, el rostro de nuestra madre, de nuestro padre, etcétera. Pero a medida que nos hacemos mayores y adquirimos madurez, se comienza por ser testigos de unos fenómenos naturales, la mayoría de ellos causales, dándonos cuenta de que existen otras leyes que gobiernan la existencia, esos hechos aumentan a medida que uno adquiere mayor experiencia y conocimiento. El buscador comienza a darse cuenta de que las leyes de la dualidad están en todas partes.

Uno de los filósofos españoles más importantes de la época medieval, Ibn Arabi, decía que: «... la existencia entera está suspendida entre los polos opuestos de lo que es digno de alabanza y lo que es digno de reprobación, o lo que es deseable y lo que es indeseable. Todo en la existencia es lo que uno desea y lo que uno rechaza».[1]

---

1. Abū Bakr Muhammad ibn 'Alī ibn 'Arabi, nació en Murcia en 1165, hijo de un murciano y de una bereber, ha sido la figura más influyente del sufismo andalusí relacionado con la escuela de Ibn al-Arif (Abenalarif), siempre se le ha considerado más un filósofo que un sufí, aunque los maestros de muchas órdenes del sufismo, desde hace siglos, lo han respetado como un gran maestro, al que incluso han dado el calificativo de Sheik al Akbar, o el más grande de los maestros.

El presente libro lo he dividido en tres partes: una parte histórica que habla de la edificación del Templo de Salomón y de la situación sociopolítica de Judea y particularmente de Jerusalén. Una segunda parte que habla de la leyenda de Hiram, de su influencia en la búsqueda de la realización del hombre verdadero, de los iniciados, del conocimiento y de la sabiduría. Y termino con una tercera parte en la que se trata la influencia que tuvo el Templo de Salomón en la sociedad occidental y particularmente en Felipe II, donde nos encontramos con un retrato lejos de lo que nos habían dicho sobre su persona y descubrimos un personaje humanista, heterodoxo e incluso hermetista. Seguimos hablando de cómo el Templo ha influido en la masonería y en sus templos, para terminar en una capilla llena de secretos, de paganismo y de esoterismo como es Rosslyn.

Insisto en que en los diversos capítulos no sólo se habla del Templo de Salomón desde un punto de vista histórico, se lo relaciona también con la masonería y con los diversos grados que hacen referencia a él. También con la fraternidad Rosacruz, por haber sido una de las sociedades iniciáticas más importantes, aunque sus doctrinas se centren principalmente en la persona y obra del Cristo. Además al estar influenciada por la obra de Paracelso, coincide desde un punto de vista moral con la masonería, al predicar el dominio del cuerpo, la purificación del espíritu, la humildad, la justicia y la verdad.

Este libro puede sorprender a algunos historiadores, pero lo que no pueden comprender los historiadores empíricos es que la masonería no tiene sólo una historia en el sentido que le dan al término esos estudiosos, tiene además una historia simbólica, que hace que los principios e ideología de la orden se esclarezcan o simbolicen mediante acontecimientos bíblicos, míticos y también históricos. Ya sé que para los historiadores académicos, este tipo de cosas no son más que pseudohistorias, con poco valor, creadas para glorificar a un individuo o a una cultura. En cambio, los francmasones, aunque en algunos casos la historia esté muy cambiada o exagerada, tienen en cuenta y valoran las consecuencias que tuvieron en la sociedad de entonces. Negarlo sería tanto como rechazar el Antiguo o el Nuevo Testamento, ya que en cualquiera de ellos existen leyendas distorsionadas, contradicciones e historias increíbles. Por lo tanto, lo que hay que valorar es lo que supusieron esas leyendas en las sociedades y épocas en las que se desarrollaron, y lo que algunas de ellas siguen suponiendo en la sociedad actual, pero sobre todo, cómo repercuten en el comportamiento humano.

# Capítulo I

## Las montañas sagradas

Desde hace milenios, las necesidades fundamentales del hombre no han variado: comida, salud y espiritualidad. El hombre tenía una necesidad de creer en una existencia superior a él. Por eso, algunos de ellos, los iniciados, se habían trazado una misión y se manifestaban siendo magos, druidas, hierofantes, chamanes o sacerdotes. Todos deseaban mantener el equilibrio del mundo con el fin de garantizar la prosperidad material. Para ello, tenían que establecer una comunicación con un Ser Superior y partieron de una máquina temible, el menhir. Este elemento, que recoge la energía de una fuente inagotable, hizo que el hombre del Neolítico desarrollara un conocimiento intuitivo y sensible de las leyes universales. Con el tiempo, fue estableciendo decenas de millares de menhires que recogían la energía cosmotelúrica; todos se reunían a su alrededor y de esa forma desarrollaban los rituales. Ese mismo concepto que se tenía del menhir fue el que se tomó luego con las montañas.

Para el pensamiento tradicional, las montañas son seres vivos que a través de los siglos han sido y son capaces de transmitir, por lo tanto de comunicar, antiguos secretos a aquellos que estén dispuestos a escucharlas abriendo sus oídos más internos y que, además, tengan el conocimiento suficiente para entenderlas. Al igual que todos los símbolos sagrados son una sólida expresión de la cosmogonía de las jerarquías del universo y un despertador de la consciencia. Con ello daban un sentido a la existencia y permitían pasar con conciencia las distintas edades de la vida. Accedían, así, a la energía infinita del cosmos añadida al poder de la Tierra. Los antiguos ofrecieron a los que lo deseaban y que eran dignos la experiencia de su propio testimonio con lo sagrado y el universo.

El concepto de *lugar sagrado* es muy subjetivo, y aunque está aceptado por casi todo el mundo que las creencias pertenecen al individuo, se da demasiadas veces que esas creencias individuales se transgreden y, en algunos casos, se impone la de una comunidad determinada. Aunque la realidad es que siempre que no vulneren los derechos del prójimo deben ser respetadas por los demás.

Esto nos lleva a decir que cada religión se sostiene sobre un misticismo: el judaísmo tiene la cábala; el cristianismo, la vía purgativa o la vía iluminativa; el islam, el sufismo; el budismo alcanza el nirvana (conocido como Samadhi en el yoga y Satori en el zen); el taoímo tiene a aquellos que aceptan las interpretaciones del Tao;[2] el hinduismo, la naturaleza de Brahma a través del Vedanta o la alegoría para la Singularidad Divina del Ser.[3] Y también hay que resaltar que cada religión tiene sus místicos, y si nos centramos en el cristianismo católico, los más representativos han sido santa Teresa de Ávila, san Juan de la Cruz, santa Hidelgarda, santa Caterina de Siena, san Francisco de Asís o el maestro Eckhart. Sin embargo, también existe una mística protestante que está representada por Jacob Boehme,[4] Kaspar Schwenkfeld, Emanuel Swedenborg, Joseph Smith, fundador del mormonismo, o el poeta William Blake, así como una mística heterodoxa representada, en la forma más antigua, por los cristianos gnósticos y posteriormente, desde la Edad Media hasta el Renacimiento, por los *alumbrado*s o por los seguidores

---

2. Según Chuang Tzu, uno de los filósofos más sobresalientes del pensamiento taoísta, el Tao es un principio original que todo lo abarca; todo cuanto hay en la naturaleza es el resultado de su actividad espontánea y se halla en continuo flujo y transformación.
3. Sostienen que todas las religiones pueden armonizarse ya que a su modo adoran al mismo Dios, y persiguen que el hombre descubra la propia y verdadera doctrina natural para alcanzar el conocimiento de lo divino.
4. Ejerció una fuerte influencia sobre pensadores como Hegel, Law o Isaac Newton y en algunos movimientos cristianos como los filadelfos.

del *quietismo* preconizado por Miguel de Molinos, una mística en cierto sentido muy cercana al budismo.

Llegados a este punto, siempre nos puede asaltar la pregunta ¿qué tradición mística deberíamos seguir?, entendiendo la mística como un fenómeno transpersonal o iniciático. Todas ellas sostienen vistas relativamente similares, tan similares, de hecho, que en muchos casos la fraseología lingüística de uno podría ser fácilmente cambiada por aquella otra manifestación cultural del misticismo de otro, y no habría ninguna diferencia demostrable.

¿Existe una gran diferencia cuando le preguntamos cuál es el camino a un gurú, rabino, sacerdote o shaik?, la verdad es que no, inmediatamente intentarán convencernos de que el suyo es el mejor. Si esa misma pregunta se la hacemos a un místico o a un iniciado, raramente nos dirá que la suya, al contrario, aconsejará y sugerirá que el mejor camino elegido es el que culturalmente más se aproxime a cada uno de nosotros. Nos dirá que el objetivo de la espiritualidad es parecido a subir a la cumbre de una montaña, que para subir existen muchos caminos posibles y que una vez que los caminantes han alcanzado la cumbre se encuentran unos en compañía de los otros. Esta analogía mística es lo que hace que la montaña tenga un especial interés en el momento de construir el templo. La montaña sagrada es un lugar de comunicación con la divinidad, sea la que sea, de ella proviene la sabiduría, la revelación, por ese motivo se interpreta como un estadio intermedio entre en Cielo y la Tierra.

El hecho de que estas trayectorias, con más o menos trabajo, nos lleven a la cumbre no simplifica las cosas ni resuelve los conflictos que emergen cuando esos caminos se interponen a lo largo de la subida. Si eso ocurre, a menudo los escaladores se enfrentan y rechazan, no dejándole paso al otro. Insistirán en algunos casos en que la otra persona encontrará su propia trayectoria. En el peor de los casos, una lucha sobreviene y uno o ambos mueren en el proceso... Sin embargo, el místico dice que ésta es la realidad de la montaña en sí misma y que no puede ser evitada. Los místicos se abrazan tan a menudo a esta noción que lo que sigue es rodear la trayectoria como única manera de llegar a la cima de la montaña. Sin embargo, los iniciados creen que el tiempo trae un cambio, es el proceso de la evolución; puede ser biológica, sociológica, o espiritual. Una nueva generación mira hacia arriba en el laberinto de las trayectorias y hay algo que comienzan a preguntarse. No preguntan la validez de las trayectorias, preguntan la exclusividad de las trayectorias. En vez de entrecruzarse, ¿por qué no utilizar trayectorias paralelas para llegar a la cumbre de nuestra montaña o templo interior?

La montaña interior presente tanto en la mística musulmana como en la cristiana describe bien lo dicho anteriormente, es el verdadero camino iniciático del alma, parecido a una ascensión terrestre. No dejando en ningún momento de divisar la cumbre por ser el elemento motriz, haciendo el camino sin llevar cargas inútiles y siguiendo a un guía, para llegar a buen puerto, que no tiene que ser físico. En el caso de la tradición cristiana, Cristo es ese guía por excelencia, pero también es la cumbre que debe alcanzarse. Juan de la Cruz describe la subida al monte Carmelo como el grado supremo de perfección mística, cumbre última de larga y difícil ascensión.[5]

La montaña se ha convertido, por decirlo de algún modo, en una especie de tierra del medio, una separación entre el mundo de los hombres y el de los dioses, una separación entre los seres superiores y los mortales. Desde los montes Albanos, en cuya cumbre se yergue un templo dedicado a Júpiter, hasta el célebre Olimpo, y desde el Parnaso hasta el Helicón –cadena montañosa griega considerada el hogar de las musas–, las montañas clásicas fueron muy conocidas. Convertidas luego en modelos para muchas culturas han sido ampliamente descritas por la tradición mitológica. Del mismo modo, existieron los betilos, otras piedras erguidas consideradas como receptáculos de la divinidad, a semejanza de los menhires y los montes. Dentro de este tipo se conoce el Omphalos (ombligo) de Delfos, centro espiritual de Grecia, junto al

---

5. S. Juan de la Cruz, *Obras Completas*, Alianza Editorial, Madrid, 1991. Véase «Subida del monte Carmelo».

que vaticinaba la pitia poseída por la presencia del dios; la Piedra Negra de la Ka'aba en La Meca; la Lapis Niger de Roma; Bethel, que es mencionado en el Génesis; la Piedra Negra de Pessinonte, asociada al culto de la diosa Cibeles, y la piedra Benben del templo del sol en la Héliopolis de Egipto. Estos betilos y ónfalos, que se asociaban con la fertilidad, desempeñaron un papel importante en muchas religiones antiguas. Se cree que la mayoría de esas piedras son meteoritos caídos del cielo.

Poco después, los templos se ocultaron en el seno de las montañas en grutas naturales o construidas. Este cambio de posición, de relación entre el monte y la gruta, se realizó cuando un oscurecimiento progresivo de la tradición transformó el lugar celeste en subterráneo, y la gruta llegó así a ser el centro de las iniciaciones y de los misterios. Pero al contrario de la caverna, matriz que prepara un renacimiento espiritual a la iniciación desarrollando la muerte profana, la montaña señala un principio concreto de ascensión a la mística, su cuesta simboliza el movimiento ascendente de la vuelta del alma a su origen. Hay que tener en cuenta que la caverna, cavada en la montaña, que simboliza el mundo terrestre, la oscuridad y el polo oscuro, mantiene un estrecho vínculo con la montaña, consagrada a la luz, conduciendo a la verdad divina y a lo luminoso del mundo. Esta simbología está contenida y desarrollada en la masonería en el camino que va desde la cámara de reflexiones, que simboliza la caverna, hasta la logia, que simboliza la montaña y es donde se recibe la luz.

Muchos son los templos que en Babilonia, Caldea o Israel tenían un zigurat[6] o un estupa[7] en su centro, representando a la montaña. Pero desde el mundo antiguo que pasa del menhir a la pirámide, hasta el

---

6. Es un templo de la antigua Mesopotamia que tiene la forma de una torre o pirámide escalonada. El diseño de un zigurat va desde una simple base con un templo en lo alto, hasta las maravillas matemáticas y arquitectónicas con varias terrazas rematadas con un templo.
7. Un estupa es un tipo de arquitectura budista y jainista hecho para contener reliquias, que deriva probablemente de los antiguos túmulos funerarios. Este monumento era concebido como símbolo cósmico, conmemorativo del paranirvana de Buda.

moderno representado por los campanarios, todos han querido manifestar simbólicamente ese vínculo entre el Cielo y la Tierra. El exponente más manifiesto fue la Torre de Babel, que representa el deseo milenario del hombre de igualar a Dios o alcanzar el Cielo. Ese relato lo encontramos tanto en la Biblia como en el Corán: «Vamos, edifiquémonos una ciudad y una torre cuya cúspide llegue al cielo; y hagámonos un nombre, por si fuéramos esparcidos sobre la faz de toda la tierra».[8] Y según el Corán: «El faraón dijo: "Oh, notables, no conozco otra divinidad más que yo. Haman, enciende fuego sobre la arcilla para hacer ladrillos, luego construye una torre, quizás entonces subiré hasta el Dios de Moisés. Porque creo que él forma parte de los mentirosos"».[9]

La montaña también es el punto terrestre que está más cerca del Cielo, lugar donde se manifiesta la iniciación, lugar elegido por Dios para revelarse al hombre, bíblicamente fue el Sinaí donde Dios entregó a Moisés las Tablas de la Ley y coránicamente el Jabal al-Nour, que significa montaña de la luz, lugar donde se desarrolló la primera revelación al profeta Mahoma, en la gruta de Hira. Es un ir y venir del hombre entre la religión y la superstición, entre la leyenda y la historia.

Ése ha sido el motivo por el cual muchos de los templos se han levantado en un montículo, colina o montaña, ya sean míticas o reales. Podemos poner un ejemplo que nos revelará, de inmediato, la complejidad y coherencia que tiene dicho simbolismo: la montaña Cósmica. Todos los templos se consideran terreno sagrado, pero hay templos que por sus características especiales han sido levantados en un monte, generalmente por los componentes telúricos de ese fenómeno natural y por creer que esa montaña representa el centro de la Tierra. Ese centro que representa la montaña sagrada ha sido considerado por muchos pueblos como la residencia de los dioses brillando en su esplendor, en la fase del ciclo cósmico ascendente, y que se oculta en la caverna, entrando así en el mundo subterráneo, en su fase descendente.

---

8. Génesis 11, 4.
9. Corán 28, 38.

En múltiples culturas se nos habla de montañas como el monte Meru, en la India, que la tradición védico-brahmánica señala como morada de los dioses y según los tibetanos identificada con el Kailas (6700 m), en el Tíbet occidental; la montaña del Kun Lun, en China, que se considera que encierra el paraíso taoísta; Tai Shan, la más venerada de las cinco montañas sagradas de China, tanto por los confucionistas, como por los budistas y los taoístas; el Pico de Adán en el sur de Sri Lanka, en cuya cima existe una cavidad que parece la huella de un enorme pie humano y que los budistas identifican con Buda mientras que los hinduistas dicen que es de Siva; Hara Berezaiti en el Irán, que para los antiguos zoroastrianos, según las escrituras del Avesta, es la fuente de todas las montañas del mundo; la montaña mítica monte Zagros o monte de los Países, en Mesopotamia, donde cada pueblo fue creando su mitología, más o menos rica según la imaginación de sus gentes; el monte Gerizim en Palestina, conocido ahora como Jabal et-Tür, que era la casa de Dios según el Génesis y un lugar escogido por él para su santuario, según Josué, denominada también como el Ombligo de la Tierra; el monte Sion, donde se encuentra la tumba de David, y donde según la tradición se celebró la última cena; el monte Olimpo, que era el hogar de los dioses olímpicos, los principales dioses del panteón griego, presididos por Zeus; o el monte Moria que está delante del monte Sion, entre ambos formaron la explanada donde se construyó el Templo de Salomón y en una de sus laderas está también el Calvario (Gólgota), donde los Evangelios sitúan la crucifixión y muerte de Jesucristo. A veces no son grandes montañas, como ocurre con Hira, una colina que está cerca de La Meca y donde Mahoma acostumbraba a retirarse para meditar; actualmente se la considera la Montaña de la Luz por ser allí donde recibió la primera revelación.

Las he reseñado para mencionar únicamente algunos de los innumerables montes sagrados que aparecen prácticamente en todas las tradiciones. En muchos de ellos se edificaron templos y sobre el primer templo, en muchos casos, se han ido edificando encima otros que pueden pertenecer a diferentes religiones. Existen muchos ejemplos de ellos en todos los continentes, particularmente en España tenemos como el más representativo en Santiago de Compostela.

Habida cuenta de que la montaña sagrada es un *Axis mundi*[10] que une la Tierra al Cielo y, de algún modo, al tocar ese Cielo señala el punto más alto del mundo. Resulta así que el territorio que la rodea, y que constituye «nuestro mundo», es tenido por el país más alto. Tal es lo que proclama la tradición israelita: Palestina, como era el país más elevado, no quedó sumergido en el Diluvio. Para el islamismo también existe un lugar que, según ellos, es el más elevado de la tierra, simbólicamente claro está, y es la *Ka'aba,* que según Wensinck y Burrows, es debido a que «la estrella polar testimonia que se encuentra frente al centro del cielo».[11] También para los cristianos existe el lugar más alto y, en este caso, es el Gólgota el que se encuentra en la cima de la montaña cósmica.

Todas estas creencias expresan un mismo sentimiento profundamente religioso: «nuestro mundo» es una tierra santa porque es el lugar más próximo al Cielo, porque desde aquí, desde nuestro país, se puede alcanzar el Cielo; nuestro mundo, según eso, es un «lugar alto». En lenguaje cosmológico, esta concepción religiosa se traduce en la proyección de ese territorio privilegiado, que es el nuestro, a la cima de la montaña cósmica.

«Yehovah vino del Sinaí y desde Seir los esclareció. Resplandeció desde el monte de Paran con la ley del fuego en su mano derecha».[12] Este pasaje de la Biblia los islámicos lo interpretan como la procedencia de cada uno los profetas: Moisés vino del Sinaí, Jesús del monte Seir y Mahoma del Paran.

---

10. Axis mundi o «eje del mundo» es un símbolo ubicuo presente en numerosas culturas. La idea expresa un punto de conexión entre el Cielo y la Tierra en el que convergen todos los rumbos de una brújula.
11. A. E. Wensinck y E. Burrows, citados en *El mito del eterno retorno,* p. 33. Alianza Editorial, Madrid, 2000.
12. Deuteromonio 33, 2.

La montaña, hecha de roca, personifica las ideas de permanencia y solidez ante el mundo evanescente de la materia, sugiriendo al mismo tiempo la presencia de otro mundo no sujeto a la ley de la muerte y a la destrucción. Mircea Eliade nos dice lo siguiente:

El simbolismo arquitectónico del Centro puede formularse así:
a) «La Montaña Sagrada —donde se reúnen el Cielo y la Tierra— se halla en el centro del Mundo».
El Infierno, el centro de la Tierra y la puerta del Cielo se hallan en un mismo eje y se hace el pasaje de una zona a otra.
b) «Todo templo o palacio —y, por extensión, toda ciudad sagrada o residencia real— es una "montaña sagrada", debido a lo cual se transforma en Centro».
Los nombres de los templos y de las torres sagradas babilónicas son testimonio de su asimilación con la montaña cósmica, por ejemplo «Lazo entre el Cielo y la Tierra».
c) «Siendo un *Axis mundi,* la ciudad o el templo sagrado es considerado como punto de encuentro del Cielo con la Tierra y el Infierno».
La cima de la montaña es el lugar donde comenzó la creación.[13]

Como hemos visto, las características físicas, los mitos y las tradiciones han hecho de las montañas unos lugares sagrados, este carácter sagrado que emana de la montaña fue percibido por el hombre al inicio de la civilización y ha estado presente en culturas muy diversas, siempre desde una perspectiva místico-esotérica, mediante símbolos fuertemente arraigados a la mitología. El hombre según iba evolucionando vistió las cumbres con sus divinidades, aunque éstas aún no estaban bien definidas. De hecho, lo simbólico de la cumbre y la construcción del templo como el objetivo que debe alcanzarse reside en el centro de numerosas prácticas iniciáticas de inspiración cristiana, chiita, sufí o masónica.

---

13. Mircea Eliade, *El mito del eterno retorno,* Alianza Editorial, Madrid, 2000.

La montaña en la Biblia es el lugar de la Alianza y la manifestación de la Palabra de Dios en el Antiguo Testamento, la montaña es el teatro de acontecimientos centrales y el lugar elegido por Dios para la realización del sacrificio de Isaac por Abraham. Es también allí donde se le aparecerá a Moisés para revelarle los diez mandamientos: «El Eterno descendió sobre la montaña de Sinaí, sobre la cumbre de la montaña; el Eterno llamó a Moisés sobre la cumbre de la montaña. Y Moisés subió».[14] Acompañada de fuertes imágenes simbólicas destinadas a mostrar la omnipotencia del Creador –truenos, relámpagos y una gran nube cubriéndolo–, la montaña es el lugar que elige Dios para revelarse a su pueblo por medio de un profeta elegido. En este episodio, el contraste entre el «fuego y el nubarrón» que ha precedido el encuentro de Moisés y la presencia de Dios, es esta vez comparada a «un murmullo suave y ligero», evocando una presencia más dulce, de una sutileza inefable, más allá de la fuerza y la materialidad de los elementos. Si se nombra a veces –montaña de Séir, Galaad, Sinaí o también de Hermon– es menor el lugar particular que el motivo mismo de la montaña como lugar de manifestación del divino, que es lo importante y que tiende a vehicular la imagen de Dios majestuoso e inaccesible al común de los mortales. Es también un lugar de refugio ante la ira divina. Los ángeles aconsejan a Lot huir hacia la montaña, con el fin de no perecer en la destrucción de Sodoma.[15] La montaña evoca a veces una vuelta a la fe original, purificada de todo elemento corruptor. En el momento de cuestionar la fidelidad de Israel a la Alianza,[16] Dios se dirige así al profeta Elías, refugiado en la caverna: «Sal fuera y quédate de pie ante mí, sobre la montaña».[17] La montaña está presente finalmente en nu-

---

14. Éxodo 19, 20.
15. Génesis 19, 17.
16. «Alianza» se traduce al hebreo como *berith*, es el pacto celebrado entre Dios y el pueblo judío a través de Abraham, por lo tanto, según los cristianos, existe una antigua Alianza, que termina con el acuerdo de Yahveh con Noé y la aparición del arcoíris y una nueva Alianza realizada a través de Jesús el Cristo y su símbolo será la eucaristía.
17. 1 Reyes 19, 11.

merosas ocasiones en el Libro de los Salmos, donde personifica el lugar del encuentro del divino: «Envía tu luz y tu verdad; éstas me guiarán, me conducirán a tu santo monte y a tus moradas».[18]

En los Evangelios, el motivo de la montaña sigue mencionando el encuentro y la proximidad con el divino, para convertirse en un lugar de recogimiento. Es allí también donde la Ley es dada, no por Dios a través de Moisés, sino por Jesús mismo: la montaña es el lugar de la enseñanza de Cristo, particularmente las bienaventuranzas, que constituyen la primera parte del «sermón de la montaña», que contiene los principios centrales de su enseñanza así como el padrenuestro. Permanece el lugar también por excelencia de la experiencia espiritual y la revelación de Cristo como Hijo: así pues, la transfiguración acompañada de la aparición de Moisés y Elías a los apóstoles Pedro, Santiago y Juan se desarrolla «sobre una alta montaña».[19] Jesús se retira también en numerosas ocasiones para rogar, en particular, al monte de los Olivos o también tras la multiplicación de los panes, después de lo cual «él subió a la montaña, para rezar aparte».[20]

En el desierto, la montaña es también el lugar de la prueba, donde el diablo tienta a Cristo prometiéndole reinar sobre todos los reinos del mundo. Además, su fuerza y su solidez se mencionan para compararlas a las de la fe, mayor aún, y ante la cual ningún elemento material, incluso el más sólido, puede resistir: Jesús les dijo: «Porque tenéis muy poca fe. Os aseguro que si tuvierais fe, aunque fuera tan pequeña como una semilla de mostaza, diríais a ese monte: "Quítate de ahí y pásate allá", y el monte se pasaría. Nada os sería imposible».[21]

Finalmente, Cristo fue crucificado sobre la montaña del Gólgota después de haber llevado su propia cruz, fuerte símbolo del restablecimiento del vínculo entre el Cielo y la Tierra, gracias al perdón del peca-

---

18. Salmos 43, 3.
19. Mateo 17, 1 y Marco 9, 2.
20. Mateo 14, 23 y Marco 6, 46
21. Mateo 17, 20.

do original a través de la muerte del Hijo. La cumbre se convierte así en el último lugar de la vuelta hacia el Padre. Después de la resurrección de Cristo, es también sobre una montaña donde se manifiesta por última vez a sus once discípulos y los reviste del Espíritu. A pesar de su diversidad geográfica, el conjunto intemporal de estas montañas hace referencia a la «montaña del Eterno», ya aludida en el Antiguo Testamento, mencionando el conjunto de los lugares elegidos por Dios para entrar en contacto con el mundo de los hombres y transmitirles su mensaje.[22]

Es evidente que en la relación de los hombres con la montaña se establece una alquimia que está al servicio de los primeros. Un templo está construido a imagen del hombre y ambos pretenden encontrar su lugar en el cosmos, reconciliando, en el caso del hombre-templo, los aspectos locales (microcosmos) con los aspectos universales representados por la montaña (macrocosmos).

Robert Fludd,[23] teósofo inglés y rosacruz, decía: «El hombre es el microcosmos que se corresponde estrechamente con el universo o macrocosmos. Dios es el arquetipo de todo lo que existe y opera en el mundo por medio de dos principios complementarios y antagónicos, la luz y la tiniebla, el acto y la potencia». La dimensión pluridimensional que constituye un lugar alto consagrado contribuye a que el hombre pueda comunicar con los espíritus de la naturaleza, los reinos inferiores y las entidades superiores, ampliando así su campo de consciencia. Accede de esa manera a un no tiempo, al conocimiento intuitivo del pasado y del futuro, a la memoria akáshica, según Annie Bésant.[24]

---

22. Amélie Neuve-Eglise «Symbolisme de la montagne dans la Bible et le Coran: le lieu de l'appel et de la rencontre avec le divin, *Revue de Teherán*, n.º 34, Teherán, Irán, septiembre, 2008.
23. Fludd es considerado como uno de los grandes humanistas del Renacimiento, su conocimiento se apoyaba en el conjunto de las humanidades, y consagró una parte importante de sus voluminosos escritos a defender la reforma de las ciencias.
24. El adjetivo «akáshico» es un neologismo inventado por la teósofa británica Annie Bésant (1847-1933), que proviene de *akasa*, un término existente en el antiguo idioma sánscrito de la India. Es una supuesta especie de memoria (de todo lo que ha acontecido desde el inicio de los tiempos) que estaría registrada en el éter.

Precisamente en la mística musulmana, y más concretamente en el chiismo, es donde se percibe con más fuerza lo que hablábamos anteriormente; el hombre es concebido como un microcosmo que simboliza perfectamente el macrocosmos del universo. Es esa misma mística chiita la que tiende a interiorizar los símbolos para hacerlos corresponder con las etapas del curso espiritual del hombre. Pero también encontramos en Occidente numerosas muestras del mismo hecho, desde la leyenda del santo grial en un lugar llamado Montsalvat, al Parzifal de Wolfram Von Eschenbach que decía: «… quien pone muchos cuidados en su búsqueda no lo descubre desgraciadamente nunca… hay que alcanzarlo sin haber tenido el deseo». También el rosacrucismo tuvo su montaña en la obra de Valentín de Andreæ, teólogo y místico alemán, al narrar las *Bodas alquímicas de Christian Rosenkreutz,* una de las obras fundamentales de la Orden Rosacruz, que evoca el trayecto místico de un anciano que debe ir a las bodas reales que se celebran en la cumbre de una alta montaña. Encontramos así el concepto clave de la «montaña o templo interior» en la que la ascensión corresponde a una subida, que es a su vez autoconocimiento y el trazado de una vuelta hacia el principio.

En el fondo, es otro mundo, que actualmente parece haberse reducido por el *desencanto del mundo actual,* que ha subyugado la montaña a su dimensión natural, dejándola como un elemento más dentro del paisaje geográfico. Sin embargo, eso no es así para los que creen en un simbolismo. Para los que saben que existe un universo desconocido en el que el espacio y el tiempo alteran sus relaciones, haciendo que la atmósfera de realidad e imaginación se aproximen de una forma increíble.

«Al mirar a nuestro alrededor percibimos que […] cada objeto se relaciona con cada uno de los demás […] no sólo espacial, sino temporalmente […]. Como hecho de la explicación pura, no hay espacio sin tiempo ni tiempo sin espacio; ambos se interpenetran».[25]

---

25. D. T. Suzuki, *Mahayama, Mahayana buddhism*, Allen and Unwin, Londres, 1959, cit. en *Más allá del ego,* de Maslow, Capra *et alter.,* Kairos.

Como decía María-Madeleine Davy, «La ascensión de la montaña simboliza sobre todo el principio de una búsqueda interior, que se incorpora poco a poco a la del Absoluto».[26] Debemos entender el Absoluto como causa primera de todo cuanto existe en el cosmos, origen de toda manifestación y principio universal de la esencia incognoscible. Abarca todas las leyes del universo conocidas y por conocer. Es lo no relativo, lo incondicionado, lo no compuesto, es desde un punto de vista filosófico una figura impersonal. Aunque las religiones le dan otro sentido y lo identifican con el concepto de Dios.

## La construcción del Templo

La ciudad de Jerusalén[27] fue tomada por el rey David de manos de los yebuseos, y por estar en el centro de todas sus ciudades, la convirtió en la capital de su reino. Ahí comenzó su período de importancia, que se verá acrecentado con Salomón y el Templo allí construido, justo en el monte Moria. Llegaron a existir cuatro templos: el de Salomón, el del profeta Ezequiel –que fue imaginario–, el construido por Zorobabel durante la primera parte del siglo VI a. C. y el edificado por Herodes en tiempos de Jesucristo, aunque en las líneas que siguen nos vamos a centrar, sobre todo, en el Templo construido por el rey Salomón.

Esta historia, que se inicia 1400 años a. C., es una historia antigua en la que un pueblo fue conducido por un hombre, Moisés, desde la esclavitud hasta la Tierra Prometida. Durante ese trayecto recibió las tablas de la ley en el monte Sinaí, que sirvieron de conexión entre Dios e Israel, y en ellas se encontraban grabados los diez mandamientos.

---

26. Marie-Madeleine Davy, *La Montagne et sa symbolique*, Albin Michel, París, 1996.
27. Ciudad sagrada para los judíos, los cristianos y los musulmanes que originariamente fue un asentamiento yebuseo y aparece citada por primera vez en la Biblia con el nombre de Salem que ha sido interpretado como ciudad de la Paz.

Pero surgió un problema, que era dónde guardar tan sagrada posesión, se resolvió construyendo una gran caja de madera de acacia, a la que se colocaron cuatro anillas en las esquinas para poder transportarlas, y se recubrió interiormente con oro; esta arca se guardaba a su vez en una tienda santa, de forma rectangular, hecha con pieles y un armazón también de madera. Allí los judíos rezaban a Dios y le dieron el nombre de Tabernáculo, este templo acompañó al pueblo de Judá en su peregrinaje hasta que se asentaron en Israel. El Tabernáculo justificaba al pueblo judío como tal. En su peregrinaje siempre lo llevaban consigo conteniendo el arca de la Alianza, considerada como su más preciado tesoro, centro sagrado que les daba sentido a todos los aspectos culturales y tradicionales.

Finalmente, el arca y el Tabernáculo fueron llevados a Jerusalén por el rey David, pero no fue hasta el siglo x a. C. cuando el rey Salomón construyó el Templo, conocido también como santuario (miqdash), para sustituir al Tabernáculo que se venía utilizando desde el Éxodo y en el que durante ese tiempo el pueblo judío había estado ocultando el arca. Para ellos el arca representaba, según la Biblia, el poder de Dios que se había manifestado cuando se derrumbaron las murallas de Jericó y ese Templo sustitutivo del Tabernáculo se edificó en el monte Moria. Era un lugar no muy alto, entre los 40 y 100 metros, donde la tradición dice que Abraham ofreció el sacrificio, no consumado, de su hijo Isaac a Dios. Sin embargo, los chiitas creen que el hijo ofrecido fue Ismael, primogénito de Abraham con Agar.

Es muy probable que dicho sacrificio tuviera lugar en el sitio que siglos más tarde pasó a llamarse la Roca, tomando una importancia relevante para el islam porque consideran que Mahoma subió a los Cielos desde esa roca. Allí se construyó un edificio octogonal que durante el dominio musulmán pasó a llamarse Qubbat as-Sagra o Cúpula Dorada. Cercana a él se construyó también la mezquita de Al-Aqsa, a la que posteriormente, durante la Baja Edad Media, se le daría el nombre de capilla de San Juan, que finalmente terminó siendo la Casa Madre de los templarios.

En el Templo de Jerusalén también fue levantado el altar de los Holocaustos a la misma altura que el Mar de Bronce, pero en la esquina nordeste. Evidentemente, es un lugar sagrado reverenciado por las tres tradiciones monoteístas al estar impregnado de una gran sacralidad.

Volviendo al nombre del monte, vemos su relación etimológica con *mara,* que significa «visión, revelación». Guénon nos indica que la trascendencia simbólica que se da al monte Moria recuerda notablemente a la del Meru hindú, la montaña sagrada polar ubicada en la Comarca Suprema e identificada con el eje del mundo, con el Pardés o con el Paraíso, palabras que derivan de la hindú *Paradesha.*

En ese mismo estudio, Guénon cita la interpretación que Martines de Pascually hace de la palabra *Moria,* que escribe «Morija» y dice: «Una palabra dividida en dos partes: la primera, *mor,* significa destrucción de las formas corporales aparentes, e *ija* (o *iah)* significa visión del Creador». Mencionaremos que Iah es, además, uno de los nombres de Dios, designado como el sol central oculto del universo. Una vez más, el propio Guénon afirma que es el símbolo de la unidad primordial en relación con la estrella polar y con el propio Salomón, el primero de los Tres Grandes Maestros que aparece en el séptimo y último grado de la masonería operativa.[28]

El Templo empezó a construirse en el año 968 a. C., aproximadamente, cuarto año del reinado de Salomón. Eso no hubiera sido posible si David, su padre, no hubiera tenido un papel importante al prestar una atención cuidadosa en la preparación de los proyectos y de todos los detalles para la edificación del Templo. Todos ellos se registran para nosotros en el primer libro de Crónicas 22, 2-4.

Después mandó David que se reuniera a los extranjeros que había en la tierra de Israel, y señaló de entre ellos canteros que labraran piedras para edificar la casa de Dios. Asimismo preparó David mucho hierro para los clavos de las puertas y para las junturas; y también una

---

28. René Guénon, *Símbolos fundamentales de la ciencia sagrada,* Edudeba, Buenos Aires, 1969, cap. 17, pp. 103-106.

incalculable cantidad de bronce, y madera de cedro sin cuenta, pues los sidonios y tirios habían traído a David abundante madera de cedro. Y éste dijo, Salomón, mi hijo, es joven e inexperto, y la casa que debe ser construida para el Señor debe ser magnífica por excelencia, para nombre y gloria en todas las tierras; haré por lo tanto la preparación para ello. Entonces David proporcionó materiales en gran cantidad antes de su muerte, piedras escogidas y labradas, así como madera del monte Líbano.

Resumiendo, el edificio del primer Templo fue una tarea monumental según nos explica la Biblia. Se emplearon 153.600 oficiales y artesanos fenicios para poder construir el Templo, en el que se tardaron siete años durante el reinado de Salomón. Algo que está confirmado en Crónicas y en Reyes.

Entonces el rey Salomón decretó una leva de trabajo obligatorio en todo Israel que reunió treinta mil hombres. Salomón tenía además a setenta mil hombres para llevar cargas, ochenta mil para extraer la piedra en las montañas, y tres mil seiscientos para supervisarlos.[29]

Las piedras fueron talladas en una cantera y traídas al Templo mientras estaba siendo construido. De tal manera que no se oyeron ni martillos, ni piquetas ni ningún otro instrumento de hierro mientras lo edificaban.[30]

Tan magnífico y resplandeciente quedó el Templo dentro y fuera, tan cubierto de oro, que fue considerado una de las maravillas del mundo. Cuando Salomón dedicó a Yehovah este Templo, se llenó de majestuosidad y según la Biblia un fuego bajó del cielo consumiendo los sacrificios que se ofrecían en él y el mismo Dios respondió: «Yo he santificado esta Casa y la he escogido para lugar de mis sacrificios».

Se cuenta que fue el mismo Yehovah quien dijo a Moisés cómo construir el Templo y que estas instrucciones llegaron generación tras generación hasta David. Según lo describe la Biblia, el Templo propia-

---

29. 1 Reyes 5, 13; 2 Crónicas 2, 2
30. 1 Reyes 6, 7

mente dicho, era un edificio alargado y estrecho, orientado en el sentido este-oeste, y en su extremo oriental tenía la entrada principal que miraba hacia el monte de los Olivos.

El edificio debió de tener una longitud interior de aproximadamente 30 metros de largo por unos 10 metros de ancho y una altura de 15 metros, o lo que es lo mismo, 60 × 20 × 30 codos. Sus dimensiones, por tanto, eran más pequeñas que las de una catedral y se aproximaban a las de una capilla palatina, y el culto se realizaba desde su exterior. Su entrada estaba guardada por dos grandes columnas que se erigieron expresamente, eran llamadas Jakin y Boaz. Tanto el rey como los sacerdotes entraban en el Templo a través de una gran puerta de 10 metros de alto por 4 de ancho que estaba recubierta de oro. Menciono las dimensiones de la puerta porque más adelante veremos que serán utilizadas puertas en otros templos parecidos con parecidas dimensiones. Traspasada esa puerta se encontraba el vestíbulo de entrada, el Ulam, y tras esa sala que tenía la función de vestíbulo, nos encontramos el Heijal o Santo, que es la estancia principal. Estaba recubierta de cedro traído de las montañas del Líbano e iluminada a través de unas altas ventanas. La planta del Heijal guardaba una proporción de 1:2, lo que significa que su anchura y longitud respondían a las de un doble cuadrado.

La última sala, el Debir, a la que se accedía a través del Heijal por medio de una escalera, estaba en un nivel superior y también era conocida como sanctasanctórum o Kodesh Ha Kodashim. El Debir tenía la forma de un cubo perfecto de aproximadamente 10 × 10 × 10 metros (20 × 20 × 20 codos) y hacía las mismas funciones que el Tabernáculo al guardar en el centro de esta sala el arca de la Alianza. Recordemos, en este sentido, que el Debir era el *lugar,* en hebreo *mishkán,* de la presencia *real de la divinidad,* manifestación de la Shekinah: «Pues ahora he elegido y santificado esta Casa, para que esté en ella mi nombre para siempre; y mis ojos y mi corazón estarán siempre presentes».[31]

---

31. II Crónicas 7, 16

Esa misma forma cúbica es la que san Juan describe en el Apocalipsis como la de la Jerusalén Celeste, que queda simbolizada por el Debir y como consecuencia, por todo el Templo de Jerusalén. La entrada de este Templo, como hemos dicho, estaba en la parte de oriente, quedando la espalda al occidente, y así los sacerdotes oraban cara a oriente, como los demás judíos. Realizaban el culto con una ceremonia solemne hasta que, una vez muerto Salomón, el Templo fue profanado con otros ídolos y otros dioses. En esas invasiones se introdujeron deidades sirio-fenicias, algo que hacía que los profetas mantuviesen una actitud ambivalente. Por una parte respetaban el lugar sagrado, pero por otra lo rechazaban por la introducción de los ritos cananeos, que incumplían la consumación de la Alianza. El Templo y su culto tan sólo se pudieron restaurar en los reinados de Ezequías y Josías y en algunas otras ocasiones.

Uno de esos profetas era Ezequiel, quien tuvo una visión del Señor en un carro rodeado de fuego y a su alrededor había un fuerte resplandor:

> ...estaba sostenido por cuatro querubines,[32] cada uno tenía cuatro caras y cuatro alas, sus piernas eran rectas, y la planta de sus pies como pezuñas de becerro que centelleaban a manera de bronce muy bruñido. Además de sus cuatro caras y sus cuatro alas, aquellos seres tenían manos de hombre en sus cuatro costados, debajo de sus alas. Las alas se tocaban unas con otras. Al andar no se volvían, sino que caminaban de frente. Las caras de los cuatro seres tenían este aspecto: por delante, su cara era de hombre; por la derecha, de león; por la izquierda, de toro; y por detrás, de águila.[33]

---

32. Si los querubines de otras civilizaciones, como la egipcia, representaban formas híbridas de animales con partes humanas y, eso sí, todos tenían alas, los del Templo de Salomón hay que reconocer que deberían de tener una forma parecida y no la representación angélica que luego han intentado imponer algunas Iglesias.
33. Ezequiel 1, 2.

También profetizó la destrucción del Templo,[34] aunque antes que ocurriera el hecho, Ezequiel fue capturado junto al rey Jeconías y llevado a Babilonia en cautiverio, como consecuencia de una campaña desatada por Nabucodonosor el Grande contra Asiria y Judá en el 597 a. C. que terminó con las rebeliones.

Como todos los exiliados, tenían la esperanza de que Yehovah los protegería y que también lo haría con Israel, sobre todo con Jerusalén por ser una ciudad santa, y que todos podrían regresar gozosos a la Tierra Prometida. Pero cuando Nabucodonosor, rey de Babilonia, destruyó la ciudad y el Templo en el 587 a. C. y volvió a llevar cautiva a una gran parte de los habitantes del reino de Judá hacia tierras caldeas, comprendieron la verdadera dimensión del poderío de los caldeos. La desazón llegó a los judíos exiliados, que se preguntaban por qué Yehovah no había actuado para protegerlos. Ante la dificultad de encontrar respuesta, muchos eligieron el camino material buscando una salida y olvidaron el camino espiritual, otros al contrario, intentaron explicarse lo ocurrido atendiendo a las interpretaciones de los profetas.

Los profetas elegidos por su sufrimiento y por la preocupación religiosa empezaron a trabajar por la restauración definitiva de Yehovah como único Dios de los hebreos y único Señor del Templo de Salomón, siguiendo así el camino trazado por Isaías y Jeremías. Las profecías de Ezequiel, igual que las de Isaías o Jeremías, siempre estuvieron acompañadas de las promesas de retorno y restauración. Sin embargo, cuando Ezequiel llevaba 25 años de cautiverio fue más allá y tuvo otra visión de cómo debería ser el nuevo Templo, y ofreció una descripción completa y detallada de su construcción en cuanto a sus partes y sus contenidos.[35] A pesar de que al ser una visión tenga una interpretación espiritual y simbólica, la debemos contemplar como si de un templo real se tratara, porque si no hubiera sido así, las Escrituras no le hubie-

---

34. Ezequiel 8, 11.
35. Ezequiel 40, 48.

ran dado tanto espacio a la detallada descripción de ese Templo. Ezequiel recibió instrucciones precisas de contar todo lo que viera en la casa de Israel,[36] el hecho es que según esa visión los hebreos debían guardar toda su forma y todas sus reglas y llevarlas a cabo en la obra,[37] lo que se debía entender como la construcción de un paralelogramo exacto, con el Tabernáculo que Moisés vio en el monte y que Dios le ordenó construir.[38] Lo que no queda claro es si Zorobabel construyó su Templo de acuerdo con esas especificaciones y planos o tal vez sólo fueron indicaciones para restaurar el Templo de un pueblo obediente, que no era el caso del pueblo judío. Posiblemente por eso, al no satisfacer las expectativas ni los requerimientos del Señor, nunca se construyó.

Aunque no hay ninguna prueba de que el Templo de Ezequiel se construyera, desde 1957 los arqueólogos han ido descubriendo que el Templo de Ezequiel se asemeja a la planta del Templo de Salomón. ¿Por qué decimos esto?, sencillamente porque Howie fue uno de los primeros en reconocer que el trazado de la puerta oriental del Templo de Ezequiel concordaba en todos los aspectos esenciales con la descubierta en la ciudad de Meguido.[39] También Yadin, otro arqueólogo, descubrió una puerta en las excavaciones en Hazor que coincidía con la de Ezequiel y también encajaba con las situadas en el Templo de Salomón, lo que nos indica que había sido realizada por el mismo arquitecto de la puerta de Meguido.

---

36. Ezequiel 40, 4.
37. Ezequiel 43, 11.
38. Éxodo 25, 8-9.
39. Conocida como Tel-el-Mutesellim (el monte del Gobernante) ha sido identificada como una de las ciudades más importantes de los tiempos bíblicos. Situada en un monte que mira hacia el fértil valle de Jezreel, Meguido tuvo gran importancia estratégica ya que domina el acceso oriental de Nájal Irón (*nájal,* «lecho de río seco»), las fuentes antiguas registran numerosas batallas que se desarrollaron por el control de la ciudad; en el Nuevo Testamento (Apocalipsis 16, 16) Armagedón (que algunos consideran como una deformación de Har Meguidó, el monte de Meguido) es mencionado como el lugar de la *batalla del Fin de los Días.*

Puesto que el Templo de Ezequiel nunca existió realmente, a continuación sólo daremos un breve resumen de sus aspectos esenciales. Su principal característica es la perfecta simetría que se nota en todas sus formas. El edificio completo, un cuadrado de 500 codos, se abre hacia el este. Consiste en un atrio exterior rodeado por un muro en el cual se encuentran tres puertas idénticas: una en el lado norte, otra en el este y otra en el sur. Una cantidad de estructuras sirven de división entre el atrio exterior e interior, y tres puertas idénticas a las ya mencionadas están ubicadas en posiciones opuestas a las puertas exteriores, y permiten el acceso al atrio interior. En este atrio se levanta el gran altar de los sacrificios, del cual se dan las medidas exactas, y el edificio del Templo propiamente dicho, construido sobre una plataforma más elevada y al que se llega por medio de peldaños que se encuentran al frente del vestíbulo. El Templo está conformado por un vestíbulo (presumiblemente con torres), más el lugar santo y el lugar santísimo (cuyas medidas son aproximadamente las del Templo de Salomón), rodeadas de cámaras laterales ubicadas en tres pisos y distribuidas en los costados norte, oeste y sur del edificio. Frente al Templo se yerguen dos columnas separadas de la estructura.[40]

Las profecías fueron recogidas en el libro de Ezequiel, que para los judíos forma parte del Tanaj y lo sitúan entre los Nevi'im (Libros de los Profetas). La Biblia católica lo sitúa entre los libros de Baruc y Daniel, la protestante entre el de las Lamentaciones y el de Daniel. Si algún personaje bíblico se merece ser llamado el Padre del Judaísmo, ése es Ezequiel por haber sabido, con su visión sacerdotal, inspirar y orien-

---

40. Sin entrar en detalles del porqué no se construyó, lo cierto es que la descripción de Ezequiel es exhaustiva, aunque lo viera «en visiones de Dios» (8, 3), mientras él mismo estaba en Babilonia (8, 1). En estos cuatro capítulos encontramos mencionada «la puerta de la entrada de adentro» (8, 3), «el atrio» (8, 16), «el altar» (8, 16), «el umbral de la casa» (9, 3), «la entrada de la puerta oriental de la casa de Jehovah» (10, 19), «la entrada del templo» (40, 48; cf. 8, 16), «el altar» (43, 18; cf. 8, 16) y «la puerta que daba al oriente» (43, 4; cf. 10, 19), por la cual se ve entrar la gloria del Dios de Israel, exactamente tal como había partido.

tar la resurrección posexílica, la existencia ulterior del pueblo judío y del Israel futuro.

Como hemos visto, pasados 441 años, el Templo de Salomón fue finalmente quemado por Nabucodonosor II, rey de Babilonia. Su destrucción fue un acontecimiento traumático, ya que el Templo simbolizaba la Alianza, la nación, la monarquía y lo que es más importante, la presencia de Dios en el centro del Israel.

Animado por Ageo, uno de los doce profetas menores de Israel, quien profetizó que todas las naciones acudirían al nuevo Templo en la era mesiánica, el Templo fue reedificado por Zorobabel, con la misma filosofía que tenía David, utilizando piedras cuadradas y talladas, así como madera de cedro. En el retorno del cautiverio, junto a Zorobabel se hallaban sus 7337 sirvientes, 200 músicos y 42.360 personas incluyendo los niños.[41] Les reconfortaba en este peregrinaje largo y duro, desde las riberas del Éufrates hasta Jerusalén, un fuerte impulso religioso y un gran deseo de restaurar su antigua casa de adoración, que en cuanto estuvo terminada lo primero que hicieron fue la restitución de sus rituales.

Fue entonces cuando Zorobabel invitó a todos a contribuir a la edificación. Uno de los primeros en contribuir para la reedificación fue el gobernador de Jerusalén, que aportó 1000 daricos de oro. Toda la gente entregó sus aportaciones al tesoro sagrado, según sus posibilidades, en total 71.000 dracmas de oro y 5000 libras de plata, además de 100 túnicas sacerdotales.[42] También los samaritanos hicieron una propuesta de colaboración, pero Zorobabel y los ancianos rechazaron la oferta, ya que pensaban que los judíos debían reconstruir el Templo sin ayuda, según se lo había indicado Ciro II el Grande.

Este hecho hizo que los samaritanos se dirigieran a Ciro II, rey de Persia, con falsas acusaciones contra los habitantes de Judá y Jerusalén, persistiendo en sus falsedades hasta la época del también rey de Persia

---

41. Esdras 2, 65
42. Esdras 2, 69

Artajerjes.⁴³ Con esas calumnias, los samaritanos buscaban frustrar la construcción del Templo, lo que al final consiguieron hacer. Pasaron siete años y murió Ciro el Grande, y le sucedió su hijo Cambises, sin embargo, durante ese tiempo, no se reanudó la construcción de nuevo. Al morir este último, le sucedió su hermano Esmerdis, que estuvo menos de un año en el poder. No fue hasta que ascendió Darío I como rey (552 a. C.) cuando se permitió que se reanudaran los trabajos, eso fue por el segundo año de reinado y no se abandonaron hasta su finalización en la primavera del año 516 a. C., que fue cuando el Templo se terminó, el tercer día del mes de Adar, veinte años después del retorno del cautiverio.

Existe un documento del siglo II a. C. que ofrece una importante descripción del Templo de Zorobabel conocida como la *Carta de Aristea*. En ella vemos que:

La estructura se encontraba, aparentemente, en la misma ubicación y tenía las mismas dimensiones que el Templo de Salomón, pero no estaba construido con la misma grandeza ni con materiales tan costosos. No cabe duda de que los vasos del Templo de Salomón que se habían conservado en Babilonia y que habían retornado con los exiliados aportaban algo de magnificencia al Templo reconstruido, pero era mucho lo que se había perdido o había sido destruido. El arca de la Alianza y los querubines habían desaparecido –si bien la Biblia no explica por qué–, y el sanctasanctórum permanecía vacío.⁴⁴

El Templo fue apreciado por todo el mundo, tanto que los reyes y grandes príncipes lo obsequiaban con riquísimos dones. Sin embargo, 354 años después, Antíoco IV Epífanes, rey de Siria, lo robó y profanó durante tres años. La influencia ejercida sobre este rey por Alejandro Magno y el helenismo hizo que pusiera allí una estatua de Zeus y también una dedicada al dios-rey Antíoco, hasta que Judas Macabeo condujo a la revuelta que devolvió la libertad al país y, percibiendo la

---

43. Esdras 4, 5
44. W. J. Hamblin y D. R. Seely, *El Templo de Salomón*, AKAL, Madrid, p. 41.

victoria como un milagro del Señor, restituyó el culto divino, devolvió el tesoro del Templo, mandó hacer nuevos vasos de oro y lo restauró a mediados del 165 a. C.

Además, para que no volviera ocurrir algo parecido, lo fortaleció con un alcázar con hondos fosos, fuertes y elevados muros, hermosas puertas y torres firmes para que no lo contaminaran otra vez los gentiles; de tal modo que un ejército seléucida de 120.000 hombres, que lo tuvo cercado, no pudo penetrar jamás.

Mientras tanto en Israel, tras la dinastía de los Macabeos, se había asentado la de los Asmoneos. Tras la muerte de Aristóbulo I, hijo de Juan Hicarno, Salomé Alejandra su viuda, para poder seguir ejerciendo el poder, se había casado con Alejandro Janeo, hermano de Aristóbulo, y reinaron juntos hasta la muerte de Alejandro. Una vez realizadas las exequias, Salomé quedó al frente del Estado; podía reinar, pero, al ser mujer, no podía ser sumo sacerdote, y tuvo que confiar en su hijo Hircano II, hombre de carácter tranquilo, que asumió ese cargo. Su otro hijo, Aristóbulo, no aceptó el hecho de no poder suceder a su tío-padrastro y agrupó a su alrededor a los saduceos que estaban enfrentados con los fariseos. Se produjo una guerra y ocupó las fortalezas de Hircanion, Maqueronte y Alexadrión. Al fallecer Salomé Alejandra en el año 67 a. C., Aristóbulo se hizo con el poder inmediatamente, obligando a su hermano Hicarno a renunciar a las funciones de sumo sacerdote del Templo de Jerusalén. No le sirvió de mucho, ya que Hicarno se alió con Aretas III, rey de los nabateos, y lo venció en el año 65 a. C. obligándole a refugiarse en el Templo, donde lo asedió apoyado por los fariseos y las huestes de Aretas III, rey de Petra.

Este enfrentamiento lo aprovechó el gran Pompeyo, emperador de los romanos, que apoyado por los hasidim[45] consiguió reunir a las dos partes para que firmasen la paz. Aristóbulo aceptó de inicio, pero al poco tiempo rompió el pacto y se rebeló. Pompeyo acudió a la ayuda

---

45. Los hasidim, es decir «los piadosos» son un grupo judío de carácter místico que pretende reproducir el Antiguo Testamento con la mayor fidelidad posible.

de Hircano, que le abrió las puertas de Jerusalén, atacó a Aristóbulo, al que encarceló, y tomó el Templo. Esto ocurría en el año 63 a. C., y fue una batalla donde murieron 12.000 judíos. Hasta entonces nunca había ocurrido que un militar entrara con sus hombres hasta el sanctasanctórum, lo que escandalizó a todos, sin embargo, aunque era un gentil respetó, todas las riquezas y no tocó nada del Templo. Al día siguiente mandó a los sacerdotes a que lo purificasen y celebrasen en él solemnes sacrificios.

El segundo Templo, en realidad el tercero —si contamos el de Zorobabel y el imaginario de Ezequiel—, se fue destruyendo con el paso del tiempo y el abandono. En el año 21 a. C. terminó por caerse, hasta que Herodes I Ascalonita,[46] rey de los judíos, lo reedificó suntuosamente en nueve años y medio. En los tiempos de Salomón, el Templo ya se había agrandado, pero fue en los tiempos de este rey cuando su superficie se aumentó hasta formar una explanada de aproximadamente 500 metros de largo por 300 metros de ancho. El patio interior del Templo se rodeó por un muro formado por tres capas de bloques de piedra cubiertas por vigas de madera de cedro. El muro que actualmente queda en pie es el occidental, que conocemos como Muro de las Lamentaciones.[47] En este patio interior podían entrar los peregrinos y las masas de fieles, pero al santuario del Templo sólo podían acceder el rey y los sacerdotes.

Al finalizar la Gran Revolución Judía que comenzó en el 66 d. C., donde la población se rebeló en contra del Imperio romano, las huestes bajo las órdenes de Tito destruyeron, el 4 de agosto del 70 d. C., Jerusalén y su segundo Templo. El hecho llegaba 586 años después de la fundación hecha por Zorobabel. La batalla fue sangrienta y cruel,

---

46. A Herodes el pueblo nunca lo consideró judío debido a su origen idumeo, ésa es la razón por la cual nunca fue aceptado como su rey, porque aunque se presentaba como judío, su pensamiento y educación eran claramente griegos, y los de su tiempo lo consideraban un gentil y usurpador del trono de David.
47. En el siglo IV, Constantino el Grande permitió a los judíos ingresar en Jerusalén una vez al año a lamentar su derrota en el muro occidental, el 9 de Av.

hasta el punto que por las gradas del templo corría un arroyo de sangre de los muertos y heridos. Los romanos no se contentaron sólo con eso, un soldado impetuoso terminó pegándole fuego al Templo, sin esperar a ningún edicto y contra la voluntad del César; con este incendio fue arrasada la obra más maravillosa y rara que jamás se halla visto. Mientras tanto, en Roma tras la muerte de Nerón, las distintas legiones luchaban por imponer a sus generales como emperadores.

El general Vespasiano, en las afueras de Jerusalén, no tenía prisa por atacar. Contemplaba cómo las distintas facciones judías: sicarios, zelotes, saduceos o los convertidos hedomitas, se destruían mutuamente. Bastante antes que los romanos destruyeran Jerusalén, que en esa época era el centro espiritual del judaísmo, el rabí Iojanán ben Zakai previó el trágico destino de la ciudad y a pesar de que él no participaba políticamente, cuando vio que la caída era inevitable, habló con Vespasiano, al que le pidió que le dejara establecerse en otro punto de Israel junto con sus Tanaim. Así fue como el rabí Iojanán ben Zakai y sus estudiantes fundaron un nuevo centro religioso en Iavne, que sirvió de refugio para el judaísmo y fue el fundamento principal para el renacimiento espiritual de la nación judía.[48]

El triunfo del general romano y el de su hijo sirvió para construir en Roma el arco de Tito, donde se muestra el saqueo, al representar a soldados llevándose el Menorah del Templo. La guerra fue cubierta al detalle por el historiador judío-romano Flavio Josefo,[49] donde él mismo como judío-romano participó en la defensa de la ciudad de Jotapa, en la que la lucha fue tan violenta como en Jerusalén. El ejército romano puso sitio a la ciudad y después de 47 días consiguió entrar y hacer 40.000 prisioneros que poco después fueron asesinados. Muchos de los resistentes se habían suicidado previendo la suerte que iban a correr y muy pocos se salvaron. Los pocos que quedaron fueron enviados a

---

48. Meir Holder, *History of the Jewish people,* Mesorah Publications, 1986, tomo 2, p. 60.
49. Flavio Josefo, *La guerra de los judíos,* Gredos, Madrid, 1997, volumen I, libro III, 8.8.

Roma, uno de ellos fue el propio Josefo,[50] que salvó su vida gracias a que el general Vespasiano admiraba su inteligencia. Al llegar a Roma, supo granjearse la confianza del emperador y llegó a ser el favorito de la familia imperial Flavia. Durante su cautiverio escribió sus obras más conocidas: *La guerra de los judíos, Antigüedades judías* y *Contra Apión*. Terminó su cautiverio nacionalizándose romano, por ello, los judíos lo consideraron un traidor a su causa y su obra se ha conservado gracias a los romanos.

Jerusalén fue arrasada nuevamente por el emperador Adriano en el 135 d. C., y según Dion Casio, 580.000 judíos fueron asesinados, fueron arrasadas 50 ciudades fortificadas y 985 aldeas[51] y se destruyeron todos los edificios de Jerusalén incluidos los restos del Templo que quedaban en el monte Moria, allanándolo y arrojando los escombros al valle de Josafat.

No se sabe con exactitud cuál fue el motivo por el que estalló la segunda guerra judeorromana en el año 132 d. C. Según el historiador romano Dion Casio, fue a causa de querer fundar en Jerusalén una ciudad romana llamada Aelia Capitolina en honor al emperador Elio Adriano y al dios romano Júpiter. Es posible que esa decisión enfureciera a los habitantes de Judea, que habían visto arder su Templo y ahora los gentiles levantaban numerosos edificios de carácter profano. Sin embargo, hubo otro hecho que tal vez tuvo más fuerza. El helenismo consideraba la circuncisión una mutilación corporal, y Adriano, tratando de «civilizar» e implantar entre los judíos la cultura grecorromana, prohibió la ley mosaica (Torah), el Brit Milá (circuncisión), el respeto al Sabbat, el calendario judío y las leyes de pureza en la familia.

---

50. Historiador judío nacido en 37/38 d. C. y muerto a principios del s. II. Era hijo de un sacerdote llamado Matías, del orden de Joiarib (1 Cr. 24, 7), y según él mismo era pariente de los asmoneos, que pertenecían al mismo orden. Después de un breve período de asociación con los esenios, y con un asceta llamado Bano que vivía en el desierto, se unió al partido de los fariseos a la edad de 19 años.
51. Casio, Dion (Cassius Dio), *Historia Romana*, Gredos, Madrid, 2004, véase «Epítome de Xiphilinus».

Los rollos sagrados fueron quemados, precisamente en el monte del Templo, con una ceremonia ritualística y asesinó además a numerosos estudiosos y eruditos. Con todo ello, Adriano intentaba destruir la raíz judía.

Tiendo a creer, sin abandonar el primer argumento, que el segundo fue el verdadero motivo por el cual Taná (rabí) Akiva, que aunque no había sido nombrado Nasí[52] del Sanedrín estaba al frente de él y bajo su dirección se reanudaron los servicios religiosos, los sacrificios rituales de animales y otras ofrendas al aplicar el korbanot; además convenció a todos para nombrar líder a Simón bar Kojba e iniciar la revuelta. Akiva, como líder judío, tenía gran importancia por haber contribuido a la configuración posterior del Talmud y por desgajar el cristianismo del judaísmo.

No le faltó al líder recién nombrado estrategia militar, y a pesar de que en Jerusalén se enfrentaron a dos legiones romanas, las acabó derrotando gracias a los errores aprendidos en los enfrentamientos con Vespasiano y Tito. Tras esas victorias, Simón bar Kojba fue nombrado Nasí y se situó al frente de la administración del restaurado Estado soberano judío. Con ello volvió una cierta normalidad, se realizaron de nuevo transacciones comerciales y emitió su propia moneda. Existe la creencia de que se intentó restaurar el Templo de Jerusalén, pero no hay pruebas de ello.

El contrataque de Roma para acabar con los rebeldes no se hizo esperar, las tropas acuarteladas en territorios vecinos al mando de Sexto Julio Severo fueron acorralándolos en las montañas y diezmándolos, sin embargo, la contienda les costó una gran cantidad de hombres a la maquinaria militar romana. La derrota infligida al pueblo judío fue tan brutal que para muchos historiadores modernos significó el inicio de la diáspora. El propio Talmud (uno de los libros sagrados, conside-

---

52. *Nasí* es un término hebreo que significa, «príncipe», en hebreo bíblico. En hebreo moderno, Nasí equivale a «presidente», y no se utiliza en su sentido antiguo, utilizándose para «príncipe» la palabra *Nasich*.

rado la tradición oral) la reconoce como «la guerra del exterminio»; a diferencia de la primera guerra romano-judía, en ésta la mayoría de la población judía fue asesinada, esclavizada o exiliada; y la religión judía prohibida.

Terminada la guerra se procedió a la reconstrucción de Jerusalén bajo la órbita romana, y donde había estado el Templo se levantó una estatua de Zeus, con lo que desapareció todo vestigio del judaísmo. También se suprimió la provincia de Judea, se redefinieron sus límites y se creó la de Syria Palæstina, recordando así a sus antiguos habitantes los filisteos. Igualmente se eliminó, en la zona, cualquier posibilidad de que volviera a resurgir de nuevo una expresión política, religiosa o cultural del pueblo judío; esta situación se perpetuará hasta el surgimiento del sionismo en el siglo XIX.

En el año 363 d. C., el emperador Juliano el Apóstata se dirigía hacia Persia y en su camino se detuvo en las ruinas del Templo de Salomón en Jerusalén, así comienza el último intento por reconstruir el Templo de Salomón. Juliano —sobrino de Constantino el Grande—, siguiendo una política consecuente con su ideología, proclamó la libertad de cultos y religiones, detuvo la persecución de los no cristianos y la destrucción de templos.

La formación filosófica helénica de Juliano, fundamentada en Pitágoras, Platón y sobre todo en Jámblico, le acercaba a un esoterismo filosófico que podríamos identificar como una teúrgia muy particular cercana al neoplatonismo. Había recibido formación cristiana en su juventud, pero su método racional le hizo rechazarla, basaba su crítica al cristianismo en la discordancia de los Evangelios o en la oposición entre el monoteísmo judío y el trinitarismo cristiano, decantándose como muchos de su tiempo por los misterios de Mitra, de Atis o el culto a Hécate. Dio permiso y dinero a los judíos para que volvieran a Jerusalén y reedificasen el Templo, manteniendo así su política de fortalecimiento de otras religiones no cristianas. Amiano Marcelino, uno de los principales historiadores romanos y amigo personal de Juliano, escribió sobre este particular:

Juliano pretende reconstruir a un precio extravagante el que una vez fuera el orgulloso Templo de Jerusalén, encargando esta tarea a Alipio de Antioquía. Alipio se puso en ello con vigor, ayudado por el gobernador de la provincia; entonces unas temibles bolas de fuego estallaron cerca de las obras, y tras continuados ataques, los obreros abandonaron y no volvieron a acercarse a los trabajos.

Este hecho lo interpretaron los cristianos como un castigo divino. No obstante, no se sabe muy bien si lo que ocurrió fue un sabotaje, un fuego accidental o un terremoto, algo muy común en la región, o tal vez, simplemente «bolas de fuego» como describe el Antiguo Testamento. Hay que tener en cuenta que en 1990, el astrónomo Ian Halliday realizó un estudio sobre las «bolas de fuego» y demostró que son reales, en el análisis que realizó, entre 1970 y 1980, tuvo la sorpresa de registrar que sobre la Tierra habían caído aproximadamente mil bolas de fuego en esa década.

La muerte de Juliano y el hecho de que subiese al trono Joviano, un nuevo emperador cristiano, supuso el final del proyecto. Desde el año 70 d. C., en que fue destruido el Templo, hasta las primeras yihads islámicas, sobre el 638. d. C., fecha en la que Jerusalén fue capturada, existe una gran confusión sobre la historia del monte del Templo, en parte por la rapidez en la caída del Imperio romano y en cómo se expandió el islamismo. Desgraciadamente, no se ha podido profundizar más, sobre todo, por el impedimento de las autoridades islámicas que controlan el lugar y que no permiten excavaciones arqueológicas.

Pero no debemos olvidar que la construcción del Templo de Jerusalén fue el evento más importante del reinado de Salomón, gracias al cual su nombre se ha recordado hasta treinta siglos después de su muerte. La fama que le ha precedido y transcendido a través de los tiempos también fue acaparando la mayoría de los escritos donde aparecía el rey Salomón, sobre todo en la Biblia. El concepto que se tenía del Templo como edificio era que el propio Dios lo había diseñado. Sin lugar a dudas, su construcción influyó en edificaciones posteriores que, como veremos, tenían el mismo significado sin que por ello fueran una imitación del edificio, valga como ejemplo Santa Sofía de Constantinopla o el monasterio de El Escorial.

Cabe preguntarse, ¿y todo esto cómo influyó en la masonería? Podríamos decir que el Templo de Salomón está en la esencia misma de la masonería, que tiene en él su modelo y arquetipo, representándolo a través de la logia donde permanece y se actualiza constantemente su contenido espiritual. Si a todo esto le añadimos, como veremos más adelante, las leyendas que recogen los episodios más significativos de la historia sagrada, del esplendor del reinado de Salomón, de la muerte del maestro Hiram, uno de los temas centrales y más importantes en los Ritos de York, Emulación y Escocés Antiguo y Aceptado, donde en este último no sólo se desarrolla en su 3.er grado, sino que sigue en los posteriores hasta el grado 14.º, tenemos un conjunto que sirve de punto de partida para un desarrollo mucho más amplio.

## El significado del Templo

El motivo de la leyenda que llevó a Salomón a la construcción del Templo era para que en él habitase el Dios Íntimo y tuviera su completa libertad de manifestación.

Aunque a decir verdad, lo fundamental de la leyenda en la construcción del Templo es un concepto idealista de la elevación de los esfuerzos para un fin espiritual. El hecho de que se construyese en Jerusalén y precisamente en el monte Moria[53] nos indica que era una obra eminentemente iniciática que únicamente se podía levantar por medio de

---

53. En la masonería operativa, esta montaña tiene un significado especial, por cuanto que es en ella donde moran simbólicamente los Tres Grandes Maestros: Salomón, Hiram rey de Tiro e Hiram Abi. A este respecto, véase el artículo de R. Guénon: «Heredom», en el tomo II de *Etudes sur la Franc-Maçonnerie*, y véase también, de Pierre Girard-Augry: «Les Survivances Opératives en Angleterre et en Ecosse», aparecido en el núm. 3 de Villard de Honnecourt, GLNF, París.

un ideal que tuviera una visión elevada, realizándolo con la mayor abnegación y sacrificio personal, un lugar alegórico de la condición interior y de reverencia sagrada. El Templo representa una búsqueda de la verdad y la virtud, realizada a través de los esfuerzos, aspiraciones y finalidades que dignifican el espíritu, y en este caso, las cualidades interiores del alma o del estado de consciencia –que se consiguen a través de ellos– y que están representados por el Templo de Salomón.

Esa alma o principio inmortal, considerado por todas las culturas como la parte inteligente de la condición humana, es un concepto analítico con múltiples interpretaciones. Hay pueblos que afirman que no existe una sola alma, sino que hablan de la existencia de varias, cuyas funciones son diferentes. Jung afirma que el alma posee en sí misma algo terrenal y algo sobrenatural o celestial, ejerciendo una función mediadora entre el yo y el sí.

Jean-Pierre Bayard, nos dice en su obra *El secreto de las catedrales*, refiriéndose al Templo:[54]

> …es un vínculo armonioso entre el hombre y el universo; ya sea entre los esquimales, los egipcios, los celtas o cualquier otro pueblo, esta casa de la esperanza es un lugar de equilibrio entre lo material y lo espiritual. La arquitectura del templo, a la vez simbólica y mágica, sólo puede ser concebida por aquel que conoce el poder y la voluntad creadora de la naturaleza.

Como hemos visto en el capítulo anterior, en el que hablamos de la construcción del Templo, éste se extendía de oriente a occidente y de norte a sur y su objeto era reunir a todos los hombres de diversas naciones y creencias religiosas. Así pues, tenemos que entre los obreros que construyeron el Templo se encontraban que procedían de diferentes pueblos, de distintas naciones y con diferentes cultos, pero ellos

---

54. J. P. Bayard, *El secreto de las catedrales,* Tikal Ediciones, Madrid, 1995.

eran los elegidos para realizar una obra universal, que tiende a realizarse en todos los tiempos y en diferentes lugares. No sólo eso, también los mitos y leyendas, como en el caso de Hiram Abi, contribuyen a darle sentido a muchas de las enseñanzas masónicas contenidas en sus rituales, su simbología y su contenido espiritual.

En esas leyendas se relata que, para llevar a cabo tan magna empresa, se congregaron en Jerusalén, nombre que simboliza el espíritu de paz, reverencia y dedicación, todos los masones esparcidos por la faz de la tierra. Seguramente fue así por los miles de obreros y artesanos que, según la Biblia, participaron en la construcción del Templo de Salomón procedentes de varios países, dada la influencia que los reinos de Judá e Israel, gobernados por Salomón, tenían en Oriente Medio. Esos obreros poseían diferentes grados de capacidad y talento, por lo tanto, era necesario dividirlos para poder aprovechar mejor sus aptitudes particulares, e Hiram, hombre justo y caritativo, los dividió en tres categorías: aprendices, compañeros y maestros. Todos ellos tenían sus signos de reconocimiento y sus palabras de pase apropiadas y estaban bajo su autoridad porque era el más experimentado maestro en trabajar los metales; había fabricado personalmente para el Templo dos grandes columnas de bronce[55] donde recibían su salario los aprendices y los compañeros. Cada uno de ellos lo hacía en su columna correspondiente, los maestros en cambio recibían su salario en la Cámara del Medio, es decir, en un lugar secreto. Ese lugar era interior y estaba por encima de los aprendices y compañeros, significando con ello que su estado de consciencia era superior. Al relacionar a Hiram Abi con los metales entendemos este hecho en su sentido físico pero también en el espiritual. Por lo tanto, las artes vinculadas al fuego y a su poder de transmutación lo emparentan con Tubalcaín, su ancestro legendario

---

55. Las que se hallan descritas en el primer Libro de Reyes, 7, 13-22. El nombre de estas columnas deriva de dos personajes bíblicos. El primero, Jakin, desciende por línea directa del patriarca Jacob (Génesis 46, 10), mientras que Boaz o Booz aparece como uno de los ancestros del rey David (Rut 4, 21).

mencionado en el Génesis como el inventor de la metalurgia. Más adelante desarrollaremos esa relación de ambos.

Con los 70.000 aprendices, 80.000 compañeros y 3.600 maestros, la obra avanzaba rápidamente. Cada una de las tres categorías, como hemos mencionado, recibía el salario que le correspondía, o sea, la instrucción y el conocimiento que le competía según su comprensión y capacidad para completar la Gran Obra, quedando así contentos y satisfechos. Además de todos ellos, habían tres grandes maestros que eran los directores del Templo y que presidieron la construcción, simbolizaban la Sabiduría (Salomón), la Fuerza (Hiram, rey de Tiro) y la Belleza (Hiram Abi), o lo que es lo mismo, el Saber, el Poder y el Hacer, columnas que sostienen y presiden toda logia. Hay otro significado para los más crísticos que sería la Fe, la Esperanza y la Caridad, los aprendices lo recibían según su fe, los compañeros, según su esperanza y los maestros, según su amor fraternal.

Construir el Templo en el más absoluto silencio, empleando piedras totalmente labradas, para que no se oigan ni martillos, ni piquetas ni ningún otro instrumento de hierro, debe ser una condición para toda obra espiritual, por ese motivo se debe trabajar con discreción, fuera de todo ruido profano evidenciando, mucho más si cabe, el carácter espiritual de la construcción. Más adelante volveremos sobre el silencio.

La Biblia nos dice que tampoco llovió durante los siete años que duró la construcción del Templo, si hacemos una interpretación simbólica debemos entender con ello que los trabajos estuvieron constantemente a cubierto, lejos de toda indiscreción exterior o interior, que es como se hacen todos los trabajos masónicos. Igualmente menciona que reinó la paz y la prosperidad durante toda la época de la construcción del Templo; la analogía aquí está en que la disposición interior del individuo siempre se desarrolla mejor en una situación de tranquilidad económica y social.

Al representar el Templo la evolución y elevación de los esfuerzos para alcanzar un fin más elevado, la construcción se realizaba de una forma unitaria con «obreros expertos y materiales apropiados», o lo que es lo mismo, conjuntando obreros de diferentes lugares y materiales de distintas procedencias, realizándose la obra en la más estrecha y armónica cooperación, reinando la paz y la prosperidad durante toda la época de la construcción. Con ello debemos entender que sólo se puede construir espiritualmente cuando hay una correspondencia entre las condiciones exteriores y las interiores, es entonces cuando somos capaces de buscar la verdad y practicar la virtud.

Lo primero que enseña la masonería, como escuela iniciática, es precisamente a profundizar en el espíritu y la verdad. Si el hombre representa al microcosmos y al mismo tiempo representa el templo de Dios vivo, entonces puede adorar al Gran Arquitecto del Universo en su templo interno o íntimo y también en su templo externo representado por la logia.

Pero cabe preguntarse, ¿no debería nuestro propio cuerpo ser una imitación del Templo?, la respuesta es sí, aunque para conseguir tener una verdadera comprensión de éste y del proceso alquímico, que se realiza diariamente, debemos planificar y construir nuestro cuerpo. Dicho de otra forma, nuestra casa, nuestro templo, según las leyes divinas y naturales.

Quien comprende estos planes y se esfuerza en realizarlos a través de la elevación de su propia vida, se hace *Arquitecto*. Como lo fue Hiram Abi, en la construcción del Templo de Salomón, hijo de una viuda de la tribu de Naftalí, que representa simbólicamente a la naturaleza, Madre Universal de todos los seres. Esta casa-templo personifica el exterior de nuestra casa-cuerpo, es el templo del cuerpo educado, guiado y dominado por los mandatos del espíritu de la verdad y la virtud. El Templo de Salomón, creado por la Sabiduría Espiritual, que es la representación y modelo del cuerpo humano, está concebido para gloria del YO INTERIOR a título individual y a la más perfecta expresión del Gran Arquitecto del Universo a nivel espiritual, concepto unificador de la masonería para designar al Ser Superior. La masonería, como constructores de templos para el espíritu, simboliza con la iniciación el único objetivo de pulir el interior y el exterior de nuestro cuerpo-templo (piedra bruta). Su objetivo es construir un templo digno del YO SOY, dedicado a manifestar sus planes evolutivos para el mundo, los que incluyen el progreso de todos los seres y de todos los pueblos.

La masonería constantemente ha imitado la actividad de la madre naturaleza en el universo, sus adeptos los constructores siempre se dedicaron a elevar templos y catedrales armonizando el macrocosmos con el microcosmos, creando así un cuño en la construcción no sólo física, también filosófica, científica y moral. Es en esa obra de construcción realizada externamente e internamente donde esta última representa un universo en miniatura erigido a la Gloria del Gran Arquitecto del Universo, del YO SOY.

El iniciado masón que entra en su mundo interno tiene que buscar, trabajando su propia piedra bruta, convertirse en un sabio constructor de la Obra del Gran Arquitecto del Universo porque todos los hombres son dueños de esta obra magna. Sin embargo, es necesario que todas las sociedades o corporaciones unan sus esfuerzos y no contentarnos con la participación inconsciente individual a través de nuestra propia vida y actividad. Por eso decimos que ser masón o constructor es poseer la ciencia y el arte de la vida, en síntesis, ser un iniciado, aunque para ello es necesario que esa ciencia se divida en grados para el desarrollo paulatino y metódico de todo masón.

Debemos recordar que los obreros se dividían en tres categorías, y si esto lo trasladamos al templo personal, tendríamos que: los aprendices trabajan en la parte inferior del cuerpo, esto es, el vientre; los compañeros en la parte media o tórax; y los maestros, en la parte superior, la cabeza. Si relacionamos estos conceptos con los de otras escuelas iniciáticas, podemos observar que el aprendiz trabaja la parte física, que es la instintiva o motora, el compañero la emocional, el maestro la intelectual y en su conjunto como si fuera un solo templo, la espiritual.

El YO SUPERIOR trata de unirse al Gran Arquitecto del Universo en acción con este cuerpo-templo. Si utilizamos tres términos filosóficos

Nous, Sofía y Logos, que Platón y Aristóteles ya habían destacado, ese cuerpo-templo desde su puesto, ordena la colaboración de la mente, que representa el poder del intelecto –el Nous griego–, o sea, el Venerable Maestro. Acto seguido interviene Sofía o Sabiduría[56] representada en el Primer Vigilante del Templo, que según los estoicos, Sofía es una realidad física, eterna y subsistente que está en íntima relación con el Nous o mente divina de una parte y con el Logos o razón divina de otra. Ese Logos o razón está representado por el Segundo Vigilante del Templo. A todo este conjunto, los eclécticos lo suelen presentar como una jerarquía trinitaria: primero está el Nous, principio de inteligibilidad universal; en segundo lugar está Sofía, semillero infinito de donde proceden los logos particulares de los hombres; luego viene el Logos ordenador del universo y manifestación primera del Nous-Sofía.

También en el cristianismo ese cuerpo-templo tiene su importancia. Jesús nos enseñó:

> Y cuando ores, no hables mucho como los gentiles, pues piensan que por mucho hablar serán oídos y atendidos. Tú, en cambio, cuando ores, entra en tu aposento y, cerrada la puerta, ora a tu Padre que ve en tu interior y te recompensará.[57]

El hombre, hijo pródigo del Padre Celestial, siempre ha oído en su corazón una voz silenciosa, sin embargo, el hombre, deambulando por el desierto de la materia, alimentándose de los placeres que debilitan el alma y el cuerpo, embebido de sus placeres materiales, no la escucha.

En la escuela pitagórica, que tiene una acentuada relación con la masonería, los oyentes, estadio parecido al grado de aprendiz, observaban un silencio absoluto y realizaban prácticas que los preparaban para

---

56. La sabiduría aparece en numerosos textos gnósticos como último eón del Pleroma y como causa del origen de la crisis que provocará el universo inferior del demiurgo y la creación del mundo material.
57. Mateo 6, 6-7

la iluminación, a partir de ahí los dejaban hablar. Los tres años que aguardaban para subir en la escala del conocimiento son parecidos al triple período que se recorre en masonería, donde además de la etapa de silencio, se marcan también las del estudio y del progreso, si no se recorre este camino no se conseguirá formar a masones.

Como hemos dicho anteriormente, para poder dominar el tercer cuerpo, que es el mental, el hombre debe dedicar sus pensamientos al mundo interno, el de sus meditaciones. Sólo desde ese plano puede llegar a alcanzar la iluminación, el conocimiento de la verdad y disfrutar de una vida plenamente espiritual. El hombre debe aprender del grano de trigo a concentrarse en el silencio del alma, aislándose de todas las influencias exteriores y morir para sus defectos e imperfecciones a fin de germinar y manifestarse en la nueva vida.

Veamos ahora quiénes eran los protagonistas en la época de la construcción del Templo de Salomón, sin ellos, es imposible entender la situación político-social en la que se construye esa gran obra y el porqué.

# Capítulo II

## Los saduceos y fariseos

No se puede entender la construcción del Templo de Salomón sin algunos de los protagonistas que intervinieron en su desarrollo. En principio, se cree que los saduceos, en hebreo *zadokitas,* eligieron este nombre para significar que eran descendientes del sumo sacerdote que ungió al rey Salomón durante la primera era del Templo. Pero la verdad es que ninguna fuente o escrito, preservado hasta hoy, indica que sean descendientes del sumo sacerdote Zadok,[58] también se los menciona como saddikin, tzaddik o tsdduqim. Hay muchas conjeturas acerca del nombre, T. W. Manson propone que el significado del nombre traducido sería «los funcionarios», para ello se basa en la etimología de la palabra griega *syndikoi,* lo que puede ser verdad dada la helenización de este grupo. También R. North propone que, al considerarse a sí mismos como administradores de la justicia, su nombre podría significar *sadduq* cuya traducción sería «solo». Todas estas etimologías son especulativas, y aunque puedan resolver algunos problemas plantean otros nuevos.

Pero vayamos a lo que fueron y lo que hacían los saduceos. De todos los grupos judíos eran los más importantes, se configuraron como partido político y florecieron en Palestina desde fines del siglo II a. C.

---

58. 1 Reyes 2, 35; cf. Ezequiel 44, 15; 48,11.

hasta fines del primer siglo cristiano. Eran algo parecido a sus rivales los fariseos, aunque estos últimos tuvieron una larga trayectoria y sobrevivieron como formas posteriores del judaísmo rabínico. Sabemos algo más de los saduceos por las discusiones reflejadas en el Talmud, libro central del judaísmo rabínico. Aunque la mayor parte de la información que ha llegado hasta nuestros días es por Flavio Josefo, que los describió como miembros de la alta sociedad judía, que eran ricos y poderosos, por lo que todos los conquistadores buscaron su apoyo. Por lo tanto, podemos describirlos como colaboracionistas tanto de sirios, griegos o romanos. Además, no sólo se ponían al servicio de los ocupantes, sino que adoptaban sus modas y cultura, por lo que eran odiados por una buena parte del pueblo judío. Normalmente, al ser miembros de familias sacerdotales, el sumo sacerdote pertenecía a ese grupo, otros formaban parte de la aristocracia, además de ser los principales propietarios de las tierras. Hacían una interpretación muy sobria de la Torah, rechazando las cuestiones casuísticas que los fariseos reflejaban en la Torah oral. Por lo tanto, consideraban que nada de la Biblia hebrea, excepto la Torah escrita, tenía validez.

En estudios recientes, se ha sostenido que los saduceos eran una confederación de hombres ricos y poderosos con una posición laico-pragmática en lugar de la religioso-ideológica, que afectaba a la nación y a sus leyes, mantenida por los fariseos. Si bien es cierto que ambas sectas judías eran monoteístas y reconocían un solo Dios, su comportamiento no se correspondía con lo que predicaban, ya que incluso en el Consejo Supremo del Sanedrín se dedicaba más a los negocios mundanos que a los intereses del pueblo y de Dios. A los saduceos la influencia del espíritu helenístico los acercaba cada vez más a la idolatría pagana, hasta el punto de utilizar vestimentas sacerdotales más propias de otras religiones, por su suntuosidad, que del judaísmo. No obstante, y a pesar de ello, durante mucho tiempo ejercieron una importante gravitación en el heterogéneo y sumiso pueblo judío. Aunque hay que tener en cuenta que muchas de las referencias acerca de los saduceos, sobre todo las rabínicas, son de dudosa fiabilidad histórica, así que el conocimiento existente de los saduceos es muy limitado y unilateral.

A diferencia de los fariseos, los saduceos rechazaban todas las celebraciones judías que no enseñaba la ley pentateucal, tampoco creían en la resurrección después de la muerte, ni en las recompensas y los castigos. Según Flavio Josefo negaban la inmortalidad del alma y la existencia de ángeles y espíritus. Rechazaban la interpretación rabínica de la Torah, que mitigaba los castigos más duros, y negaban la Biblia hebrea, con la excepción de la Torah escrita, la cual interpretaban literal y rigurosamente, aplicando la ley de «ojo por ojo». Eran tan rígidos al aplicar la ley, que en algunos casos se los podía tachar de injustos. También se les podía reprochar de la misma forma el no castigar a los testigos falsos que habían servido para condenar a otro a la pena capital, siempre y cuando su testimonio no hubiera sido la consecuencia directa de la condena a muerte.

Otra diferencia con los fariseos tendía a considerar que los asuntos humanos estaban disociados de Dios, por lo tanto, que las acciones y decisiones humanas eran libres y sin límites por la interferencia divina. Los saduceos sostenían que Dios premiaba a los hombres buenos en vida, por lo que ellos, al ser ricos, eran el pueblo bueno. Su filosofía era materialista y mucho más mundana que la de las demás sectas judaicas. Con respecto a los rituales en el Templo de Jerusalén, tenemos referenciado que:

Sostenían que los holocaustos diarios debían ser ofrecidos por el sumo sacerdote a su propia costa, mientras que los fariseos sostenían que debían ser provistos como un sacrificio nacional a costa del tesoro del Templo al que se pagaban impuestos.

Insistían especialmente en que aquellos que oficiaban en la preparación de las cenizas de la Novilla Roja tenían que tener un alto grado de pureza. Los fariseos, por el contrario, se oponían a tal severidad.

Declaraban que el encendido del incienso debía suceder fuera del Templo, con el objeto de que el sumo sacerdote al entrar en el sanctasanctórum, en el Día de la Expiación, estuviera envuelto en humo al encontrarse dentro con el Shekhinah, según el Levítico 16, 2. Mientras que los fariseos le negaban al sumo sacerdote la alegoría de tal visión sobrenatural e insistían en que el incienso fuera encendido dentro.

Se oponían a que en la festividad de Sukkot, el último día (Sheminí Atzéret) se recitara la oración de las lluvias y se oponían a la ceremonia de las siete vueltas (Hakafot).[59]

Se oponían a la afirmación farisaica de que los rollos de las Sagradas Escrituras tuvieran, como cualquier vasija santa, el poder de volver impuras las manos de los que las tocaran. Sin embargo, los fariseos tenían razón y abogaban por la ablución ritual porque anulaba el estado de impureza de las manos que podían haber estado en contacto con los ratones que se comían el grano. Esto era debido a la mala costumbre de colocar las Escrituras junto con el trigo: «... se había introducido la costumbre de colocar los rollos que contenían las Escrituras, en medio de las ofrendas alimenticias destinadas a los sacerdotes».[60]

Se oponían a la idea farisaica del Eruv, que era la unión de varias zonas privadas en una sola para poder llevar objetos, comida y vasijas de una casa a otra o de un lugar a otro durante el Sabbat y otras festividades judías sin transgredir la Halajá o ley judía. La existencia o no de un Eruv en una comunidad judía define de manera dramática la vida de aquellas personas con movilidad reducida.

Se oponían a la fórmula introducida por los fariseos en documentos de divorcio, que terminaba: «Según la ley de Moisés e Israel» y a seguir utilizando como fórmula, en todos los documentos civiles, la frase: «Después del sumo sacerdote del Altísimo».

Muchos eruditos creen que el libro Apócrifo de Sirach fue escrito por un saduceo. Su particular visión y aplicación de las leyes los llevó

---

59. La festividad de Sukkot recibe su nombre porque les recuerda a los judíos que al salir de Egipto habitaron en cabañas (denominadas en hebreo *Sukkot)*, y que Dios los protegió con nubes de honor. Dios le ordena salir de su casa-símbolo de opulencia y habitar en cabañas, símbolo de sumisión.
60. Deuteronomio 18, 3-7.

a ser rechazados por el pueblo judío, que cada vez más se apoyaba en las enseñanzas fariseas. En el siglo I d. C., el poderío que habían tenido se encontraba muy reducido, en parte por lo dicho anteriormente y también porque los romanos se reservaban el poder elegir al sumo sacerdote, con lo cual los saduceos habían perdido su poder religioso y también fueron perdiendo el político. Sin embargo, según el Nuevo Testamento, en la época de Jesucristo el sumo sacerdote responsable de su juicio y posterior condena fue el saduceo Caifás. Este modo de entender el Talmud tuvo un resurgimiento en la Edad Media, cuando los caraítas, que tenían en cuenta las tradiciones escritas pero no las orales, se opusieron a los rabinos que defendían el Talmud anteponiendo la tradición a las escrituras; se puede decir que los caraítas, al leer e interpretar de una manera personal la Escritura, fueron los descendientes de los saduceos.

A pesar de todo lo escrito sobre los saduceos, la realidad es que, como ya dijimos anteriormente, existen pocos datos sobre ellos. Resumiendo, sabemos que se consolidaron como grupo macabeo después de la revuelta del 167 a. C., que también lo hicieron como una tendencia aristocrática dentro del judaísmo, pero que en vez de verlo como una religión centrada en el modo de vida, se limitaban a que fuera una religión centrada en el Templo. Su apoyo a la política hasmonea, sucesores directos de los macabeos, los llevó a controlar el tribunal y a ejercer una tremenda influencia en Juan Hicarno, influencia que se mantuvo hasta los últimos días de Alejandro Janeo cerca del año 76 a. C., en esa fecha perdieron parte de ese poder con la reina Alejandra, que se apoyó en los fariseos. Lo volvieron a recuperar cuando llegó al poder Herodes el Grande, que desconfiaba profundamente de los fariseos; también tuvieron un resurgimiento con la dominación romana, entre el 6 y el 66 d. C., convirtiéndose en una gran potencia dentro del Sanedrín y dominando la nominación del sumo sacerdote. Ésa fue una equivocación cometida por los romanos, al no querer tener en cuenta la opinión del pueblo judío, si a eso le añadimos el pogrom que se originó en el barrio griego, en el que la guarnición romana no quiso intervenir,[61] podemos entender cómo se desencadenó la primera revuelta, del 66-70 d. C., contra el ocupante romano. Aunque también significó la disolución de la nación judía, la destrucción del Templo y el fin de los saduceos, que se desvanecieron en el olvido.

Otro de los grupos eran los fariseos, *perushim* en hebreo, que terminaron siendo los primeros en importancia. Continuadores de los que estuvieron en cautividad en babilonia del 587 a. C. al 536 a. C., duraron hasta el siglo II de la presente era. Tenían una estructura de secta político-religiosa, surgida como clase aproximadamente en el siglo III a. C., y se consideraban los sucesores de los Asideos. El nombre de *perushim* o *pherusim* etimológicamente significa «separación», da a entender que respondían a un grupo intermedio entre saduceos y gentiles, hecho que no sólo se aplicó políticamente, también lo hicieron socialmente al practicar principios endogámicos, prohibiendo los matrimonios mixtos con los irreligiosos y llegando a anular algunos de los que se habían contraído con anterioridad.

Con el paso del tiempo y siguiendo con rigurosidad la Torah, que dice: «Y ahora haz confesión al Señor tu Dios, Dios de tus padres, y actúa según su complacencia, y sepárate de la gente de la tierra y de sus extrañas esposas».[62] Fueron adquiriendo un respeto como doctores de la ley y un cierto sentido de superioridad sobre otras naciones, a las que consideraban idólatras o irreligiosas. Estos doctores de la ley, viejos fariseos, fueron los redactores de los diferentes Talmudes, haciendo desaparecer el judaísmo helenizado de los saduceos e implantando una línea ortodoxa que representaba a la tradición rabínica. Con ello desaparecía también Filón como principal exponente del helenismo judío y principal anatema para los autores rabínicos, hasta el punto que su nombre nunca fue mencionado en el Talmud o en otros libros religiosos. Y según Kurt Schubert, citando a Abraham

---

61. Paul Johnson, *La historia de los judíos*, Zeta Bolsillo, Barcelona, 2010, p. 203.
62. I Esdras 10, 11.

Schalit, el fariseísmo fue promovido al rango de forma normal del judaísmo.[63]

Llegaron a conseguir que sus interpretaciones fueran aceptadas por la mayoría de los judíos, algo que no consiguieron nunca sus adversarios los saduceos. También consiguieron la más alta representación del judaísmo cuando consolidaron a un sumo sacerdote, Hircano II, que les era afín, cargo que con la posterior destrucción del Templo ya no fue necesario pasando el culto a la sinagoga, que significa «lugar de reunión».

La base principal del fariseísmo eran las ideas inculcadas por Esdras, santo sacerdote y doctor de la ley, que a finales del siglo V introdujo una reforma en el judaísmo que lo convirtió esencialmente en un credo nacionalista. Revistió la Torah de una nueva santidad e influencia siguiendo la línea trazada por Ezequiel que aseguró la identidad racial de los judíos. Los fariseos eran hombres piadosos que se apartaban de todo lo que fuera contra lo religioso y los predicamentos judíos. El hecho de que durante el siglo III a. C., con la introducción del helenismo, hubiera una amenaza contra el judaísmo les hizo retirarse más y concentrarse sobre sí mismos haciéndose llamar muchos de ellos *jasidim* que significa «piadosos».[64]

No siempre fue así, al estallar la revuelta de los macabeos contra Antioco IV en el año 167 a. C., que duró dos años, estos hombres piadosos que seguían defendiendo la religión y las tradiciones judías, –llegando a sufrir martirio o muerte al rechazar defenderse por ser atacados en Sabbat– terminaron por definirse como partido político y de ahí salió un grupo que se denominaron zelotes, nombre que posiblemente se dieron a sí mismos, aludiendo a su celo por Dios y por el cumplimiento de la ley. Durante muchos años los enfrentamientos entre saduceos y fariseos fue una constante, hasta que en el año

---

63. Kurt Schubert, *Una fe dividida. Sectas y partidos religiosos judíos*, Alianza Editorial (El Crisol del Cristianismo), Madrid, 1988, p. 129.
64. I Macabeos 1, 11; II Macabeos 4, 14 y sig.; cf. Josefo, *Antigüedades*, XII, vol., 1.

134 a. C., el líder fariseo Eleázar ben Simón y sus zelotes exigieron al sumo sacedorte Juan Hicarno su renuncia, y en vista de que no lo hizo desencadenaron una fuerte oposición contra él. La verdad era que Juan Hicarno, hijo de Simón Macabeo, vivía el sumo sacerdocio como un rey pagano, y los sectores tradicionalistas criticaban esta forma de identificación entre realeza y sacerdocio. Los enfrentamientos se prolongaron hasta la época de Alejandro Janeo, que reprimió fuertemente a los fariseos, llegando a crucificar a tres mil de ellos.

Este grupo de zelotes se fue haciendo cada vez más fuerte y a partir del año 50 d. C. estaban convencidos de que aunque la salvación la concede Dios, éste debía contar con la colaboración humana para traer esa salvación. Por lo tanto, lo que se movía primero en un ámbito puramente religioso, en el celo por el cumplimiento estricto de la ley, más tarde, a partir de la década de los cincuenta, consideraron que también debía manifestarse en el ámbito militar, por lo que no rechazaban la violencia si ésta era necesaria. En ese sentido constituían un grupo de similares características, que cumplían funciones parecidas como brazo armado, a las que tenían sus adversarios los saduceos y que eran conocidos como herodianos. Estos últimos colaboraban normalmente con los gobernantes extranjeros y la cultura pagana, llegando a vislumbrar la restauración del reino nacional bajo uno de los descendientes del rey Herodes.

Los zelotes, además, estaban amargamente resentidos contra la dominación romana y estaban dispuestos a lograr mediante la espada la promesa de la esperanza mesiánica. Es bien conocido que durante la gran rebelión y el sitio de Jerusalén, que terminó en la destrucción de la ciudad (70 d. C.), los zelotes fueron los mayores oponentes a las legiones romanas. Los enfrentamientos eran terribles hasta el extremo que no sólo lucharon contra los romanos, su fanatismo los llevó a luchar en contra de otras facciones judías.

Cuando Vespasiano logró en el 68 aplastar la resistencia judía en el norte, el líder zelote Juan de Giscala y el sicario Simón ben Giora lograron refugiarse en Jerusalén. Cuando llegaron allí se encontraron que el gran sacerdote Ananías quería llegar a un acuerdo con los romanos, pero Giora, que representaba a los sicarios, junto con los idumeos (descendientes de Esaú unidos a árabes convertidos al judaísmo) se negaron a ello. La ciudad se repartió y Simón ben Giora se ocupó de la defensa sur, mientras que Juan de Giscala se ocupó de la defensa del Templo y la parte alta. Durante la campaña de Egipto y Judea, en el año 69, Vespasiano fue nombrado por el Senado emperador de Roma para suceder a Vitelio. Al retirarse dejó, en su lugar, a su hijo Tito Flavio, un joven militar que asedió Jerusalén hasta obtener su rendición. Finalmente, en el año 70 la ciudad caía en manos romanas, capturaron a Juan de Giscala y lo llevaron a Roma, donde acabó sus días en la prisión.

Un estudio de la historia antigua del fariseísmo revela cierta dignidad moral y grandeza, así como una marcada tenacidad para servir a los altos ideales patrióticos y religiosos, que hicieron que los fariseos dieran esencia al judaísmo, basándose en el monoteísmo de los profetas, e idealizaran el nacionalismo. En contraste con los saduceos, aunque parezca increíble, los fariseos representaron una tendencia democrática. También contrastaron con los sacerdotes. A pesar de lo que pueda deducirse de la lectura anterior, que puede parecer contradictoria, el fariseísmo se mantuvo en una tendencia espiritual y democrática. Por contraposición, los saduceos creían, por virtud de la ley a la que se acogían, que los sacerdotes debían ser una clase exclusiva y ningún hombre tenía permitido ejercer una función en el templo, a menos que demostrara su descendencia de una familia de sacerdotes. Los fariseos, consecuentemente, no aceptaban esta premisa y encontraron su principal función en la enseñanza y la prédica. En cierto sentido, el fariseísmo ayudó a preparar el camino hacia la cristiandad, aunque posiblemente, serían los esenios lo que más contribuirían.

Por los hechos mencionados anteriormente, hablar de fariseísmo es hablar de judaísmo. Si las grandes guerras Macabeas ya lo habían definido, serán los conflictos romanos, a partir del 66 d.C., los que le darán la ascendencia final consolidando una «raza» tenaz, tal y como es conocida actualmente para el mundo occidental. Hay que tener en cuenta que su número no excedía de seis mil, y en el Sanedrín (consejo judío) ocuparon los mejores y más importantes estrados.

A ellos les debemos los grandes Apocalipsis de Daniel y Enoch, y fueron quienes generalizaron la creencia en la resurrección de la carne y un mundo de recompensas en el futuro. Creían en la inmortalidad del alma y en los ángeles, como seres espirituales superiores. Eran rigurosos con el cumplimiento de la Halajá, que luego fue introducida en el Talmud de forma codificada y representando la ley oral mosaica.

Según sus convicciones, esa Torah oral fue entregada junto con la Torah escrita a Moisés en el Sinaí, y por tanto ambas tenían idéntica fuerza vinculante, éste fue uno de los temas que nunca aceptaron los saduceos.

Hay que reconocer que hicieron un gran trabajo sobre todo en el campo pedagógico y propagandístico, creando un importante factor de identidad nacional, su misión se encontraba fundamentalmente relacionada con las sinagogas y con la escolaridad de los niños. Trabajaron también como misioneros entre las tribus no religiosas, aunque en tendencias espirituales desarrollaron una práctica arrogante, orgullosa y exclusivista, junto a una ortodoxia altiva y soberbia con exacerbación del formalismo, que les llevó a tener muchos defectos y limitaciones. En el Evangelio de Mateo (23, 23-28), Jesús argumenta que insisten mucho en los detalles ceremoniales descuidando otros preceptos más importantes de la ley como la justicia, la misericordia y la fe. Ese chovinismo en lo ritualístico y en las observancias levíticas ajenas hizo que los fariseos se enfrentaran, cada vez más, a lo conocido por profetismo.

Dentro de su purismo, llegaron a considerar una abominación el hecho de comer en la misma mesa con los irreligiosos, o tener alguna relación social con ellos. En el siglo I d. C., tras la destrucción de Jerusalén en el año 70 y el abandono de los esenios, por voluntad propia, como grupo dirigente del judaísmo, los fariseos se reagruparon en Yamnia y se hicieron con la dirección espiritual del pueblo judío. Su influencia, poder y prestigio era tal que con el paso del tiempo fueron ellos y no los sacerdotes los que se constituyeron fuente de autoridad hasta llegar a sentarse en la «Silla de Moisés» y realizar las enseñanzas desde allí. Naturalmente esto generó más arrogancia, presunción y perversión, hechos que iban en contra de las ideas que ellos firmemente defendían.

Los fariseos, a pesar de las notables diferencias con Jesús, eran uno de los grupos más afines a sus ideas como queda reflejado, de la misma forma lo uno como lo otro, en los Evangelios. Tanto el Nazareno como los fariseos creían en la resurrección del cuerpo y del espíritu, además en algunos pasajes de los Evangelios se muestra una cierta relación de amistad entre Jesús y algunos fariseos.[65] Los Evangelios también nos hablan de los enfrentamientos que existían entre ambos. Aunque es posible que se debiera más a los problemas surgidos entre las comunidades cristianas primitivas y los propios fariseos en esa época, si tenemos en cuenta que muchos de ellos se habían pasado a la comunidad cristiana de Jerusalén, y tras la muerte de Jesús aún serían muchos más. Todo esto queda confirmado por autores como H. Leroy, H. Falk o Hyam Maccoby, que llegaron a mantener y defender la teoría de que Jesús de Nazaret era fariseo. Sin embargo, los fariseos rechazaron a la secta cristiana, a la que declararon en herejía, negando que Jesús de Nazaret fuera el Mesías esperado y rechazando la condición divina que le atribuye el cristianismo.[66]

Muchos pasajes de los Evangelios citan a Cristo advirtiendo a la multitud contra los fariseos en términos desagradables:

> En la cátedra de Moisés se sientan los escribas y los fariseos. Así que, todo lo que os digan que guardéis, guardadlo y hacedlo; pero no hagáis conforme a sus obras, porque dicen, pero no hacen. Atan car-

---

65. Monseñor J. P. Le Camus, *La obra de los apóstoles, orígenes del cristianismo,* Editorial Gili, Barcelona, 1910.
66. Etienne Charpentier, *Para leer el Nuevo Testamento,* Editorial Verbo Divino, Estella, 1981.

gas pesadas y difíciles de llevar, y las ponen sobre los hombros de los hombres; pero ellos ni con un dedo quieren moverlas. Antes bien, hacen todas sus obras para ser vistos por los hombres, pues ensanchan sus filacterias y alargan los flecos de sus mantos; aman los primeros asientos en las cenas, las primeras sillas en las sinagogas, las salutaciones en las plazas y que los hombres los llamen: «Rabí, rabí».[67]

Luego siguen señalamientos terribles contra los fariseos por su hipocresía y su ceguera en Mateo 23, 13-36 y refiriéndose ya sea al Antiguo o al Nuevo Testamento, hace énfasis en el espíritu religioso, diciendo de los fariseos que por sus prácticas, incurrieron no solamente en vehementes reproches hacia el Precursor,[68] sino también respecto al Salvador.[69] Pero lo cierto es que a pesar de las críticas mutuas entre los seguidores de Cristo y los fariseos, cuando apresaron a los apóstoles para condenarlos a muerte, el entonces presidente del Sanedrín Rabban Gamaliel el Viejo, considerado como una de las eminencias del rabinismo, los defendió, y el caso sale referenciado en Hechos.[70]

Resumiendo, si comparamos a los fariseos con los zelotes o con los herodianos, veremos que existen grandes diferencias entre ellos y podremos apreciar varias cosas, una de las principales es que los fariseos se abstuvieron de hacer uso de la fuerza armada, todo lo contrario de los otros dos grupos. Estaban convencidos de que al ser el pueblo elegido su Dios los protegería, porque sólo él controlaba todos los destinos históricos del universo. También creían que teniendo devoción hacia la ley como correspondía a todo buen israelita, observando las tradiciones y los requerimientos que éstas llevaban asociados, teniendo paciencia y fe en la voluntad divina, al final las largas frustraciones y deseos del pueblo judío se verían recompensadas.

---

67. Mateo 23, 1-7.
68. Mateo 3, 7 y sig.
69. Mateo 23, 25 y sig.
70. Hechos 5, 33-42.

## Los esenios

La cofradía de los esenios habría permanecido oculta al conocimiento profano si no hubiera sido por el casual descubrimiento de unas jarras de greda que contenían un fabuloso tesoro para el mundo arqueológico, filosófico y religioso. El hallazgo fue realizado en la gruta de Khirbet Qumrân (pequeña ciudad al noroeste del mar Muerto) en 1947, por unos jóvenes beduinos. Envueltos en lino y recubiertos de alquitrán aparecieron centenares de papiros que databan del siglo XI a. C., que los esenios habían escondido en sus cavernas a 40 km de Jerusalén muy cerca del mar Muerto, cuando los romanos con Tito y la Legión X *Fretensis* destruyeron, en el año 68 d. C., el asentamiento de los esenios.

Otros documentos fueron descubiertos en otras once cuevas de los alrededores del sitio de Qumrân. Además de contener documentos originales y copias de libros de la Biblia hebrea, también contenían documentos sobre diversos grupos y sectas que convivían en torno al inicio de la era cristiana en lo que actualmente es Israel. Entre esos escritos estaba el de la *Guerra de los Hijos de la Luz contra los Hijos de las Tinieblas,* probablemente uno de los descubrimientos más importantes. En la obra hay dos bandos en conflagración en esa batalla escatológica, siendo los Hijos de las Tinieblas los helenistas y sus sucesores directos, los romanos.

El hecho de que esta comunidad hubiera permanecido oculta para la colectividad religiosa, filosófica o científica fue posiblemente por el hermetismo de sus enseñanzas y por no ser mencionada en la Biblia. De ellos no hay mención alguna en el Nuevo Testamento, ni en el Antiguo; aparentemente hay una, en el Libro de los Macabeos, pero no es seguro que se refiera a ellos. La sorpresa es aún mayor porque en la época de Jesús, los esenios eran uno de los tres principales elementos del judaísmo junto con los fariseos y los saduceos, aunque como veremos más adelante existieron varios historiadores que hacían referencia a ellos como una comunidad conocida a partir del siglo I. El hecho de que fueran mencionados en los libros sagrados y que sólo los historiadores de la época se hicieran eco de ellos es lo que ha llevado a algunos especialistas, sobre todo judíos, a afirmar que los esenios eran los propios fariseos. Sin embargo, el conocimiento esotérico y oculto no ignoró a los esenios, y siempre hizo referencia a ellos a lo largo de los tiempos.

Los beduinos que encontraron los manuscritos empezaron a vender algunos pergaminos que fueron a parar al padre Roland Guerín, miembro de la Académie des Inscriptions et Belles-Lettres y también de la Escuela de Estudios Bíblicos de los dominicos en Jerusalén, a partir de ese momento es cuando se interesó la comunidad científica europea por los centenares de rollos. No obstante, la Iglesia Católica estaba en contra desde el principio de que se tradujeran y se publicaran. Durante más de 40 años, sólo siete investigadores tuvieron acceso a los textos, y fueron los únicos que trabajaron en la integración de sus piezas y en su producción. Eso llevó a una queja de los expertos, haciendo que la Iglesia Católica levantara la interdicción y que a partir de 1991 el proyecto se acelerara, abriéndose el estudio de los textos a investigadores de todo el mundo, lo que llevó a la conclusión de la publicación de los pergaminos en el año 2002.

¿Quiénes eran los esenios? Podíamos definirlos como una secta ascética judía, poseedora de la tradición cabalística que aplicaban a la interpretación de los libros sagrados y que habitaban en zonas próximas al mar Muerto organizados de forma monástica. Aunque una gran incertidumbre se cierra sobre ellos, sabemos que ya existían en el siglo III a. C. y que fueron expulsados por los romanos entre el 66 y el 70 d. C., durante la rebelión judía. Últimamente se ha escrito mucho sobre el tema, aunque gran parte de lo publicado se ha hecho con algún tipo de intención. Algunos quieren ver en ellos a los primeros cristianos y por tanto la existencia de Jesús, aunque el *Maestro de Justicia* descrito en los manuscritos es bastante diferente del maestro descrito en los Evangelios. Otros, sin embargo, quieren ver en ellos a unos judíos muy ortodoxos, pero que no tienen nada que ver con los cristianos.

Ese carismático líder, conocido como el Maestro de Justicia, que administraba para la comunidad esenia la interpretación última de la ley que le había sido revelada, se los llevó al desierto, donde se retiraron después de las revueltas Macabeas, de los años 166 al 159 a. C. Aunque ellos apoyaron la guerra contra el invasor romano, al final no estuvieron satisfechos con los resultados. En el 152 a. C., fue nombrado sumo sacerdote, por el pretendiente seléucida Alejandro I Balas, Jonatán Macabeo para suceder a su hermano Judas, y éste fue el motivo que propició el retiro de los esenios. El Maestro de Justicia se opuso a él, al considerar que había abandonado la fidelidad a Dios, y como el sumo sacerdote no quiso rectificar, él junto con sus seguidores marchó a Qumrân, a la que llamaron *Damasco* y crearon una nueva construcción para ser habitada por la congregación. Las relaciones entre ese Damasco y el Nuevo Testamento son evidentes al leer las traducciones de los documentos de Qumrân.

Pero su establecimiento definitivo se remonta al momento en que Juan Hicarno, sobrino de Jonatán Macabeo, adopta una modernización de las políticas inclinándose hacia el helenismo, eso ocurría hacía el año 130 a. C., muchos judíos no aceptaron esas reformas y se unieron para mostrar su oposición y contrarrestar el efecto de tales orientaciones. Algunos, como los fariseos, participan en el conservadurismo de la estricta observancia de la ley. Otros optan por apartarse de la vida cotidiana y deciden retirarse al desierto con los esenios, de esa forma quieren demostrar su pureza de espíritu, tomando la forma de una comunidad monástica.

El origen de su propio nombre, así se demuestra en las diferentes hipótesis, puede derivar de *oseeos,* «santos» en griego; otras teorías hacen referencia a los «piadosos», *hasidei* en arameo; o provenir de *osei,* en hebreo «hacedores de la ley». Escritos árabes se refieren a ellos como *magaritas,* «de las cuevas», y el Talmud los llamó *tovilé shahrit,* «bautistas matinales», cada nombre tiene su intención y el conjunto de todos define a los esenios. La arqueología muestra que la ocupación de Qumrân fue mucho más intensa del 103 al 76 a. C., durante los reinados de Aristóbulo I y Alejandro Janeo, quienes persiguieron cruelmente a sus opositores. También ocuparon el oasis de En-gadi,[71] la orilla del lago Moeris o Meris en Egipto y otras regiones de Asiria y Palestina.

Las persecuciones y el despotismo de los gobernantes de Judea, la corrupción que llegaba a los sacerdotes, los enfrentamientos entre ellos por celos, habían obligado a esos hombres buenos imbuidos por la fidelidad a su religión a refugiarse como anacoretas. Su objetivo primordial era curar las enfermedades, tanto físicas como morales, dedicándose además a sus quehaceres diarios consistentes en el cultivo agrícola y el trabajo artesanal.

Durante mucho tiempo sólo fueron conocidos por las referencias de autores antiguos, tales como Plinio el Viejo, Flavio Josefo, Filón, Dion Crisóstomo, Hipólito de Ostia y Epifanio de Constancia. No se puede entender la falta de referencias en la Biblia sin ver en ello una censura deliberada por parte de los sumos sacerdotes judíos. Recogemos las palabras de uno de esos historiadores, las de Plinio el Viejo que aseguraba:

> Los esenios habitan en la costa occidental del mar Muerto. Son gente solitaria y muy superior al resto de la humanidad. Carecen de dinero y las palmeras son su única compañía. Se renuevan de continuo merced a la incesante corriente de refugiados que acuden a ellos en gran número, hombres hastiados de la existencia a quienes las vicisitudes de la fortuna impulsaron a adoptar tal género de vida. Así un pueblo se ha perpetuado, por increíble que parezca, en un lugar donde nadie ha nacido. Muy útil para acrecentar su número es el disgusto de otros hombres por la vida.[72]

---

71. Actualmente Ein Guedi es mencionado en muchas fuentes históricas y se alude a él, varias veces, en escrituras bíblicas, por ejemplo, en el Cantar de los Cantares que dice: «Ramo de flores de alheña en las viñas de En-gadi es mi amado para mí». (Cf., 1, 14). O en el libro de Samuel: Cuando Saúl volvió de perseguir a los filisteos, le avisaron: «David está en el desierto de En-gadi». (1 Sm 24, 1).
72. Plinio el Viejo, *Historia natural*, Gredos, Madrid, 1995.

Los textos que dejaron, escritos y ocultos, son en sí mismos una gran biblioteca, entre ellos se han encontrado casi todos los libros del Antiguo Testamento, pero con algunos matices en la escritura, los comentarios y el trabajo personal. En su lectura surgen dos pensamientos: uno muy ortodoxo que exige un respeto a las reglas hasta el mínimo detalle, y otro que se corresponde más con principios fundamentales. En el primer caso, llega a proponer que el incumplimiento de las reglas puede llevar a las más estrictas sanciones, desde la prohibición de hablar durante un tiempo, hasta el destierro durante varios años. En el segundo caso, que es un soporte centrado en los aspectos esenciales de la religión, contiene frases típicas que luego encontraremos en las Epístolas o en los Evangelios cristianos, de ahí que se hable de su implicación en el cristianismo.

La comunidad de Qumrân tenía una gran predilección por la doctrina apocalíptica y escatológica, no es rara esta observación porque el ambiente de la época estaba impregnado de esas ideas, como queda demostrado en gran parte de los libros apócrifos del Antiguo Testamento. Por lo tanto, no es de extrañar que los esenios cultivaran este tipo de literatura de tradición apocalíptica en consonancia con el Libro de Enoch, que es uno de los llamados intertestamentario, rechazado por las Iglesias Cristianas a excepción de la Iglesia Ortodoxa Etíope, de la que forma parte del canon de su Biblia. Otro de características parecidas es el Libro de los Jubileos, uno de los pseudoepígrafos y por tanto apócrifo, escrito alrededor del año 100 a. C., del que se encontraron 14 fragmentos hebreos en los hallazgos de Qumrân. Sin embargo, el texto más representativo, típicamente apocalíptico y de producción propia, fue la *Regla de la Guerra*.

Por lo tanto, ser esenio significaba ser un ejemplo de moralidad y soportar un estricto ascetismo, aunque ello no le impedía vivir libremente y trabajar los unos con los otros, sin admitir ninguna clase de servidumbre por considerarla ilícita. Rechazaban las cosas temporales, controlaban la pasión, el deseo y la cólera. Soportaban penitencias no sólo en su primer año de iniciación, sino incluso en los períodos siguientes, aunque también eran invitados a los ágapes o cenas íntimas.

Su trato era de hermanos y su vestimenta la túnica blanca. La comunidad de Qumrân se autosostenía con los trabajos agrícolas, en las ruinas actuales es sorprendente ver los numerosos depósitos de agua en medio del desierto. Éstos eran imprescindibles para las necesidades físicas de la comunidad, pero además desempeñaban una parte importante de su ritual, que incluía a diario numerosas abluciones, enseñando de esa forma que la higiene del cuerpo era la etapa inicial para la salud del espíritu.

Filón se inspiró en los esenios para probar su tesis, desarrollada en su *Tratado*, de que todo hombre es también libre, y al referirse a esa comunidad escribe:

> Hay 4000 esenios residiendo en muchas poblaciones de Judea. Evitan las ciudades y prefieren vivir en los pueblos. Tienen todos sus bienes en común y un administrador hace las compras y maneja el dinero. Cultivan la tierra y se dedican a oficios pacíficos, son granjeros, pastores, vaquerizos, agricultores, artesanos y artífices. No pueden fabricar instrumentos de guerra ni ocuparse del comercio. Entre ellos no hay esclavos ni señores, por estar convencidos de que la fraternidad humana es la relación natural de los hombres. Poseen el don de la predicción del futuro, son extremadamente limpios y visten siempre de blanco. No dan importancia al tiempo ni lo usan como excusa para no trabajar. Vuelven gozosos de sus tareas, como quien regresa de un concurso atlético. Los esenios se han reunido a causa de su celo por la virtud y la pasión de su amor a la humanidad.[73]

Hacerse esenio no era una tarea fácil, primero debía ser aceptado, luego, para ingresar definitivamente, debía pasar dos años de prueba,

---

73. Filón de Alejandría, *Obras completas*, Editorial Trotta, Madrid, 2009, véase «Apología de los judíos», segundo fragmento 11, 1 y sig.

donde era instruido. Esa primera incorporación del aspirante se hacía durante las comidas comunitarias y en ellas se leían e interpretaban las Sagradas Escrituras en su esencia y no en su forma.

Una vez prestado un juramento, entraban en la comunidad y se les exigía humildad, disciplina y una dedicación al estudio de la ley sagrada. Esos estudios no se limitaban exclusivamente a la ley de Moisés, eran mucho más amplios. Existían diversos rangos dentro de ellos y se diferenciaban según los nudos que llevaban en el cinturón que ceñía su túnica, un nudo era el primer grado y a él pertenecían las familias que seguían viviendo entre el pueblo judío, ofreciendo comida y alojamiento a los que lo necesitasen. Dos nudos tenían los que se dedicaban entre otras disciplinas a estudiar los secretos de las plantas y minerales con sus aplicaciones para el beneficio humano, descubriendo sus maravillosos poderes curativos. Eran los de segundo grado, conocidos como terapeutas. Seguía ese orden hasta llegar al séptimo grado, que formaba el Consejo de Ancianos.

No poseían bienes personales, todo pasaba a formar parte de la comunidad y ejercían la fraternidad entre ellos al distribuir los frutos del trabajo personal según sus necesidades. Siempre guardaban una parte para poder auxiliar a pobres, viudas, huérfanos, mujeres solteras, extranjeros o esclavos fugitivos que sin ser miembros de la comunidad necesitaban su ayuda. Como ya hemos indicado, hacían vida comunitaria y permanecían en el celibato con la excepción de un sector que vivía en las ciudades. Efectivamente, el esenismo no se limitó a Qumrân. Se sabe que en el siglo I en Jerusalén había un barrio esenio. Muchos de ellos, nos dice Flavio Josefo, vivían en las ciudades, de una forma particular, pacifista, en comunidad de bienes, manifestando su doctrina y sigue:

> Los esenios, como también llamamos a una de nuestras sectas, están dispensados de la imposición (juramento de fidelidad a Herodes). Estos hombres viven el mismo tipo de vida aquellos que los griegos llaman pitagóricos. Constituyen de hecho una hermandad que tiene

algo de común con los pitagóricos. Identifican el placer con el vicio, se ejercitan en la temperancia y la autodisciplina. Los esenios renuncian también a la riqueza, comen sólo los alimentos necesarios. Usan las ropas y el calzado sin lujos. La mayor parte de ellos viven más de 100 años y leen los escritos de los antiguos. Su silencio da la impresión de un tremendo misterio. Sostienen que el cuerpo es cosa corruptible, pero el alma es imperecedera. El espíritu emana del más puro éter, un hechizo natural lo arrastra hacia abajo y queda atrapado en la prisión del cuerpo; pero, una vez puesto en libertad por la muerte, se alegra y es llevado a lo alto. Triunfan sobre el dolor gracias a una voluntad resuelta. La guerra con los romanos probó sus almas de cuantas maneras era posible: estirados en el potro, retorcidos, destrozados o quemados. Sometidos a todos los instrumentos de tortura para blasfemar de su legislador o comer alimentos prohibidos, no consienten en tales demandas y ni una sola vez adularon a sus perseguidores ni derramaron lágrimas. Sonriendo en la agonía y perdonando a los torturadores, exhalaron el alma con júbilo, pues confían en que la recibirán nuevamente. Cualquier palabra de ellos tiene más fuerza que un juramento, no causan daño a nadie ni por propia determinación ni bajo órdenes; en el caso de obtener autoridad jamás abusará de ella; será un amante de la verdad; mantendrá sus manos alejadas del robo y su alma pura de toda ganancia pecaminosa; no ocultará nada a los miembros de la comunidad y tampoco descubrirá ninguno de sus secretos a los extraños, aun cuando sea torturado hasta la muerte; transmitirá las reglas tal como las recibió y preservará con cuidado los libros grupales.[74]

**Efectivamente, estaban regidos por rigurosas leyes de silencio, eran un grupo rigurosamente iniciático y esotérico, que al igual que otros jamás lo violaban. Comprendían que el hombre es un ser multidimen-**

---

74. Flavio Josefo, *Antigüedades judías*, Akal, Madrid, 2002, 2 vol.

sional con siete dimensiones, explicaban así la divinidad del hombre septenario formado por siete grados de materia: tres físicas y cuatro etéreas. Manifestaban que el alma se sitúa entre el espíritu y el cuerpo en una región etérea.

Tenían tres niveles de enseñanza basados en las sagradas leyes, y mediante técnicas, lograban transformar el conocimiento recibido en sabiduría, haciendo que brotase con su luz desde dentro afuera. En el Manual de Disciplina esenio III, 13 y IV, 26 se lee: «El origen de la Verdad está en el Lago de la Luz y el de la perversidad se encuentra en la Fuente de Oscuridad. Todo aquel que practique Justicia está bajo el dominio del Príncipe de Luz y camina por el camino de la luz; todo aquel que practica perversidad está bajo dominio del Ángel de Tinieblas y camina en el camino oscuro».

Ya dijimos anteriormente que los esenios no se limitaban al estudio de la ley sagrada, ahondaban también en otros temas teológicos, se dedicaron durante un tiempo a rastrear la presencia del *avatar divino,* que era como ellos denominaban al Hijo de Dios. Hasta el presente los esenios son los que establecen un vínculo entre el judaísmo y el cristianismo, y por tanto, el posible origen de este último. No creo que el parecido se deba a pura casualidad, y en el fondo los cristianos no dejan de ser judíos liberales y reformistas, prolongación de los Libros de Isaías, Jeremías, de los Proverbios y de la Sabiduría. Libros que prepararon el terreno para sembrar la semilla de Cristo.

La frase de Renán,[75] «El cristianismo es un esenismo que alcanzó el éxito», hizo que se confundiera a los esenios, autores de los manuscritos, con los cristianos, y se ha tratado de identificar a Jesús con el Maestro de Justicia que fundó la congregación esenia, pero en los rollos encontrados no se menciona ni una sola vez el nombre de Jesús, ni siquiera mediante alusión o clave. Aparte de lo dicho, tampoco la datación en estudios arqueológicos o en análisis históricos del Maestro

---

75. E. Renán, *La vida de Jesús*, Edaf, Madrid, 2005.

de Justicia, que vivió a comienzos del siglo II a. C., coincide con Jesucristo. Las diferencias pesan más que las coincidencias, la influencia de los esenios parece haber tenido más peso en los cristianos de la segunda generación, que conocieron el esenismo extendido por las ciudades de Palestina, que en las figuras de Juan el Bautista o de Jesús. Como dice Ignacio Gómez de Liaño:[76]

> ...lo específico de Pablo es su creencia en que el Mesías se ha encarnado en Jesús, y por ello, ya se ha iniciado el Reino mesiánico del fin de los tiempos. Lo que supone de una parte, declarar superada la inferior ley mosaica y el culto del Templo, y de otra, requerir la conversión de los paganos a la Nueva Alianza. Esta creencia se encuentra también, pero de forma muy matizada, en los babelognósticos.[77]

Se ha especulado mucho con la pertenencia a la comunidad esenia de Juan el Bautista y del propio Jesús, es posible que estuvieran entre ellos, pero como hemos dicho anteriormente no hay ningún documento que lo acredite. Al no poderse esclarecer los años centrales de la vida de Jesús, desde los 12 años hasta los 29, se han sugerido todo tipo de leyendas para poder explicarla; algunas lo sitúan en el Himalaya, en Egipto o en Cachemira, y esa falta de información da pie a todo tipo de especulaciones. Según Mirza Ghulan –fundador de la Comunidad Ahmadía (Ahm Addiya) en la región india del Punjab–, Jesús no murió en la cruz, ni fue resucitado, sino que sobrevivió y escapó refugiándose en Cachemira, donde predicó entre los budistas y llegó a alcanzar los 120 años, falleció allí donde fue enterrado bajo el nombre de Yus Asaf.

---

76. Ignacio Gómez de Liaño, *El círculo de la sabiduría*, Siruela, Madrid, 1998, p. 299.
77. Forma de gnosticismo designada de este modo por Ireneo (130-200) que parece diferenciarse muy poco de otros sistemas gnósticos, a los que se consideran continuadores de las doctrinas nicolaítas. Según Ireneo, Barbelo era un espíritu primordial o eón al que se había revelado el Padre innombrable.

Una cosa si que está clara, y es que cada vez se hace más evidente la aportación de los esenios al cristianismo, no por pertenencia, en este caso es simplemente por lo que pueden haber influido, pero también existen similitudes con otras comunidades, entre ellas los gnósticos en todas sus facetas, setianos, barbelognósticos, borbolianos, barbelitas, gnostikoi (ofitas), valentinianos, y por esa vía llegamos a los masones, como vamos a ver por las aportaciones de León Zeldis, Gran Maestro Honorario de la Gran Logia de Israel, que dice al respecto: «Cuando una persona expresaba el deseo de ingresar a la comunidad esenia, debía comprometerse a respetar a Dios y los hombres, hacer el bien y apartarse de todo mal. Nos recuerda la iniciación masónica, durante la cual se incita al profano a elegir el camino de la virtud y no la del vicio. Asimismo, la creencia en Dios o un Ser Supremo es condición *sine qua non* de la iniciación en logias masónicas regulares».

En la comunidad, se examinaban los antecedentes del candidato, su carácter y su cumplimiento de las leyes religiosas. Cada hombre era entonces inscrito en un rango particular, de manera que cada persona quedara sujeta a su superior. El candidato debía amar a los hijos de la luz. Éste es un importante detalle. Los masones también son conocidos como «hijos de la luz». La recepción de la luz, para nosotros es el momento culminante de la iniciación.

Los miembros de la comunidad estaban divididos en tres clases: los sacerdotes (Cohanim), los levitas y el pueblo. Nos recuerda la triple división entre maestros, compañeros y aprendices.

Anualmente se efectuaba un examen del progreso de cada miembro de la comunidad, uno por uno, desde los sacerdotes hasta los recién iniciados, y cada uno era clasificado y puesto en su lugar «de modo que nadie fuera rebajado de su estado ni exaltado sobre su lugar designado». (En la masonería se procede de igual modo valorando a cada cual por sus trabajos, a los que se llaman «planchas»).

Los miembros de la comunidad cenaban juntos, rezaban juntos y discurrían juntos. «En presencia del sacerdote, todos se sientan en orden según sus respectivos rangos, y el mismo orden se mantiene al tomar la palabra». Ésta es exactamente la costumbre en las logias, donde los hermanos toman asiento en lugares determinados según su rango masónico, y donde se concede la palabra siguiendo un orden de precedencia igualmente determinado.

En los debates, cada uno podía tomar la palabra, según el orden, pero no podía interrumpir a otro ni hablar antes que terminara. Además, nadie podía hablar antes de su turno, según su rango. Nadie debía hablar de temas que no fueran de interés general para la comunidad. Recordemos que en las reuniones masónicas, a las que llamamos tenidas, las normas que se aplican en el debate son las mismas.

Si la persona quería entrar a la comunidad, era interrogado por el superintendente respecto a su inteligencia y sus actos. Luego, si lo consideraba apto, era presentado ante la asamblea general, donde todos daban su opinión, y su admisión era aprobada o rechazada por un voto general. (En masonería los candidatos son sometidos a tres entrevistas y posteriormente se los somete al voto de la asamblea de la logia).

Si el aspirante era aceptado y se comprometía a cumplir las reglas de la comunidad, se le admitía a prueba por un año, durante el cual el iniciado no podía participar sino como observador. Luego del primer año, era examinado nuevamente para comprobar sus progresos. Si eran considerados adecuados, le permitían continuar a prueba durante un segundo año, y entonces debía traer todas sus pertenencias y herramientas de su oficio, las que eran entregadas en custodia al «Ministro del Trabajo». Sólo al término del segundo año, y después de un nuevo examen, si era aprobado se le inscribía en su rango entre los hermanos de la comunidad. Recién entonces el iniciado prestaba el juramento de rigor. Esta sucesión de exámenes y períodos de prueba están reflejados paralelamente en las prácticas de nuestras logias.

El neófito debía imitar la pureza de sus maestros, o sea, practicar las reglas de decencia y marchar en perfecta santidad. Se comprometía a recorrer un largo camino, en la búsqueda de la luz de la Sabiduría Eterna. En la congregación de la comunidad, había doce hermanos y tres sacerdotes perfectamente conocedores de la ley o bien llamados «de perfecta santidad». Esto nos recuerda los tres «pilares» de la Iglesia cristiana: «Jacobo, Cefas y Juan, que parecían ser las columnas…» (Gálatas 2, 9). Por supuesto, también nos recuerda las tres columnas representadas por el Venerable Maestro y los Dos Vigilantes en la logia, quienes son llamados «las luces del Taller».

Un párrafo interesantísimo es el siguiente: «Ellos (los miembros de la comunidad) serán una preciosa piedra angular». Esta frase hace mención al versículo 16, del capítulo 28, de Isaías: «Por tanto, el Señor Yehovah dice así: "He aquí que yo fundo en Sión una piedra, piedra de fortaleza, piedra angular, de precio, de cimiento estable"». Es notable la coincidencia con nuestra tradición masónica, en que el neófito es colocado en un lugar específico dentro de la logia y se le enseña que es considerado la piedra angular del templo ideal que construimos. Además, existe todo un grado o ceremonia masónica, la del Mark Master, o Maestro de la Marca, que se refiere específicamente a la piedra angular.

Por lo tanto, podemos decir que el pensamiento esenio basado en el mesianismo entronca directamente con el cristianismo y que la influencia de los esenios a lo largo de los siglos influyó en organizaciones como los templarios, rosacruces o francmasones y también en religiones como el taoísmo[78] o el islam.

Desde que se descubrieron los manuscritos no ha cesado el estudio, tampoco los comentarios y a veces las especulaciones que, en ocasiones con una cierta inclinación sensacionalista, han llevado a investigadores de prestigio a hacer comentarios poco fiables. Como veremos a continuación.

En los años cincuenta, dos investigadores de renombre, de los siete que participaban en el equipo encargado de estudiar, editar y traducir los manuscritos del mar Muerto, crearon un gran desconcierto al rea-

---

78. Me refiero exclusivamente al taoísmo religioso del siglo II. Anteriormente existía un taoísmo filosófico y posteriormente, a partir del 1700, se creó en Taiwán un sincretismo religioso al mezclarse con elementos del confucianismo, budismo y creencias locales.

lizar unas declaraciones que levantaron una gran polvareda. Uno de ellos, André Dupont-Sommer afirmó que la cuna del cristianismo estaba en Qumrâm y no en Nazaret o Galilea porque Jesús se había reencarnado en el Maestro de Justicia esenio. Mucho más lejos fue John M. Allegro, que afirmó en una entrevista de radio que el Maestro de Justicia fue arrestado y crucificado, enfrentándose a la Iglesia Católica, que mantenía que ese hecho era único en la persona de Jesús; también mantuvo que los miembros de la secta esperaban la resurrección. Al final tuvo que reconocer que no correspondía a una traducción de los textos y que era una interpretación libre. La polémica se volvió despiadada tras la publicación en 1970 de *El hongo sagrado y la cruz*,[79] un libro cuya tesis principal sorprendió a todos e indignó a muchos.

Lo cierto es que las afirmaciones de Dupont-Sommer o de Allegro no tienen ningún fundamento. Está demostrado que el Maestro de Justicia vivió con anterioridad a la época de Jesús, concretamente dos siglos antes, y sobre todo, existían grandes diferencias entre ellos, el primero practicaba un judaísmo disciplinado y Jesús era tolerante, el Maestro de Justicia se negaba a participar en las ceremonias del Templo de Salomón y Jesús las frecuentaba. También existía diferencia en el origen, mientras que el Maestro de Justicia era un levita (pertenecía a la tribu de Leví), por lo tanto, a un estrato de la casta sacerdotal, Jesús era de la tribu de Judá.

A partir de ese momento se inicia un proceso especulativo por parte de publicaciones, editoriales y autores afirmando que Jesús había pertenecido a la comunidad esenia y que eran los primeros cristianos. No vamos a entrar en esta controversia, y aunque es evidente que existen puntos de conexión entre el cristianismo y el esenismo, también en muchos casos hay grandes diferencias.

---

79. John M. Allegro, *Le Champignon sacre et la Croix*, Albin Michel, París, 1971. Allegro planteaba la hipótesis de que Jesús no era un ser humano, sino el nombre en clave del hongo alucinógeno amanita muscaria. El cristianismo nace, para el difunto Allegro, como efecto de las visiones producidas por la ingesta de este hongo.

Otras voces, como la de Rachel Elior, afirman que los verdaderos autores de los manuscritos del mar Muerto fueron los saduceos, que como hemos visto anteriormente era una secta que pretendía descender del sumo sacerdote Zadok. Rachel Elior afirma:

> Los manuscritos pertenecían al Templo y se enviaron al mar Muerto para protegerlos. Los manuscritos hablan claramente el hebreo de los sacerdotes, de los hijos de Zadok. Entonces, ¿por qué llamarlos esenios? Eso es una distorsión de la historia. Es como decir que el Estado de Israel no se estableció por el Mapai...[80]

Norman Golb también cree que subsiguientes descubrimientos de otros escritos hebreos hallados en Masada, Jericó y en otros lugares del desierto de Judea indican que los rollos procedían de Jerusalén y dice:

> No fueron los esenios, sino los judíos quienes, al huir de los ejércitos romanos entre el 66 y 70 d.C., llevaron los bultos o sacos llenos de manuscritos de la capital a las cuevas del desierto para esconderlos.

Ambos de una forma u otra intentan mantener lo escrito en el Antiguo Testamento, negando una vez más la existencia de los esenios, mientras la evidencia está demostrada por los múltiples historiadores que hablan de ellos.

Lo podemos apreciar en unas declaraciones del profesor Hanan Eshel, director del Departamento de Arqueología de la Universidad Bar Ilan de Tel Aviv, que asegura: «... negar la existencia de los esenios no tiene fundamento porque cerca de 70 estudiosos y eruditos aceptan la declaración de que grupos de esenios vivían en Qumrân, y algunos

---

80. El Mapai se convirtió en el principal partido israelí y el primero que formó gobierno tras la declaración de independencia de Israel, Ben Gurión dirigió el partido durante varias décadas.

(refiriéndose a los dos expertos anteriores) por contra dicen que todos somos idiotas y solamente ellos saben la verdad».

Tampoco tiene ningún sentido relacionarlos con los cristianos, aunque los esenios se alejaron de la sociedad de su época y criticaban al clero judío, no existen suficientes evidencias de su relación con el cristianismo. Los esenios básicamente son un intento de volver al principio religioso. Creo que fueron movimientos contemporáneos del siglo XIX los que quisieron ver una relación al respecto y lo mismo ocurrió en el siglo XX, cuando a partir de los hallazgos de las cuevas de Qumrâm se los ha querido vincular con el cristianismo.

## Los otros dioses en el Templo de Salomón

Una vez situados los tres grandes grupos judaicos en la época de la existencia del Templo de Salomón, veamos el porqué de la declinación de su reinado debido a la adoración de otros dioses.

El origen de la adoración en el paganismo se concentra en el sol, las primeras religiones nacen adorando al astro por excelencia porque es el que nos da la vida. A partir de ahí se multiplican las leyendas, pero esta leyenda que contiene la luz eterna —en lo que ella significa—, veremos más adelante que es la propia leyenda de Hiram Abi.

Ahora vamos a abordar una parte del origen de ese rito y cómo ocurrió una de las más importantes profanaciones del Templo de Jerusalén, que se originó con la incorporación de Astharoth como una diosa madre. Esta diosa toma diferentes nombres según su origen: Astarhoth del hebreo, Astarté del fenicio, Innana del sumerio, Ishtar del babilonio, Itziar del euskera, Stára del persa, Astar del abisinio y Athar del árabe, correlato masculino de Astarté.

Una diosa madre representa normalmente a la Madre Tierra, que sirve como deidad de fertilidad general, y tengo que decir que no todas las diosas pueden personificar a la Tierra para ser fecundada. Es fácil pensar que en aquellos tiempos, un filósofo vio como un grano de trigo salió de la tierra multiplicándose por veinte gracias a la magia y el misterio del poder maravilloso del interior de la tierra y del sol. Sin lugar a dudas para él, un Ser que manejaba ese poder y lo renovaba cada año debía ser adorado.

Existen varios cantares épicos sumerios-acadios que al leerlos llegamos a la conclusión, contenida en esos textos tan arcaicos, que si bien el hombre de cincuenta siglos atrás era diferente en sus vestimentas, costumbres, creencias religiosas y ritos, su corazón y sus sentimientos no difieren de los del hombre actual. Hay un texto, del que existen varias versiones, que vale la pena tener en cuenta, es el gran poema que nos habla del viaje de Innana (Astharot) a los Infiernos. Es una versión primitiva del mito de Isthar y Tammuz, pero con los nombres de Innana y Dumuzi.

No cabe duda de que el relato del descenso de Innana a los Infiernos hay que interpretarlo exclusivamente como un mito. Cuando la diosa decide descender al país sin retorno para conocer los secretos de su hermana Ereshkigal, se encuentra con que el guardián de las siete puertas, Neti, le va quitando algo de su vestimenta. En cada una de ellas pierde una prenda, hasta que al final le quita la corona, las joyas mágicas, ajorcas y por fin la túnica, quedando Innana completamente desnuda, y en ese estado es conducida hasta su hermana. De esa forma, desnuda y cubriéndose o sujetándose los pechos es como conocemos las representaciones de la diosa. Aunque a veces se la suele representar apenas cubierta con velos, de pie sobre un león y como el complemento femenino de Baal.

Pero continuemos con el relato, Ereshkigal no está dispuesta a que su hermana conozca sus secretos, desata su ira y como nadie vivo puede permanecer en la *tierra de no retorno,* fija en Innana el ojo de la muerte que la convierte en cadáver, provocando con ese hecho una crisis cósmica. A partir de ese momento, nada es fecundado en el mundo, analogía parecida a la producida por la diosa griega Deméter y la hitita Tepilinu. En aquel momento, interviene otra deidad, Enki, que es el señor del mundo subterráneo, protector de los conjuros y dios de la sabiduría. Para resucitarla, debe conseguir el cadáver de Inanna, entonces crea unos seres sin género que engañan a Ereshkigal y una vez tiene el cadáver le aplica el *agua de la vida*. Como vemos, Enki, según la interpretación que podemos hacer de la leyenda épica acadia de Atrahasis[81] (ca. 1630 a. C.), sería el primer manipulador genético y por lo tanto el padre de la humanidad. El hecho de que Innana vuelva a la vida no la exime de tener que pagar, para ello, debe encontrar un sustituto que ocupe su lugar en ultratumba. Mientras tanto, Dumuzi, con el que se había casado, ha usurpado el puesto de la diosa en la Tierra; Innana se enfurece y es a él a quien envía al inframundo. Como consecuencia la diosa reina durante la primavera y el verano, mientras Dumuzi lo hace en los meses de otoño e invierno. Es un poema hermoso, algo largo, lleno de peripecias que coincide con otros mitos que también nos hablan del cambio de las estaciones que tanto impresionaban a los pueblos primitivos y está emparentado con el mito de Dionisios o los relatos de Proserpina.

Otra leyenda, en este caso babilónica, cuenta que Tammuz se enamoró de Isthar, diosa del cielo y madre de la tierra. Al morir Tammuz, ella bajó al mundo inferior conocido como Irkalla en sumerio o Aralu entre los babilonios, para recuperarlo. Durante esos meses ha estado en los infiernos con la hermana de Isthar, conocida entre los sumerios como Ereshkigal, durante el tiempo que permanece en el Aralu, en la tierra nada es fértil y nadie, ni hombre ni animales, tienen deseos de aparearse. Tras una batalla que han mantenido las dos hermana, Isthar ha muerto en la pelea y se ha quedado en el inframundo, quedando libre Tammuz. Al quedar liberado asciende desde el interior del mundo, desde el fondo de la tierra del no retorno. Isthar queda

---

81. Término acadio que da nombre a un manuscrito firmado y datado por un copista llamado Kasap-aya, es un extenso poema que abarca desde el origen del mundo a la creación del hombre, comprendiendo la narración del Diluvio. Actualmente la copia más antigua y completa se encuentra en el Museo Británico de Londres en el salón 56 Mesopotamia, identificado como ME-78941.

prisionera hasta que es liberada por el dios de la sabiduría suprema conocido como Ea, quien le abre el camino de vuelta al Reino de la Luz, para que pueda beneficiar a los mortales con el don de la fecundidad.

La leyenda que acabamos de relatar de forma resumida, mitológicamente es el símbolo de la vida y la muerte que existe en todas las religiones. Como vemos, este relato existe de una forma u otra en la mayoría de las tradiciones y particularmente en la mesopotámica y sumeria, se considera que la tierra se toma un descanso para recuperar fuerzas y mejorar durante los meses de otoño e invierno.

Es la época en que reina Dummuzi, que moría en cada primavera para que Inanna, su esposa, renaciera y diera a la tierra una época de florecimiento y fertilidad. En esa última tradición, al morir se entra en un estado de purificación que nos conduce a una nueva vida mejorada. Esa tierra de no retorno a donde se va sirve para purificación de las impurezas y los malos hábitos. El poder de la diosa no se puede fijar exclusivamente en su nacimiento físico, hay que verlo como un símbolo generador de vida, con un poder creador y generador de civilizaciones. El descenso es un simbolismo del alma que se encuentra a sí misma en su estado más puro; la desnudez significa el despojo de los atributos y metales o lo que es lo mismo, el abandono de las cualidades externas, del apego al ego y de las cosas no esenciales; la desaparición de su fecundidad es la falta del deseo personal, de motivación y razón; en cambio, la sabiduría que la ayuda hace que el alma vuelva a ser nueva y fecunda, al pasar por determinados ciclos progresivos de transformaciones evolutivas.

Esa bajada a los Infiernos ocurre en el mes de Tammuz,[82] mes de la búsqueda o del viaje y como hemos visto, nombre que tomaría posteriormente Dummuzi, cuando los babilonios se adueñaron de esta leyenda de los sumerios. Con el paso del tiempo y las distintas adopcio-

---

82. Tamuz cuenta siempre con 29 días, y es el mes que marca el comienzo del verano (boreal), paralelo a los meses gregorianos de junio o julio, según el año.

nes, se modificó la leyenda y el amor dejó de ser puro. La diosa era invocada por los babilonios a veces como esposa, en algunos casos como hermana, aunque normalmente era evocada como madre o madre virgen, diosa de la Luna o diosa de la abundancia.

La leyenda se convirtió en un dogma religioso y los creyentes empezaron a exagerar las cualidades de Tammuz achacándole poder curar enfermedades o protegerlos de los demonios. Los sacerdotes aceptaban las peticiones y si a eso le unimos que los babilonios querían extender sus dominios sobre los sumerios y asirios, se entiende por qué se complacieron en asociar a Tammuz con Marduk. También entenderemos por qué los dominados se complacieron en plagiar el significado de la leyenda original, cambiando la fiesta sumeria al mes de *Nisán*,[83] o sea, a la primavera como la de Innana-Dummuzi.

Este cambio es muy importante porque quita el protagonismo al eterno femenino y se lo da a un dios masculino como era Marduk (Tammuz), ello queda reflejado en la siguiente cita: «He aquí que nuestro Dios Supremo se halla prisionero en el mundo inferior, y nuestros sacerdotes lamentan su muerte, y nuestras mujeres lloran sin consuelo en su tumba; su esposa Baltis se dirige hacia el mundo de las tinieblas para buscarlo y regresa triunfante». Marduk resucita de su tumba y se convierte en el dios de la vida y la muerte, de la resurrección y la inmortalidad.

De esa manera la deidad que fue reconocida como femenina es convertida en masculina. Esta cultura tanto del norte como del sur de la península arábiga siempre se caracterizó por su facultad de asumir otras divinidades a lo largo de la historia. Éste es el sello ideológico de la leyenda, citada en textos siríacos, que se convirtió en un dogma religioso entre los sabaitas y algunas sectas continuaron adorando a Tammuz e Isthar hasta llegar a la Edad Media de la era cristiana. La

---

83. *Nisán* cuenta siempre con 30 días y deberá coincidir con el principio de la primavera (boreal), determinada por el equinoccio vernal del 21 de marzo, en que el día y la noche tienen la misma duración.

leyenda va pasando de un lugar a otro y se va modificando, sin embargo, al ser eterna, su significado íntimo se mantiene intacto pasando desde los caldeos a los babilonios y asirios y de éstos a los fenicios. Dummuzi, Tammuz y Adonis son diferentes nombres que responden a un solo dios. Es la misma leyenda que se repite constantemente, un ejemplo de ello es el dios Adonis, que era fenicio, pero será adoptado posteriormente por los griegos, derivando su nombre de Adon, o sea, «Señor».

Desde los sumerios hasta los babilonios, fenicios, egipcios, griegos y romanos, vemos que Dummuzi e Innana se transformaron en Tammuz e Isthar, que Adonis y Osiris son descendientes de Dummuzi, el sumerio, y que Astarté (Astharot), Ishtar, Isis, Afrodita y Venus descienden de Innana, la sumeria; todos tienen el mismo significado original: el amor y el dolor, la muerte, la salvación, la resurrección y la inmortalidad.

Son numerosas las religiones en las que aparece la idea de que un hombre o una divinidad visita un mundo inferior, en muchos casos conocido como Hades, incluso en las religiones modernas. Buda tuvo ese viaje y en el Avadanasataka hay un texto que muestra cómo su acción llega hasta los Infiernos: «Cuando Buda sonríe, de su boca escapan rayos de luz, azules, amarillos, rojos y blancos. De éstos unos descienden y otros suben. Los que descienden se dirigen al fondo de los Infiernos…». También Jesucristo bajó según su propio credo: «Creo en Dios Padre todopoderoso… y en Jesuscristo, su único hijo, nuestro Señor que… descendió a los Infiernos». Sin embargo, en este caso no se trata de entrar en el submundo y liberar otro ser, tan sólo es el propio protagonista el que entra y sale de él.

Ya he dicho que Astarté (Astharot), asociada con el planeta Venus, representaba el culto a la madre naturaleza, a la vida y a la fertilidad, así como la exaltación del amor y los placeres carnales, era la deidad principal de los cananeos. Pero fue en Babel donde adquirió el estado teologal siguiente: la madre o hermana se casa con el hijo; el padre de ella lo mata, y de su sangre brota la violeta. Finalmente, la amante huye llorando al hijo y esposo, posteriormente en la leyenda de Adonis, lo que brota de su sangre es la amapola.

Ovidio,[84] que consiguió dominar con gran maestría el ala lírica y la poesía amatoria, dice que el amor de la madre era puro, remontándose así al origen sumerio del concepto de la madre virgen. Además, recupera toda la tradición mitológica griega alegorizando en el Vesta a esa diosa virgen, hija y madre de Saturno, señora del fuego, coronada de flores, reina de las vestales y adorada en el Templo que el propio Rómulo erigió en Roma. Leyenda que luego recogerá Artemis, la diosa virginal y causa de traslación de un simbolismo que posteriormente pasó al cristianismo. No nos debe extrañar este culto a la virginidad reivindicado por Ovidio, si concebimos la pérdida de la virginidad como una forma de muerte latente, frente a la práctica de la prostitución sagrada nacida en Oriente y que se practicaba en los templos de Babilonia, Sumeria, Menfis o Jerusalén.

El culto a Astarté (Astharot), muy común entre los cananeos, fenicios y acadios, pronto llegó a popularizarse también, según parece, entre los israelitas. «Dejaron al Señor por adorar a Baal y a las diferentes representaciones de Astarté».[85] En el caso que nos ocupa, lo que ocurrió posiblemente es que al tener muchos elementos comunes las culturas judía y cananea, los primeros importaron y aceptaron la diosa Astharot, a pesar de que estaban prohibidas, por los libros sagrados, las imágenes en el culto a Yehovah y a otros dioses. En la Biblia, en el Libro de Esther se sincretiza a los Dioses Marduk, Ishtar, Hamman y Mashti, ¿suenan familiares?, con Mardoqueo, Esther, Aman y Vasti. Esther es puro sincretismo con la mitología babilónica y curiosamente es el único libro de la Biblia donde no se menciona a Dios explícitamente, tal vez porque todo el libro trata de los distintos dioses y de Asuero identificado con el rey Jerjes de Persia.

---

84. Publio Ovidio Nasón, *Fastos,* Edición de M. A. Marcos Casquero. León, Universidad de León, 1990.
85. Jueces 2, 13; 3, 7; 1 Samuel 7, 3-4; 1 Reyes 11, 5.

La transgresión de Salomón fue tan amplia, que podríamos decir que perdió su reino debido a la autorización de ese culto.[86] Ya que a partir de ese momento, que era la segunda mitad de su mandato, el pueblo estaba descontento, el rey ya no era justo, priorizaba las riquezas por encima de la ley de Dios, revivió la esclavitud de los infieles y permitió que en muchos casos los sacerdotes se corrompieran y fueran indignos. Se arrepintió de haber caído en la vanidad y la soberbia, reflejándolo al escribir el libro de Eclesiastés, aunque eso no evitó que a su muerte el reino se dividiera. Diez de las doce tribus se rebelaron y sólo quedaron apoyando a su hijo Roboam las tribus de Judá y Benjamín. A partir de ahí habrá dos reinos: el de Judá y el de Israel.

En la reforma, Josías mandó al sumo sacerdote Hilcías, a los sacerdotes de segundo orden y a los guardianes de la puerta que sacaran del templo de Yehovah todos los utensilios que habían sido hechos para Baal, Astharot y todo el ejército de los Cielos. Los quemó fuera de Jerusalén, en el campo del Cedrón, e hizo llevar sus cenizas a Bethel.[87] Se luchó continuamente contra esta forma de idolatría hasta el punto de prohibir plantar árboles cerca de los altares del Templo,[88] porque éstos representaban la reencarnación y era una forma de culto a Astharot (Asera). «No plantarás ningún árbol para Asera cerca del altar del Señor tu Dios, que tú te habrás hecho». (Deuteronomio 16, 21). El árbol es una de las simbologías más ricas unida a las diferentes creencias y Mircea Eliade habla de hasta siete interpretaciones diferentes, aunque todas ellas orientadas hacia el cosmos vivo en constante regeneración.

Salomón hizo de Jerusalén un núcleo multirreligioso donde confluyeron diversos grupos étnicos y culturales, convirtiendo a Israel en un

---

86. 1 Reyes 11, 33.
87. 2 Reyes 23, 4-7.
88. La veneración y adoración de árboles como seres humanos fallecidos reencarnados es tan antigua como la propia Babilonia. Posiblemente el árbol de Navidad, que tiene una historia antigua, podría derivar de este culto.

gran centro político y cultural. Esta participación extranjera fue dejando huellas culturales y religiosas, por eso, la estructura político-religiosa judía intentó abolir esos cambios, influyendo sobre Salomón para volver a la figura de un dios monoteísta masculino. En el *Kebra Nagast*,[89] el sol es considerado como deidad masculina, y la reina de Saba le cuenta a Salomón:

> nosotros adoramos el sol (...) para que él cocine nuestra comida, y para que él ilumine la oscuridad, y remueva el miedo; nosotros lo llamamos nuestro rey, nuestro Creador (...) y hay otros asuntos entre nosotros (...) algunos adoran piedras, otros árboles, algunos figuras esculpidas, y algunas imágenes de oro y plata también son adoradas.

Sólo nos cabe decir que la leyenda, en su significado eterno, aunque haya adquirido muchos nombres permaneció igual en su valor recóndito. De una forma u otra, consciente o inconscientemente, la adoración al sol ha existido en todos los pueblos extinguidos hasta la época actual y ha quedado la costumbre de sembrar algunas semillas en recipientes de barro antes de primavera, para que broten y sirvan de símbolo de la verdad acerca de la renovación y la inmortalidad. Los cristianos lo hacen en la Pascua de Resurrección y los mahometanos al comienzo de la primavera. Estos cultos y la adoración tributada a la diosa madre, que datan de hace seis mil años, junto a aquellos dogmas sobre la muerte, la resurrección y la salvación, son el origen de muchas religiones del mundo actual, entre ellas el cristianismo.

---

89. El *Kebra Nagast* es una crónica pretendidamente histórica de los reyes de Etiopía, que remonta su genealogía hasta Menelik I, hijo del rey Salomón y de la reina de Saba, y contiene una serie de tradiciones sobre la monarquía etíope.

# Capítulo III

## ¿Quién construyó el Templo?

¿Fue Hiram Abi el constructor del Templo de Salomón?, según el ritual masónico de la exaltación a 3.er grado, no hay ninguna duda. Pero lo cierto es que el investigador sólo dispone de dos referencias que hagan alusión a este hecho: una la encontramos en la Biblia y la otra en un documento medieval de origen masónico, el manuscrito Cooke.[90] Este documento que fue redactado entre el 1410 y el 1420, dice:

> Y en la construcción del Templo, en tiempos de Salomón, como se dice en la Biblia, en el tercer Libro *Regum in tercio Regam*, capítulo quinto, Salomón tenía ochenta mil constructores a su servicio. Y el hijo de Tiro

---

90. El manuscrito Cooke, conservado en el British Museum, debe su nombre a su primer editor, Matthew Cooke, *History and articles of Masonry*, Londres, 1861. El original data de alrededor de 1410 o 1420, pero es la transcripción de una compilación que se remonta quizá a más de un siglo atrás. Se divide en dos partes: la primera, que consta de diecinueve artículos, es una historia de la geometría y de la arquitectura. La segunda es un «Libro de deberes» que incluye una introducción histórica, nueve artículos referentes a la organización del trabajo que habrían sido promulgados durante una asamblea general en la época del rey Athelstan, nueve consejos de orden moral y religioso y cuatro reglas relativas a la vida social de los masones. El término especulativo aparece ya en este documento. El manuscrito Cooke sirvió de base al trabajo de George Payne, segundo Gran Maestro de la Gran Logia de Londres, que lo adoptó para un primer reglamento en 1721. Aparece además como la principal fuente en la que Anderson se inspiró para la redacción de su *Libro de las Constituciones* (1723).

era su jefe. Y en otras crónicas y en otros libros de masonería se dice que Salomón les confirmó el encargo que David, su padre, había dado a los masones.

Tampoco se menciona en ninguno de ellos su asesinato, y en realidad, como hemos visto, ni el nombre de Hiram es mencionado, tan sólo hace una referencia, quedando así su identidad distorsionada. Estas confusiones en los redactores de las Constituciones de la masonería operativa darán lugar a que los autores de documentos posteriores mantengan las mismas confusiones. Por estos hechos, parece que no había una leyenda definida, algunos escritores han creído ver al abad benedictino Walafrid Strabón como creador de la leyenda de Hiram, tomando como base las tradiciones del Antiguo Testamento (1 Reyes 5 y 2 Crónicas 3), aunque otros creen que la leyenda fue creada mucho más tarde por Gérard de Nerval,[91] recogida de una fábula oída por los caminos durante sus viajes a Oriente.

La leyenda de Hiram Abi, sin la menor duda, es la consumación del vínculo entre los antiguos misterios y la francmasonería. Con esta afirmación de ninguna manera queremos decir que la leyenda sea verdadera, ya que como hemos dicho, la Biblia tan sólo hace referencia a Hiram como arquitecto del Templo, y de cuándo tuvo lugar la muerte del maestro no tenemos más información que la de los rituales masónicos. Tampoco creemos que sea importante que lo sepamos, porque la masonería no deja de ser una escuela de filosofía y moral que utiliza como vehículo una sucesión de alegorías, como lo muestra el pasaje de un ritual que exponemos a continuación. Éste dice: «Salomón, queriendo hacer un Templo digno para el Dios Íntimo, pidió a Hiram, rey de Tiro, un maestro arquitecto de obra». La interpretación que podemos hacer de la frase es: que el hombre solar (Salomón) queriendo hacer de su cuerpo un templo digno para el Gran Arquitecto, o sea,

---

91. Gérard de Nerval, *Viaje al Oriente,* Valdemar Ediciones, Madrid, 1988.

para el Yo soy, pidió a la Conciencia elevada (el rey de Tiro) que le enviase un constructor. Esto lo podemos interpretar como que le dejase alcanzar la superconciencia, o el sol espiritual en el hombre que está representado por Hiram.

Jean Pierre Bayard nos dice al respecto, «El Padre confía a David el plano de este templo ideal, soñado por un pueblo errante; en el lugar más santo, en el centro del mundo, Salomón, del 1014 al 930 antes de nuestra era, materializa esta comunicación Tierra/Cielo; en el libro I de Reyes y en las Crónicas, se describe la construcción».[92]

Según Joseph Fort Newton en su libro *Los arquitectos,* citando a Flavio Josefo nos dice que:

> Las historias de ambos pueblos hablan muchísimo de la construcción del Templo hebreo, de la amistad de Salomón con Hiram I de Tiro y de la armonía que existía entre los dos pueblos; y hasta se conserva una tradición fenicia en la que se dice que Salomón regaló a Hiram un duplicado del famoso Templo, que erigió en Tiro.[93]

Además, Josefo describe detalladamente el Templo y la correspondencia entre Salomón e Hiram de Tiro, dándonos detalles de la importancia que existía entre la amistad de estos dos reyes. Gracias al rey de Tiro, el reino de Israel no sólo construyó su Templo, además se consolidó como uno de los países dominantes del comercio.[94]

Sigue diciendo el ritual masónico: «Hiram Abi, a quien Salomón, conocedor de sus virtudes y talentos, le confió la dirección de las obras…», como vemos, Salomón encarga la construcción del primer Templo de Jerusalén al maestro Hiram Abi, poseedor del conocimiento iniciático, que le habría sido transmitido por su antepasado Tubal-

---

92. Jean Pierre Bayard, *op. cit.*
93. Joseph Fort Newton, *Los constructores* (Los Arquitectos), Biblioteca Clásica de la Masonería, Barcelona, 2015.
94. Flavio Josefo, *op. cit.*

caín, tal como recoge la leyenda francmasónica, que volvemos a encontrar en el manuscrito Cooke:

> La Biblia dice en verdad en el capítulo IV del Génesis que Lameth tuvo de otra mujer llamada Zillah un hijo y una hija. Sus nombres eran Tubalcaín, el hijo, y la hija fue llamada Naamah y, como dice el Polycronicón, fue la mujer de Noé; que esto sea o no verdad, no lo sabemos. Te digo que este hijo, Tubalcaín, fue el fundador del arte de la herrería y de todas las artes de los metales, esto es, del hierro, del oro y de la plata, como dicen algunos doctores. Su hermana Naamah fue la fundadora del arte del tejido, hilaban el hilo y laboraban el hierro y se hacían vestidos como podían, pero la mujer Naamah encontró el arte del tejido, que es ahora llamado el arte de las mujeres; y estos tres hermanos sabían que Dios se vengaría del pecado, o con el fuego o con el agua, y pusieron el mayor cuidado para salvar las ciencias que habían encontrado, y se aconsejaron entre ellos; y, gracias a su ingenio, se dijeron que había dos tipos de piedra de tal cualidad que la primera jamás podía ser quemada, y esta piedra es llamada mármol, y que la otra piedra no podía ser hundida, y esta piedra era llamada *laterus*. Y por ello idearon escribir todas las ciencias que habían encontrado en estas dos piedras, de manera que si Dios se vengaba con el fuego el mármol no fuera quemado, y si Dios se vengaba con el agua la otra piedra no se hundiera. Y por ello rogaron al hermano mayor Jabal que construyera dos columnas con estas dos piedras, esto es, mármol y *laterus*, y que esculpiera en los dos pilares todas las ciencias y las artes que habían hallado. Y así se hizo, y por ello podemos decir que fueron muy hábiles en la ciencia que se inició y que persiguió su fin antes del Diluvio de Noé: sabiendo que la venganza de Dios se produciría, sea con el fuego o con el agua, los hermanos —como por una especie de profecía— sabían que Dios ordenaría una, y por ello escribieron en las dos piedras las siete ciencias, pues pensaban que la venganza llegaría. Y ocurrió que Dios se vengó y hubo un tal Diluvio que todo el mundo fue sumergido y murieron todos menos ocho perso-

nas. Y fueron Noé y su mujer y sus tres hijos y sus mujeres, y de estos hijos procede todo el mundo. Y (los tres hijos) fueron llamados de este modo: Sem, Cam y Japhet. Y este Diluvio fue llamado el Diluvio de Noé, porque sólo se salvaron él y sus hijos.

Esta leyenda que narra el manuscrito Cooke, anteriormente había sido recogida por Flavio Josefo, que relataba que Adán[95] reveló a su hijo Set que el mundo perecería bajo el agua y el fuego. Temiendo que todo su saber se perdiera, los descendientes de Set construyeron dos columnas sobre las que grabaron sus conocimientos. Y según los versos 321 a 326 de dicho manuscrito:

> …muchos años después del Diluvio, como narra la Crónica, estas dos columnas fueron halladas y, como dice el *Polycronicón*, un gran doctor llamado Pitágoras encontró una, y Hermes, el filósofo, encontró la otra, y enseñaron las ciencias que en ellas hallaron escritas.

El Diluvio fue una catástrofe universal donde el mundo se vio cubierto por las aguas, este suceso es común a todas las culturas, encontrando relatos que lo cuentan como el Gilgamesh babilónico, un documento de circa 2650 a. C., pero también lo encontramos en el Satapatha Brahmana hindú que incluye los mitos de la creación y el diluvio de Manu, en el Mahabharata, en la Biblia e incluso en el Corán, aunque no detallado pero si referencialmente. Lo mismo ocurre en narraciones de la Polinesia, China o América.

El ritual masónico, recogiendo todas estas leyendas, dice que Hiram construyó y levantó en el Templo dos grandes columnas huecas de

---

95. Adán es el nombre del primer hombre según el Génesis, aunque en la tradición cabalística hebrea no es otra cosa que una síntesis del Universo Creado, cuyo propio nombre no es otra cosa que una representación abreviada de los cuatro puntos cardinales. En el *Preadanismo* obra de Isaac Payrere, escrita en 1655, defiende que Adán no fue el primer hombre, sino la raíz del pueblo hebreo, y que existieron otros hombres antes que él.

bronce. Determinó que los aprendices recibiesen su salario, esto es, su enseñanza y bienestar, en la primera columna; los compañeros, en la segunda y los maestros, en la «cámara del medio», que se encuentra por dentro y encima de los dos, representando un lugar secreto o mundo interno. Cada obrero, para poder recibir su salario, se hacía conocer por el esfuerzo y trabajo que había dedicado a la obra, a través de las señales, toques y palabras que se les comunicó a cada uno para hacerse reconocer como tales, o sea, que les dio la capacidad de influirse por medio de los sentidos: vista, tacto y oído.

A finales del siglo XVII, algunas logias comenzaron a utilizar la leyenda hirámica y fue introduciéndose informalmente poco a poco. Aunque no fue hasta principio del siglo XVIII cuando se empezó a utilizar la leyenda de Hiram de forma parecida a como la conocemos actualmente. Los miembros de la recién fundada Gran Logia de Londres, en 1717, formalizaron la leyenda que será incluida en las Constituciones de Anderson, no sin provocar turbulentas discrepancias. Por alguna razón que no ha trascendido, decidieron resaltar la figura de Hiram, dramatizando la leyenda del viejo relato de Walafrid Strabón concebido en el siglo IX y creando el mito más difundido en la masonería.

Incorporaron así el misterio basado en las innumerables y antiguas leyendas que utilizaban el simbolismo de la muerte y la resurrección. Lo cierto es que tuvieron un propósito loable, al convencer a nuestros ancestros de buscar una identidad para los constructores y de tener un drama propio e impactante que conmoviera a los hermanos. Sin embargo, veremos que en la masonería operativa aunque también existía un matiz funerario con referencia al maestro, no se establecía una escena dramática. En un catecismo del siglo XV, utilizado por algunas logias operativas, vemos que el maestro es utilizado como una figura tutelar, como una alegoría.

P: ¿Cómo se construyó el Templo?

R: Por Hiram y Salomón, que proporcionaron herramientas para este trabajo; se trata de Hiram que fue enviado de Egipto; él era hijo de una viuda; proporcionó todo tipo de herramientas: picos, palas y todas las cosas relativas al Templo.

P: ¿Dónde reposa el Maestro?

R: En un valle de piedra, bajo la ventana del oeste, mirando hacia el este, a la espera de la salida del sol para llamar a sus hombres al trabajo.

Como hemos podido comprobar, nada se menciona de palabras secretas ni de compañeros traidores. Ya hemos visto que algunos rituales decían: a pesar del número de obreros, que entre todos eran más de ochenta mil, y de hacer todo género de obra, no se oía ningún ruido de instrumento de metal por el hecho de que el Templo no había sido construido con instrumentos, sino por la mano del hombre. Como vemos la obra progresó y se elevó rápidamente, el trabajo fue realizado con sabiduría, orden y exactitud, según las instrucciones recibidas del maestro Hiram, que representa en este caso la conciencia de la realidad y por lo tanto, podemos decir que es el silencio y la quietud en el mundo interno, origen de toda obra espiritual.

Todavía se tardó siete años en construir el Templo, y durante ese tiempo reinaron la paz y la prosperidad. Ese lapso, los siete años, es el período necesario para la completa iniciación interna. Ese período no deja de ser un esfuerzo constante, una acción y un acto consustancial de cada uno de nosotros. En este caso no es el Gran Arquitecto el que da el primer paso, somos cada uno de nosotros que debemos trabajar para acceder, a través de los símbolos, a encontrar el sentido oculto, evitando confundir las palabras con las ideas. Es investigar en lo oculto y para eso necesitamos herramientas, esas herramientas sólo las pueden ofrecer las sociedades iniciáticas, así como el amor y la fraternidad en los momentos difíciles. El camino iniciático es una búsqueda del hombre y de lo divino, pero desde una perspectiva distinta a las teofanías que nos han enseñado. Es un camino sin dogma donde caemos (morimos como el maestro Hiram) y volvemos a renacer permitiéndonos ir más allá, ofreciéndonos la conciencia de nuestra ignorancia, de nuestras debilidades y la libertad de nuestra búsqueda. Una búsqueda de lo divino desde una clave individual dentro de un conjunto colectivo que es la logia. En el fondo, es prepararse humildemente a un encuentro cuyo momento no conocemos, ni sabemos la hora, codeándonos, así fugitivamente, con una última verdad imborrable e inaccesible para volver a renacer.

Pero volviendo al Templo, maravilla de las edades, que no olvidemos que al mismo tiempo es nuestro propio cuerpo, fue construido por Salomón (la Sabiduría), Hiram, rey de Tiro (la Fuerza) e Hiram Abi (la Belleza) dentro del Orden y la Armonía. Pero, ¿podía persistir tan hermoso orden? No, en el mundo inferior siempre existen defectos y vicios que inducen a cometer barbaridades para destruir un modelo de perfección, estos defectos son: la ignorancia, el fanatismo y la ambición.

La leyenda de Hiram Abi nos dice que estando próxima la conclusión de la Gran Obra, tres obreros de la clase de los compañeros, que representaban esos defectos o vicios que hemos enumerado anteriormente, y como sucede con todos los ignorantes que siempre quieren obtener lo que el hombre no merece del mundo espiritual y material, se conjuraron y tramaron una conspiración para obtener, por la fuerza, la palabra que les daba paso al grado superior y que era como se reconocían los maestros. Ellos ya se habían juzgado a sí mismos dignos de la maestría, olvidando la frase cuando se le pregunta a alguien si es masón y se responde «mis hermanos me reconocen como tal». Frase que se puede aplicar a todos los ámbitos, si los demás no te reconocen puedes llegar a creerte un dios, aunque en realidad no seas nada.

El respetable maestro Hiram, a las cinco de la tarde, se dirigió al santuario del Templo para dedicarle una plegaria al Eterno, como era su costumbre. Los tres malvados compañeros Jubelas, Jubelos, Jubelon, cuyos nombres se identifican en la misma raíz *jubel*, que significa «río» o «señal», o lo que es lo mismo, con la corriente de la vida y de los intereses materiales. Estos traidores esperaron su salida situándose cada uno de ellos en una de las tres puertas del Templo, que como hemos dicho anteriormente estaban situadas a oriente, a occidente y al mediodía, cada uno de ellos llevaba consigo una herramienta de trabajo, el primero una regla, el segundo una escuadra y el tercero un mazo.

Terminada su oración, Hiram salió por la primera puerta donde se encontró a uno de los traidores armado con una regla de veinticuatro pulgadas pidiéndole la palabra y el signo de maestro, asombrado Hiram le dijo que de esa forma no lo conseguiría nunca y que estaba dispuesto a morir antes de decírselo. Viendo la inutilidad de su procedimiento, el compañero ignorante y furioso por la negativa le asestó un golpe con su regla, Hiram levantó su brazo para proteger su garganta y el golpe fue a dar sobre su hombro derecho. Aturdido por el golpe se retiró dirigiéndose a la puerta de occidente. Allí el segundo compañero, que representa el fanatismo, le hizo la misma pregunta que el primero y recibió la misma respuesta, éste irritado le asesta un violento golpe con la escuadra que iba dirigido a la cabeza y que logra desviar hiriéndole en el hombro izquierdo. Mucho más aturdido y tambaleándose, Hiram intentó retirarse por la puerta de oriente, última salida que creía más segura para poder salir. Vana esperanza, el tercer conjurado y el más malintencionado, porque representaba la ambición, le esperaba y también le pide de forma amenazadora la palabra y el signo de maestro masón. Hiram le contestó que prefería morir que declararle un secreto que aún no se merecía. Indignado por la negativa le asestó un terrible golpe en la frente con el mazo que llevaba consigo, causándole la muerte al maestro Hiram.

Cuando se encontraron de nuevo los tres compañeros, comprobaron que ninguno poseía ni el signo ni la palabra. Por nada, habían realizado el crimen más odioso concebido por la perversidad humana que acompaña la ignorancia, el fanatismo y la ambición, realizando por medio de ellos una inversión de los valores. De esa manera violenta e inesperada se puso fin a la existencia del más justo de los hombres tenido por la masonería como el arquitecto por excelencia. Al darse cuenta de lo que habían hecho, los tres compañeros traidores se horrorizaron por el inútil crimen, y como aún había luz, no tuvieron otro pensamiento que el de esconderlo, de hacer desaparecer los vestigios, y lo ocultaron en una ladera cercana al lugar donde se encontraba el Templo.

La leyenda nos enseña simbólicamente que a pesar de que el maestro interno esté trabajando por el bien de los hombres en su progreso espiritual y anímico, siempre existen fuerzas opuestas. El ser humano cuando viene al mundo nace siendo conformista, con un gran amor y un deseo de progreso. Pero en principio, todas esas cualidades con el tiempo se transforman y el conformismo de no desarrollar el intelecto lo convierte en ignorante; el amor apasionado se torna en fanatismo estúpido, y el deseo de progresar se convierte en ambición egoísta.

Aunque parezca extraño, durante miles de años y en todas partes, los masones han celebrado y siguen celebrando la muerte de Hiram Abi. Esta leyenda que poco o nada tiene que ver con la realidad y mucho con lo simbólico, no pertenece a ninguna época, religión, ni pueblo en particular. Sin embargo, debemos reconocer que en todas las naciones de la antigüedad existían alegorías parecidas y que todas ellas, sin lugar a dudas, deben referirse al mismo hecho primitivo.

El doctor Buck, que fue grado 33.º de la masonería y uno de los primeros que se afiliaron a la Sociedad Teosófica después de leer *Isis Desvelada*, de H.P. Blavatsky, nos dice:

«La muerte de Hiram Abi está representada dramáticamente, cuando el templo estaba a punto de finalizarse».

El hombre mortal es transmutado, da su vida en lo espiritual, y cuando el Templo ha sido terminado, el mortal se ha convertido en inmortal.

«Sin embargo, se recuerda que después de la terminación del templo se trabajó durante años para construir y ornamentar un palacio para el rey».

La terminación tiene que ver con la espiritualización o inmortalización, y aunque haya tenido lugar la transmutación y el alma haya alcanzado la conciencia, la maestría aún no se ha logrado plenamente, aún hay mucho por hacer (ornamentar) para lograr la divinidad, simbolizada por la terminación del lugar o palacio del rey.

«Añadir a estos hechos la afirmación de que el templo fue construido sin el sonido de un martillo u otro instrumento de hierro y es, por lo tanto, comparable con aquel otro "templo espiritual, no hecho con las manos eterno en el cielo" y los rasgos literales e históricos desaparecen y el simbolismo se destaca claramente».

Donde lo «eterno en el cielo», es un estado de paz y armonía que puede existir en todas partes.[96]

Al levantarse Salomón y ver que Hiram Abi no acudía, como cada día, a darle cuenta de las obras y recibir sus órdenes, mandó llamarle con un oficial. Éste lo buscó por todas partes y se dio cuenta de que tampoco había acudido al trabajo, todos quedaron perplejos y lo buscaron, pero nadie pudo encontrarle. Al tercer día, al salir Salomón de elevar sus plegarias se sorprendió al ver sangre en la puerta de oriente y temiendo lo peor decidió reunir a los maestros, a los que comunicó sus temores y se produjo un silencio prolongado. Ordenó a tres de ellos que hicieran tres grupos de tres, para que escudriñaran los territorios de oriente, occidente y sur en busca del gran maestro y arquitecto y ver de qué forma podían recuperar la palabra perdida. Así fue como nueve de ellos partieron en busca del cuerpo de Hiram para conducirle de nuevo al Templo.

La búsqueda fue inútil durante tres días, pero en la mañana del cuarto día los maestros oyeron unas voces que provenían de una caverna, allí estaban los tres compañeros asesinos, éstos al ver a uno de los maestros escaparon por la otra salida de la gruta. Los maestros al regresar cansados a Jerusalén, al sexto día, se dejaron caer extenuados sobre un montículo de tierra que había sido recientemente removida, comenzaron a excavar, pero al hacerse de noche colocaron sobre el túmulo un ramo de acacia para reconocer el sitio nuevamente. Al día siguiente le comunicaron a Salomón la noticia, enseguida encargó a los nueve maestros que fueran a reconocer si se trataba de Hiram Abi, al retirar la tierra descubrieron las herramientas de los compañeros, lo

---

96. Dr. Buck, *Masonería mística*, Blavatsky Editorial, México, 2005.

que no dejaba ninguna duda, y buscaron sobre su cuerpo las señales de reconocimiento. Cuando llegó Salomón pronunció una palabra e hizo una señal, que a partir de ese momento fueron admitidas como sustitutorias y quedaron como signos de reconocimiento entre los masones.

Si analizamos lo descrito hasta ahora, es el relato de la muerte de un jefe de trabajos asesinado por tres desleales obreros y que con su muerte se llevó a la tumba el secreto de la masonería. A esto debemos añadirle la construcción de un magnífico Templo que perteneció a un pueblo célebre por sus desventuras y destierros. ¿Son dignos todos estos vulgares acontecimientos para que se ocupen de ellos tantos hombres inteligentes en todos los países durante siglos? Si los tomamos al pie de la letra, ¿qué interés pueden tener?, la respuesta es simple, ninguno. Pero cabe preguntarse ¿cómo es posible que después de haber transcurrido tres mil años de la muerte de Salomón, en el mundo entero se celebre la muerte de un arquitecto del que no se conserva recuerdo alguno excepto en la Biblia, que es la única que lo nombra? Ningún historiador ha conservado su recuerdo, ni está en los anales de la historia. La misma tradición fracasa y nada recuerda que Hiram haya muerto a manos de sus obreros, como dice la leyenda masónica.

Lo que parece evidente es que no existe en el mundo un drama comparable con la muerte del maestro Hiram y sus enseñanzas. En él podemos analizar la estupidez del mal y el resplandor de la virtud, el sentimiento de humanidad que lleva a desafiar la muerte antes que difamar, traicionar o profanar la integridad moral. El drama representa las realidades de la vida humana, es una tragedia que impresiona por su sencillez, profundidad y fuerza, en donde se refleja claramente la victoria de la luz sobre la oscuridad. Aristóteles dijo, «La tragedia tiene por misión purificarnos y exaltarnos, llenándonos de piedad y de esperanza, además de fortificarnos contra las desventuras». Recogiendo esa idea, espero que se me permita exponer otras palabras de Edmund Booth:

> Jamás he encontrado leyenda tan sublime, tan real, tan magna como la leyenda de Hiram, a pesar de mis investigaciones y estudios de las

obras maestras de Shakespeare para dar realidad a sus dramas en la escena mímica. La leyenda de Hiram es substancia sin sombra: el destino manifiesto de la vida, que no necesita describirse ni expresarse para causar una impresión imborrable a todo el que la llega a comprender.

Entonces, ¿qué representa esta leyenda para nuestros espíritus? ¿Qué interés puede tener para nosotros? Es fácil contestar. Tanto como pueda tener para otros sabios o filósofos que perdieron la vida por favorecer a la humanidad..., son los Sócrates. Además de la muerte filosófica que toma su modelo en Sócrates, el primer filósofo que aprendió a morir. Siguieron las de otros, que se radicalizaron siglos después en Séneca, a su tortuoso suicidio le siguieron, además, el de sus dos hermanos y el de su sobrino Lucano, sabedores de que pronto la crueldad de Nerón recaería también sobre ellos.

Aprender a morir ha sido la preocupación esencial de la filosofía de todas las épocas y civilizaciones. De hecho, Cicerón señalaba que «filosofar es aprender a morir». La filosofía sería, por tanto, una educación para la muerte y ése sería su principal objetivo: preparar al hombre para la muerte. Unos siglos antes Sócrates, en el *Fedón,* señalaba que el filósofo debía mostrarse alegre ante la muerte, porque «los verdaderos filósofos hacen del hecho de morir su profesión». Y Montaigne señalaba: «Quien ha aprendido a morir ha desaprendido a ser un esclavo».[97]

Llegamos a la conclusión de que Hiram es otro Sócrates, uno de los bienhechores de la humanidad, cuyo nombre recuerda las más eminentes virtudes y los más señalados servicios. Todo lo que existe es la imagen proyectada de la mente del hombre, el pensamiento es el primer elemento del Ser en su potencia creadora, todo pensamiento que llega a ser una idea fija y definida de la mente del hombre se con-

---

97. Michel de Montaigne, *Los Ensayos*, El Acantilado, Barcelona, 2007.

vierte en fuerza activa y se objetiviza o realiza en el mundo físico. Pues bien ¿qué busca la leyenda? Está buscando a Hiram, esencia simbólica del Sol espiritual, del Yo, que muere y desaparece en las tinieblas de la muerte, de la materia, debido a la ignorancia, el fanatismo y la ambición.

El masón, que vive y trabaja en el mundo como en su logia, debe procurar elevarse por encima de éste –simbolizado por la elevación de Hiram desde la tumba– y alcanzar la cumbre que lo sobrepasa, donde sólo puede encontrar las verdades divinas. Las parábolas creadas para explicar hechos más o menos reales, que puedan explicitar verdades o incentivar virtudes, las recoge la masonería en su lenguaje simbólico mediante el cual se sugieren ideas, conclusiones, actitudes o principios. Con la leyenda de Hiram se ejemplarizó la fuerza de voluntad de un hombre fiel a sus ideales, dispuesto a defenderlos con su propia vida, exponiendo sus mejores sentimientos, aportando a su obra la belleza del milagro de la creación. Hiram el pensador se ha transformado en símbolo de una sabiduría fértil, que comparte con sus semejantes en la construcción de un mundo mejor.

Los anónimos masones que a través del tiempo compusieron el drama de Hiram aportaron desde su alegoría el culto al Gran Arquitecto del Universo, que representa en los misterios al *Dios Desconocido,* al Eterno, al único Creador de todas las cosas y al Regenerador de todos los seres. Aportaron así el continente ideal para el desarrollo positivo y armonioso de la fuerza, la sabiduría y la belleza, tres pilares de la masonería que deben guiar los pasos de todos los hijos de la viuda.

Encontramos inmensamente instructivo que el historiador de la francmasonería Albert Mackey diga:

> Una cosa, por lo menos, no se puede refutar y es que estamos endeudados con los masones de Tiro, por la introducción del símbolo de Hiram Abi. La idea del símbolo, aunque modificada por los masones judíos, no es judía en su comienzo. Fue prestada evidentemente por los misterios paganos, donde Baco, Adonis, Proserpina y una hueste de

otros seres de apoteosis jugaron el mismo papel que representa Hiram en los misterios masónicos (y Jesús en los cristianos).[98]

Aunque no se puede verificar el hecho de la existencia de Hiram, lo cierto es que la tradición nos lo ha transmitido y ha sobrevivido a través de los siglos. Si hacemos caso del historiador Josefo, cuenta que Hiram, el arquitecto, el artífice de metales, no perdió la vida y que vivió en Tiro hasta una avanzada edad. Si tenemos que especular sobre estos datos nos puede sorprender que exista una comunidad en esa zona que no sólo sostiene que desciende de los fenicios, sino también de los constructores del Templo del rey Salomón, ésos son los drusos. A pesar de mantener muy en secreto sus conocimientos religiosos, para ellos es muy importante el sentirse originarios de esa tradición, que sin embargo mezclan con el neoplatonismo y el chiismo, incluyendo elementos gnósticos, creando así un particular sincretismo. A menudo, se los describe como una secta islámica, pero su compendio teológico es propio. Sus templos, que suelen estar abiertos, están construidos en forma de logias, y la comunidad drusa se divide en dos categorías: los yuhhal (profanos) y los uqqal (iniciados), la iniciación consta de tres grados, y a pesar de que mayoritariamente se dedican a la agricultura, utilizan signos e instrumentos de albañilería, como símbolos de la verdad moral. Se reconocen entre sí por medios de signos, toques y palabras secretas. Uno de los mandamientos centrales de la religión drusa, fielmente cumplido hasta hoy, es mantener ocultos sus dogmas y preceptos; de ahí que haya muy poca información sobre sus ritos y creencias. Su credo, según las palabras de Hamza,[99] es que «la creencia en la verdad de *un Solo Dios* sustituirá a la oración; al ejercicio del

---

98. R. W. Mackey, *El simbolismo de la masonería*, Biblioteca Clásica de la Masonería, Barcelona, 2015.
99. Los drusos creen que Hamza fue el último elegido por Dios para revelar su verdad a los hombres, y que sus predecesores fueron Adán, Noé, Abraham, Moisés, Jesús y Mahoma, fue el que convirtió a los drusos del Líbano a la doctrina en el siglo xi.

amor fraternal, a la comida; a la práctica diaria de actos caritativos y a las limosnas». Tanto es así que ellos se llaman a sí mismos *muwhhidttn* (unitarios). Tan sólo añadir que cuando los templarios estuvieron en Tierra Santa tuvieron la influencia de los drusos.

En el ensayo realizado sobre los drusos, Hacket Smith termina haciéndose las siguientes preguntas: ¿por qué razón tiene ese pueblo semejantes tradiciones? ¿Quién se las transmitió? ¿Qué representa este hecho en el ambiente oriental inmutable y fijo?[100]

Retornando a Hiram, tan sólo añadir que la leyenda, desde que aparece por primera vez, alrededor del 1720, en la masonería especulativa inglesa, fue objeto de una rápida expansión, siendo considerada universalmente de tanta trascendencia simbólica que se ha logrado conservar hasta nuestros días, intacta e inalterada. Se la dotó con valores y signos comunes, aptos para servir a un proyecto ecuménico, y a partir de 1730 se volvió definitivamente el tema central del 3.er Grado simbólico y de algunos Altos Grados, sirviendo así de base para una instrucción dentro de la filosofía esotérica establecida para todos los ritos aceptados.

Sin embargo, a lo largo del siglo XVIII, una clara diferenciación se fue produciendo y haciendo visible entre las versiones del mito practicadas en Inglaterra y Francia. El drama de esta leyenda desarrollado en Francia nos revela que la masonería adoptó este sistema místico tomando en cuenta la conexión que tiene con las antiguas costumbres para otorgar *iniciaciones*, y que esta presentación francesa es la que se mantiene igual a la original de la Gran Logia de Londres. Debemos decir, sin embargo, que aunque a pesar de que con los años la masonería británica, de la Gran Logia Unida de Inglaterra, varió su integridad, de ninguna manera afecta a su interpretación simbólica ni teosófica.

---

100. Harket Smith, *Druses and Their Relation to Masonery*, Ars Quatuor Coronatorum, IV, 7-19, Londres.

## El origen cainita de Hiram

Hasta ahora hemos escrito sobre la leyenda de Hiram, pero ¿quién era Hiram Abi?, ¿de dónde venía? Si recurrimos a la Biblia, que sería lo lógico al ser el primer libro donde se le nombra, y buscamos a sus antepasados, nos encontramos que no existen. Claro que al estudiar la Biblia, desde un punto de vista histórico, filosófico e incluso filológico, pronto nos damos cuenta de que sus textos no fueron inspirados por dios alguno. Que ninguno de sus libros fueron revelados, como tampoco lo fueron las fábulas antiguas, ya sean babilónicas, mesopotámicas o persas. El Antiguo Testamento no deja de ser un libro nuevo en el conjunto de la historia universal y, junto con el Nuevo Testamento, es una amalgama de diferentes fuentes fabulosas, separadas y creadas por diferentes manos durante siglos y siglos. Y según escritores como Pepe Rodríguez o Fernando Vallejo:

> La parte de la Biblia que hoy conocemos como Antiguo Testamento es un conjunto de una cuarentena de libros —en el canon católico— que pretende recoger la historia y las creencias religiosas del pueblo hebreo que, aglutinado bajo la nación de Israel, apareció en la región de Palestina durante el siglo XIII a. C. Los análisis científicos han demostrado que buena parte de los libros legislativos, históricos, proféticos o poéticos de la Biblia son producto de un largo proceso de elaboración durante el cual se fueron actualizando documentos antiguos añadiéndoles datos nuevos e interpretaciones diversas en función del talante e intereses de los nuevos autores/recopiladores.

De este proceso provienen anacronismos tan sonados como el del libro de Isaías, profeta del siglo VIII a. C., donde aparece una serie de oráculos datables sin duda en el siglo VI a. C. (dado que se menciona al rey persa Ciro); la imposible relación de Abraham con los filisteos (descrita en Gen 21, 32), cuando ambos están separados por muchos siglos de historia; el atribuir a Moisés un texto como el Deuteronomio, que no se compuso hasta el siglo VII a. C.; el denominar Yahveh –pronunciación del tetragrama YHWH– al dios de Abraham y los patriarcas cuando este nombre no será revelado sino mucho más tarde a Moisés (Ex 6), etcétera.

La Iglesia Católica oficial, así como sus traductores de la Biblia, sostiene, sin embargo, que «todos los textos incluidos en el canon de las Sagradas Escrituras han sido escritos bajo la inspiración del Espíritu Santo, y son, por tanto, obra divina. Tienen a Dios por autor principal, aunque sean al mismo tiempo obra humana, cada uno del autor que, inspirado, lo escribió».[101]

No se puede negar que la Iglesia Católica, siempre que no coincida con sus puntos de vista, ha mantenido una larga trayectoria opositora contra todo tipo de conocimiento, de sabiduría, de investigación o de religiosidad. Sin ir más lejos podemos referirnos a la Academia de Platón, que después de novecientos años ininterrumpidos de existencia, fue clausurada por difundir ideas paganas según el emperador cristiano Justiniano. Aunque tal vez lo más conocido sea cuando, en el 391 d. C., la muchedumbre azuzada por Teófilo, arzobispo católico de Alejandría, saqueó la biblioteca y masacró a todos los que consideraba paganos, incluidos los gnósticos que se había refugiado allí.

Lo que voy a relatar a continuación son interpretaciones desde otros puntos de vista de la historia de Caín y Abel, que no corresponden con lo explicado en la Biblia. Por lo tanto, de ninguna manera quisiera entrar en una polémica, aunque siempre he creído interesante que la interpretación de los hechos sea poliédrica. Dicho esto, debo resaltar que el texto hebreo que relata el nacimiento de Caín que está en el Génesis contiene tantos elementos de incertezas y de incongruencias que se convierte en una mina de interpretaciones. Como explicación del mito, la Biblia establece que: «Conoció Adán a su mujer Eva,

---

101. Véase Pepe Rodríguez, *Mentiras fundamentales de la Iglesia Católica,* Ediciones B., Barcelona, 1997 y Fernando Vallejo, *La puta de Babilonia,* Seix Barral, Barcelona, 2008.

la cual concibió y dio a luz a Caín, y dijo: "Por voluntad de Yehovah[102] he adquirido un varón"».[103]

Ahora, eso no es lo que se desprende de la Vulgata si la traducimos y no la interpretamos, al decir: «*Adam vero cognovit Havam uxorem suam quae concepit et peperit Cain dicens possedi hominem per Dominum.* (Adán conoció a Eva su esposa, la cual concibió y parió a Caín, y dijo ha sido poseído el hombre[104] por el Señor)».

Si escogemos la traducción del jesuita Alonso Shökel, realizada en la Nueva Biblia Española, vuelve a ser de nuevo una manipulación: «El hombre se unió a Eva, su mujer; ella concibió dio a luz a Caín y dijo he conseguido un hombre con la ayuda del Señor». Todo esto se produce porque las Iglesias quieren que el hecho sea real y no alegórico, si no fuera así no existirían tantas incongruencias. En este caso, no se acepta la intervención directa de Dios sobre Eva y Caín. En cambio, algunas Iglesias, sobre todo la Católica, sí lo aceptan en el Nuevo Testamento cuando se refiere a la Virgen María y a Jesucristo.

Volviendo a la historia de Caín, él es el mayor, el primero; ha sido engendrado —así se señala en Génesis 4, 1— gracias a la intervención de Dios; más tarde, Adán no sentirá más que desprecio y odio por Caín, que no es hijo suyo. Aclinia, una de las hijas, no le será entregada como esposa a Caín, y le será concedida a Abel. A pesar de ello, Caín dedica su inteligencia inventiva, que le viene de los Elohim, a mejorar las condiciones de vida de su familia expulsada del Edén y errante por la tierra. Como quiera que las ofrendas de Abel eran del agrado de su progenitor Yehovah, y sin embargo a éste no le complacían las de Caín,

---

102. El utilizar Jehovah o Yehovah es en realidad el mismo eón, a pesar de que existen historiadores que quieren ver dos entes diferentes. Si nos basamos en la raíz semítica JHVH o YHVH, es el tetragramatón, ya que en realidad la letra inicial J o Y en hebreo es Iud, a la que sigue Hei, Vau, Hei. Por otra parte, hay quién utiliza el término moderno YAVEH, creo que es un gran error ya que deja de existir el tetragramatón (YVH).
103. Génesis 4, 1.
104. En este caso utilizamos la acepción del diccionario de la RAE que define al hombre: ser animado racional, varón o mujer.

por ser de otra progenie y otra naturaleza distinta y no de la suya, un día, cansado de ver la ingratitud y la injusticia responder a sus esfuerzos, se rebelará y matará a su hermano Abel. A consecuencia de ello fue excluido de la comunidad de Yehovah, así pues, la violencia que invade la vida de Caín le conduce quizás a percibir a Dios de manera tergiversada y a construirse una imagen de un Dios injusto. El relato de la muerte es para algunos autores hebreos una forma de explicar que Yehovah prefiere el pastoreo que practicaba Adán y que heredó Abel, al sedentarismo y la agricultura de Caín. ¿Por qué? Porque el sedantarismo y la inventiva pueden convertirnos en dioses o semidioses.

Después de la muerte de Abel, Caín tuvo de retirarse a otras regiones, creando su propia tribu (los cainitas, para diferenciarlos del otro género: los abelitas). A partir de aquel momento Caín, al haber elegido la libertad y la autoconciencia en el camino espiritual en vez de la fe ciega de su hermano, quedó maldito a los ojos de Yehovah, que por aquel tiempo regía los destinos de la humanidad. Desde entonces la descendencia cainita ha venido recibiendo toda la aversión y desconfianza contrarias de dicha jerarquía espiritual. El cristianismo ha interpretado la leyenda como símbolo de pureza del justo muerto injustamente, es decir, del precedente de Cristo. Aunque para los musulmanes apenas tiene relevancia y para ellos, Dios sólo recibe ofrendas de los hombres que le temen. Por lo tanto, el versículo en sí prescribe la muerte del idólatra.[105]

Pero hay una interpretación distinta, la que le daban los cainitas, una secta gnóstica cristiana del siglo II, que honraban a Caín y le daban el título de Padre. Eran conocidos como los hijos de la luz, y en este caso no se refiere a los masones; esta versión asegura que efectivamente, Caín no es hijo de Adán y Eva como Abel, sino que es un descendiente directo de Dios. Ellos decían:

---

105. Sura V, La Mesa «Al-Ma'idah», 30-35.

En el legendario Edén, Eva sucumbió a los encantos y deseos de Eblis el Ángel de la Luz y Caín nació de sus amores. Así que mientras Abel es hijo de la pareja humana, por lo tanto, fruto de tierra, Caín es un ser espiritual nacido del eón de la Luz, engendrado por los efluvios celestes y sin padre terrenal conocido. Aunque tanto Caín como Abel son hijos de Dios, lo son de dioses diferentes. Mientras que Yehovah (otro eón según los gnósticos), el dios de Abel, introduce a sus criaturas en el mundo físico, (a través del hombre) haciendo que mantengan una consciencia inspirada en la fe y dependiente de la divinidad, el dios de Caín no hace que éste reciba la inspiración de los dioses, sino que la consigue de su propio Yo Superior, por medio del esfuerzo y del sacrificio constante, tratando de modelar la materia conforme al espíritu. Por lo tanto, Caín era un descendiente de las Jerarquías Creadoras, mientras que Abel descendía de otros seres humanos creados por Dios. Esto dio lugar a dos ramas bien distintas, dos géneros humanos bien diferenciados que perviven hoy en día y que sólo se unirán cuando el espíritu impere sobre la materia.

Observamos una vez más que el epíteto Dios de la Luz –Ángel de la Luz–, aunque no venga en la Biblia, es utilizado por los gnósticos y también por los maniqueos de los primeros siglos del cristianismo, y posteriormente lo utilizarán los cátaros o albigenses, los bogomilos, los paulicianos, albanenses, garatenses y patarinos. También aparece en los Manifiestos Rosacruces y en diversas formas de la masonería, sin olvidarnos que a Isis se la conocía como la madre del dios de la luz.

Esa línea genealógica iniciada por Caín, a la que Dios protegió, sigue con su hijo Enoch, Matusalén y Lamec. El relato bíblico nos dice: «Entonces el Señor puso una señal en Caín, para que no lo matase cualquiera que lo encontrara. Caín se fue del lugar donde había estado hablando con el Señor, y se quedó a vivir en la región de Nod, que está al oriente de Edén. Conoció Caín a su mujer, la cual concibió y dio a luz a Enoch; y edificó una ciudad, a la cual dio el nombre de su hijo,

Enoch.[106] Como hemos podido ver, Caín es el primer constructor. Eliphas Levi dice a propósito de Enoch:

> La Biblia dio al hombre dos nombres: el primero es Adán, que significa salido de la tierra u hombre de tierra; el segundo es Enos o Henoch, que significa hombre divino o elevado hasta Dios. Según el génesis, Enos fue el primero que dedicó homenajes públicos al principio de los seres, el cual se dice que fue elevado al cielo, después de haber grabado en las dos piedras, que se denominan las columnas de Henoch, los elementos primitivos de la religión y de la ciencia universal.

Henoch no es un personaje, sino una personificación de la humanidad elevada al sentimiento de la inmortalidad por la religión y la ciencia. En la época designada con el nombre de Enos o Henoch, fue cuando apareció el culto de Dios representado en el sacerdote. En la misma época comienza la civilización con la escritura y los monumentos hieráticos. El genio civilizador que los hebreos personificaban en Henoch fue llamado Trismegisto por los egipcios, Kadmos o Cadmus por los griegos,[107] que era quien a los acordes de la lira de Amfión[108] ve elevarse las piedras vivientes de Tebas.

Enoch fue el padre de Irad, que supo aprisionar las fuentes y conducir las aguas profundas; Irad fue el padre de Mehujael, que enseñó el arte de trabajar el cedro y todas las maderas; Mehujael fue el padre de Metusael, que imaginó los caracteres de la escritura, y Metusael fue el padre de Lámec, que tuvo dos esposas: una de ellas se llamaba Adá y la otra se llamaba Zillach. Adá dio a luz a Jabal, de quien descienden los que viven en tiendas de campaña y crían ganado. Jabal tuvo un

---

106. Génesis 4, 15-17.
107. Cadmo, griego considerado como fundador de Tebas, 1500 años a. C. Créese también inventor del alfabeto griego.
108. Amfión, hijo de Júpiter y de Anaxitea, favorecido y discípulo de Mercurio; dicen que con su lira construyó las murallas de Tebas.

hermano llamado Jubal, de quien descienden todos los que tocan el arpa y la flauta. Por su parte, Zillach dio a luz a Tubalcaín, que fue herrero y enseñó a todos los hombres la ciencia de reducir los metales, de martillar el bronce, de encender las forjas y soplar los hornillos. Por lo tanto, siguiendo esta línea llegamos a que Hiram es bisnieto de Eva y Eblis, espíritu de la Luz, y por lo tanto no humano.

Como hemos visto, la línea cainita fue preservada por Dios de la persecución de venganza de los hijos de Adán, pero no siempre pudo librarse de esa mezquina venganza. En la protección coinciden tanto la interpretación Bíblica como la otra. Posiblemente el narrador del Génesis, era conocedor del *rîb,* que es un género literario jurídico equivalente a un discurso acusatorio. Se trata de que entre la parte ofendida y la parte culpable se llegue a una reconciliación. Es un procedimiento bilateral, donde el atacado pone en juego todos los medios posibles para que el culpable no sea condenado a muerte, salvándole la vida y consiguiendo la reconciliación.[109]

¿Cómo encadena el origen de Hiram con la leyenda de Caín? Ya hemos visto que la explicación del mito de Hiram en la Biblia no nos aclara su procedencia, que en el fondo ni él mismo sabe. Lo que tal vez se desprenda es que no es un descendiente de Adán, y que su poco conocida filiación se corresponde con otra línea genealógica. Hiram es el último de una raza espiritual, hecho que algunos masones conocen a través de la figura de Tubalcaín y su origen cainita, sin embargo, no van más allá.

Cuenta la leyenda que estando un día Hiram construyendo el Mar de Bronce del Templo, que pudo hacerlo antes de su muerte, ocasionada como hemos visto por los tres compañeros referidos, Jubelas, Jubelos y Jubelon, la obra fue saboteada con materias no fundibles.

---

109. Sobre el rîb véase la excelente obra de P. Bovati, *Ristabilire la giustizia. Procedure, vocabolario, orientamenti* (AnBib 110), Pontificio Instituto Bíblico, Roma 1986. Igualmente, P. Bovati, *Quando le fondamenta sono demolite, che cosa fa il giusto? (Sal 11,3). La giustizia in situazione di ingiustizia* (RStB 14) Roma, 2002, 9-38.

Benoni, ayudante y fiel discípulo de Hiram, sorprendió a tres obreros saboteando el molde del futuro Mar de Bronce. Al ponerse el sol, Hiram da la orden de proceder al vaciado, y el gigantesco molde en que debía fundirse el Mar de Bronce se agrieta. El metal en fusión surge bruscamente y salpica a la horrorizada multitud. Benoni, el contramaestre, desesperado por no haber avisado personalmente a Hiram, se arroja entre la lava ardiente. Hay leyendas que afirman que se lo había dicho directamente a Salomón y que éste, celoso de la admiración que Bilkis, la reina de Saba, tenía por Hiram, dejó que prosiguiera el sabotaje y no le dijo nada al arquitecto. El maestro, desolado por el fracaso, se retiró llorando. En su desconsuelo escucha una voz que lo llamaba… «¡Hiram, Hiram, Hiram!, reanima tu alma, levántate, hijo mío. Ven, sígueme. He visto los males que abruman mi raza y me he compadecido de ella. Soy tu antepasado Tubalcaín, y te guío hasta el centro de la tierra, hacia el alma del mundo. Allí podrás gustar libremente el conocimiento de los frutos del Árbol de la Ciencia. Ven». Tubalcaín lo instruye en la tradición cainita, la de los dueños del fuego y dominadores de los metales. Esa leyenda hiramita que recoge con gran riqueza simbólica ese momento, nos deja la puerta abierta a los simbolismos de la genealogía de Caín.

Como queda demostrado y en esa cosmología, la leyenda nos dice con muchas coincidencias bíblicas que la generación de Abel, se corresponde con el nomadismo y el pastoreo. Por lo tanto, es distinta de la de Caín, que se vincula con la agricultura, el espacio y el uso del intelecto para dominar la naturaleza. Caín es una genealogía esencialmente sedentaria que domina el arte y construye ciudades. Bajo este aspecto, es un hijo «contranatura» con respecto a la «naturalidad» propia de la especie representada por Abel, que es alquímicamente soluble, es la manifestación humana en su aspecto originario y estático, Caín, por el contrario, es lo humano evolucionando según las leyes cíclicas o coagulándose siguiendo expresiones alquímicas. Lo repetimos, *evolucionando*.

Debemos de entender que estamos haciendo una comparación metafórica entre la generación de los dogmáticos representada por Abel y la de los racionalistas representada por Caín. Si nos ceñimos a la Biblia es imposible que Hiram sea descendiente de Tubalcaín, puesto que con Noé desaparece toda la humanidad y sólo se salva la que permanece en la increíble arca y todos son descendientes de Set. En fin, lo que es evidente es que los dos principios desaparecen físicamente, a uno porque lo mata su hermano, el otro al desafiar a Dios, éste sólo deja la rama de Set que sigue con Noé, Sem, Abraham, Jacob y Neftalí como los representantes más significativos, pero no olvidemos que Hiram, según la leyenda masónica, es hijo de una viuda perteneciente a la tribu de Neftalí y de un trabajador del bronce llamado Ur. Por eso se le aparece Tubalcaín para enseñarle lo que se perdió. También hay quien mantiene que los descendientes de Caín sobrevivieron al Diluvio.

Supongamos que, efectivamente, Hiram es uno de los hijos elegidos de Caín, que no olvidemos representa la finalidad dinámica y es el creador de ciudades, instaurando la última ciudad: *la Jerusalén Celeste*. Hiram que es un producto de movimiento cíclico desencadenado, reniega de su estado de criatura, usurpa el conocimiento reservado a los dioses y se coloca en estado de rebelión. La Biblia nos recuerda:

> Replicó la serpiente a la mujer: de ninguna manera moriréis. Es que Dios sabe muy bien que el día en que comiereis de él, se os abrirán los ojos y seréis como dioses, conocedores del bien y del mal. Y como viese la mujer que el árbol era bueno para comer, apetecible a la vista y excelente para lograr sabiduría, tomó de su fruto y comió, y dio también a su marido, que igualmente comió.[110]

Sabemos bien que al monoteísmo no le gusta que el hombre despierte su consciencia y se deje llevar por lo racional, le gustan más los caminos determinados por la fe y por los dogmas. En cambio, el hombre, «al comer del árbol prohibido», despierta su consciencia y la capa-

---

110. Génesis 3, 4-6.

cidad de pensar por la que distingue el bien del mal por sí mismo, transitando un camino determinado por el raciocinio y el diálogo. Por lo tanto, vemos que la leyenda francmasónica de Hiram no es una cosa material, se refiere a la ciencia del alma y como consecuencia podemos asegurar que la francmasonería no es un credo o una doctrina, sino una expresión universal de una transcendencia, inspiración de místicos y sabios que han existido en todas las edades. Las referencias al Templo de Salomón o al propio Hiram no podemos acogerlas como tales, porque la francmasonería poco o nada tiene que ver con las personalidades, como hoy se las entiende, es un lenguaje trascendente y simbólico en el que se perpetúan, bajo ciertos símbolos concretos, una secretísima y sagrada filosofía que nos ayuda a obtener la luz espiritual y considerar la vida diaria de una forma que nos hace pensar mejor, sentir mejor y vivir mejor, aproximándose a una visión interna de los verdaderos misterios de los antiguos ritos.

Retomemos de nuevo la genealogía y la tradición y veremos que con los cainitas se asocian otras tradiciones que tienen el mismo propósito y llegan hasta nuestros días. Como ejemplo tenemos la de Prometeo, el titán amigo de los mortales, que para provocar a Zeus sacrificó un gran buey, lo partió en dos mitades y puso en una la piel, la carne y las vísceras, que guardó en el propio vientre del animal. En la otra puso los huesos, pero se cuidó mucho de que estuvieran cubiertos de apetitosa grasa, entonces, le dio a elegir a Zeus qué parte querían comer los dioses. Zeus no dudó un instante y eligió la más abundante, la que contenía la grasa. Cuando descubrió el engaño de Prometeo y vio que en realidad había escogido los huesos, montó en cólera y privó a los hombres del fuego. Prometeo decidió engañar una vez más a Zeus y se arriesgó a robar el fuego, así que subió al monte Olimpo, lo robó del carro de Helios y se lo devolvió a los desamparados mortales. De esta forma, la humanidad pudo calentarse. Desde entonces, los hombres quemaron los huesos en los sacrificios para ofrecerlos a los dioses, pero la carne se la comen. Prometeo, no cabe duda, es un gran benefactor de la humanidad.

Ese manejo del arte del fuego de los cainitas no deja de ser el que tenemos que conseguir dominar cada uno de nosotros, es decir, las pasiones, instintos y deseos de nuestro ámbito personal interno, y en ese momento podremos escuchar a Hiram Abi, nuestro gran maestro, entre los muros de una prisión material que es nuestro propio cuerpo, tratando de hallar la liberación de su espíritu que con nuestros defectos le hemos negado. Por ello, somos los únicos responsables porque lo hemos sometido a través de nuestro mundo material y las reacciones de nivel primario, que impiden que nuestra alma se libere. Pocos masones son conscientes de que cuando en el grado 4.º visitamos la tumba del maestro Hiram, esa tumba es en realidad la que contiene el espíritu de la vida, en el que nosotros tenemos que transmutarnos y con potente luz romper sus duros muros. A medida que progresemos individualmente y nos desarrollemos más y más, esos muros se dilatarán lentamente hasta que por fin el espíritu salga triunfante de su tumba.

Al igual que ocurre con Hiram, las referencias bíblicas de Tubalcaín son muy escasas, sin embargo, masónicamente posee una gran significación. A través del Génesis todo lo que sabemos de él es que fue hijo de Lamech y Zillach. También su nombre ofrece alguna que otra confusión en cuanto a su traducción del hebreo, que algunos traducen como «instructor». La primera referencia masónica, como ya hemos dicho anteriormente, aparece en el manuscrito Cooke que data de 1410-1420, también aparece en el manuscrito Dowland, de principios del siglo XVI, donde se relata la misma historia, sin embargo, es en este segundo manuscrito donde se hace por primera vez referencia a Hiram Abi, luego posteriormente lo harán otros, tal como aparece en el manuscrito de Gran Logia de 1583 y también se hace referencia tanto a Tubalcaín como a Hiram Abi en el manuscrito Dumfries, de 1710. Sin embargo, Tubalcaín desaparece en las Constituciones de Anderson. ¿Tal vez por la influencia de la calvinista Iglesia presbiteriana?

Tanto en el manuscrito Cooke como en el Dowland, a Tubalcaín se le describe como el fundador del arte de la herrería y de todas las artes de los metales, y fue así, según concluye la versión, cómo se introdujo en la legendaria historia de la masonería desde tiempos muy remotos. La masonería solo habla de Tubalcaín como el protometalúrgico, sin embargo, la tradición también lo menciona como un guerrero conquistador describiéndolo como un titán, ya que excedía en fuerza y poder a todos los hombres, según los fragmentos conservados y reproducidos de Sanchoniaton.[111]

Esa historia forma parte de la mitología fenicia que ha llegado hasta nosotros de una forma indirecta e imperfecta. Basada principalmente en una traducción realizada del fenicio al griego por Herenio Filón de Biblos –que no debe confundirse con Filón de Alejandría– y que según él, tradujo toda la obra de Sanchoniaton, historiador o sacerdote fenicio que vivió según una cronología dudosa en el siglo XI a. C. y de la que tenemos noticias por Eusebio de Cesarea. De los nueve libros en que había dividido Filón su trabajo de traducción, sólo cuatro se han conservado. La obra original de Sanchoniaton consistía en tres grandes volúmenes donde compiló diversas tradiciones que existían sobre el origen del mundo, y partiendo de esos diversos relatos, conformó una obra que recogía su mitología e historia. Es a partir de esa traducción como obtenemos todos los fragmentos que han llegado hasta nuestros días, entre ellos los de Tubalcaín. Aparte hay testimonio de otra historia que tiene relación con el culto a la serpiente, que según Eusebio se llamó Ethothion o Ethothia, y posiblemente sus adoradores fueron los precursores de los ofitas.[112]

---

111. Sanchoniaton, cuyo nombre significa «templo vivo de Atón», fue un escritor fenicio del siglo XI a. C. Toda la información acerca de él se deriva de Herenio Filón de Biblos, escrita antes del año 100 a. C.
112. Sanchoniaton hace mención de una historia que escribió en una ocasión sobre el culto de la serpiente. Otro tratado sobre el mismo tema, que era probablemente una copia del anterior, fue escrito por Ferécides de Tiro, que lo compuso a partir de algunos relatos anteriores de los fenicios. El título de su libro fue la *Teología de la Ofión* u *Ophioneus* y sus adoradores fueron llamados Ophionidæ. Thoth y Athoth fueron sin duda los nombres de la deidad en el mundo gentil, y el libro de Sanchoniaton muy posiblemente podría haber sacado de aquí el nombre de Ethothion o Athothion. Pero tenemos razones para pensar que Athothion o Ethothion fue un error y que el origen del nombre

Tenemos que decir que si los fragmentos de las obras de Sanchoniaton que han llegado hasta nuestros días son auténticos y si realmente existió y vivió –previo a la guerra de Troya, en la época en que Gedeón era juez de Israel–, sería el primer testimonio que ha sido aprobado por la exactitud y veracidad de su historia fenicia. Según nos dice *sir* William Drumond, debemos considerarlo como el escritor más antiguo del que tenemos algún conocimiento después de Moisés.[113] Realmente su existencia es difícil de concretarla en un período determinado, aunque parece ser que el que se aproxima más es el anteriormente mencionado. No obstante, existen otras versiones que lo sitúan como un contemporáneo de Semíramis, esposa de Nino y reina de Asiria, con quien fundó Nínive en el 810 a. C., o como dice Charles Anthon,[114] situándolo entre el 970 y el 930 a. C.: «La historia de Fenicia por Sanchoniaton, que fue contemporáneo con Salomón, se habría perdido completamente para nosotros si no hubiera sido por los valiosos fragmentos conservados por Eusebio de Cesarea».[115]

Eusebio fue vocal de los primeros partidarios de Arrio, el hecho de ser defensor del arrianismo ha significado que la posteridad no tenga mucho respeto por su persona. Además, fue negligente en la preservación de sus escritos, a causa de ello, actualmente ha llegado hasta nosotros tan

---

era Ath-Ofión, nombre mucho más relacionado con la adoración de la que el escritor trata. Ath era un nombre sagrado y nos imaginamos que en esta tesis se refieren a la deidad serpentina, que contenía relatos de sus devotos.

113. El arte de la escritura no se menciona en la Biblia antes de la época de Moisés, aunque en Egipto y en los países adyacentes ya era conocida. Su primera mención registrada en la Biblia se encuentra en Éxodo 17, 14; «…entonces el Señor dijo a Moisés: escribe esto en un libro, para que sea recordado; y dile a Josué que voy a borrar por completo el recuerdo de los amalecitas».

114. William Smith y Charles Anthon, *A new classical dictionary of Greek and Roman biography, mythology and geography: partly based upon the Dictionary of Greek and Roman biography and mythology*, Kessinger Publishing, Whitefish, EE. UU., 2009.

115. A Eusebio se le considera el «padre de la historia de la Iglesia», fue un erudito cristiano y presbítero en la Iglesia de cesárea. Su obra principal fue su *Historia de la Iglesia,* una enorme pieza de investigación que conserva muchas citas de escritores antiguos que de otro modo se habrían perdido, sobre todo para los investigadores de la historia fenicia.

sólo un largo fragmento de la obra traducida al griego por Filón de Biblos y que insertó en su *Praeparatio Evangélica* (Preparación para el Evangelio). El *Praeparatio* trata de demostrar la excelencia del cristianismo sobre todas las religiones y filosofías paganas. Consistía en veinte libros, de los cuales se han preservado completamente quince libros hasta nuestros días, de hecho, Eusebio consideraba su obra como una introducción a la cristiandad para los paganos. El trabajo fue completado probablemente antes del año 311, y puesto que los otros escritos se han ido perdiendo, la historia fenicia contenida en su libro es el documento más antiguo no codificado de los archivos históricos del mundo occidental. Pero su obra apenas se había divulgado, es a partir de una traducción realizada por E. H. Gifford[116] en 1903 cuando una considerable esencia de la teología fenicia se ha puesto a disposición de los historiadores. Además, es particularmente valioso porque cuando se refiere a Sanchoniaton, lo considera un hombre libre que no dudó en denunciar los mitos, y Eusebio menciona lo siguiente, palabra por palabra, en su cuarto libro, al referirse a Porfirio y a su tratado *Contra los cristianos:*

> Si creemos a Porfirio, «Sanchoniaton de Beirut contó la historia de los judíos de la forma más veraz, por ser la más conforme con la descripción y los nombres de los lugares: había recibido los documentos de Hiérombal (Jerubaal), sacerdote del dios Ievo (Yehovah, posiblemente). Dedicó su libro a Abibal, rey Berytiens, que dio su aprobación. Estos tiempos se remontan a antes de la guerra de Troya, y se acercan a la época de Moisés, como se indica en los anales de los reyes fenicios. Sanchoniaton, que escribió fielmente la historia antigua en lengua fenicia, según los documentos de la ciudad, y según los fastos de los templos, nacido durante el reinado de Semíramis, reina de los asirios, que se dice que han existido antes de los acontecimientos del Ilion o al menos en la misma época».

---

116. Eusebio de Cesárea, *La préparation évangélique,* Editions du Cerf, París, 1980. Traducción al inglés E. H. Gifford, Clarendon Press, Oxford, 1903.

Según Filón, Sanchoniaton se había basado en las imágenes o pilares de Baal Amón, que dieron pie al saber sagrado existente en las colecciones de escrituras secretas que habían en las capillas, al descifrar las inscripciones del *Ammouneis*,[117] derivadas de la tradición sagrada en la mística hammanim, «pilares del sol», que al igual que los menhires se situaron en los templos fenicios.

También aparecía en las obras de Sanchoniaton un ser llamado Israil, a quien declaraban dios a su muerte. Decía el fenicio que Israil tuvo amores con una joven llamada Ana-Bret, de la cual resultó un hijo llamado Jeud (así llamaban los fenicios a los unigénitos). El niño Jeud creció hasta convertirse en un adolescente. Al sobrevenir la guerra, los fenicios adornaron el templo de Baal, investieron a Jeud con los emblemas de la realeza y lo sacrificaron. Desafortunadamente, la mayor parte de esta historia de Fenicia se perdió. ¿Fueron los propios redactores del Pentateuco los que buscaron la manera de destruirla y de relegarla al olvido hasta la última de sus páginas? Puede ser, sin embargo, algo quedó de la obra original.

La historia se pensó que era ficción, por su referencia a Berytus, pero en las excavaciones realizadas en 1929, en la antigua Ugarit, actual Ras Shamra en la costa norte de Siria, aparecieron unas tablillas en un idioma que ha sido designado como protocananeo, protofenicio y ugarítico, que parecían confirmar la historia de Jeud y de su madre Ana-Bret. Al mismo tiempo, se confirma la existencia del cronista Sanchoniaton, de la que habían dudado los estudiosos de la Biblia. Los documentos fenicios encontrados en Ugarit revelaron gran parte de la información que apoya la existencia de Byblos, así como la mitología fenicia y creencias religiosas descritas por Sanchoniaton. Las excavaciones practicadas en los últimos años demuestran que la ciudad de Byblos,[118] tal vez la mayor

---

117. Libro secreto de los amoneos o sacerdotes de Ammon.
118. Byblos fue en tiempos fenicios la antigua Gubla (montaña), mencionada en la Biblia como Gebal y en la actualidad llamada Ŷubayl en árabe, y ha sido ampliamente reconocida como la ciudad más antigua del mundo habitada ininterrumpidamente.

de esa región, con una tradición cultural de más de 5000 años, era una realidad. Así Sanchoniaton se coloca firmemente en el contexto mítico de la edad heroica prehomérica, con una antigüedad a la cual ninguna otra escritura griega o fenicia, que se sepa, ha sobrevivido a la época de Filón. Eusebio, haciendo referencia a Filón, dice que éste dirige reproches a los autores más recientes, porque posiblemente había detectado una censura o mutilación en los escritos:

> ...violando la verdad, relacionaron los mitos de los dioses con alegorías físicas y con consideraciones teóricas. [...]; pero los más jóvenes de los hierólogos,[119] rechazando la historia primitiva, inventaron alegorías y mitos, y, habiéndoles dado forma a imagen de los fenómenos cósmicos, instituyeron misterios, envueltos con tanta oscuridad que es difícil reconocer la verdad. (Sanchoniaton) encontró los libros secretos de los amoneos, depositados en los santuarios y accesibles a pocas personas, hizo un estudio a fondo, se apoderó de los antiguos mitos y alegorías, y completó su trabajo, su autoridad prevaleció hasta que los sacerdotes de una nueva generación los ocultaron a su vez y sacaron un nuevo mito. De ahí el sentido místico y oculto, que hasta entonces había escapado a los griegos...

Filón achaca a Sanchoniaton concepciones evemeristas,[120] por decir: los dioses existían en el origen de los seres humanos y fueron objetos de un culto después de su muerte; los nombres de antiguos reyes se dieron a elementos de la naturaleza a los que se adoraban aplicándose también

---

119. El hierólogo puede determinar los elementos que faltan en un sistema religioso determinado, como sus perfiles generales y, en consecuencia, saber cómo, en dónde, y qué es lo que se debe buscar.
120. El evemerismo es una teoría hermenéutica de la interpretación de los mitos creada por Evémero de Mesene, según la cual los dioses son unos personajes reales que fueron divinizados después de su muerte. Los padres de la Iglesia utilizaron el evemerismo y la teoría alegórica para descalificar las creencias del paganismo, si bien se abstuvieron de aplicar tal doctrina a sus propias creencias.

a los elementos del cosmos, el sol, la luna, y las estrellas (concepción alegórica). Estos procesos racionalistas son utilizados por Eusebio como argumento contra la antigua religión fenicia. Por otra parte, la genealogía de dioses que se expone está muy próxima a lo que se muestra en la *Teogonía* de Hesíodo; los teónimos que se dan corresponden a nombres helenizados de dioses semíticos, pero a veces también a nombres de dioses extranjeros (en particular, Taautos o Tauthos que es el dios egipcio Thoth); sigue una larga lista de dioses con lo que inventaron cada uno de ellos, donde apreciamos finalmente que algunas de las correspondencias que se dan coinciden a veces, explícitamente, con los dioses griegos.

Su historia fenicia puede ser considerada como uno de los auténticos monumentos de la mayoría de los acontecimientos que tuvieron lugar antes del Diluvio. Sin embargo, todavía es más sorprendente su legendaria cosmogonía, que si la concebimos alegóricamente tiene bastante parecido con la teoría del Big Bang.[121] Admite que en el principio de todo existió un aire lleno de oscuridad y de espíritu o aliento, de un aire tenebroso y un caos confuso y negro. Todo esto era infinito, y duró una eternidad. Pero, añade, cuando el espíritu se enamoró de sus propios elementos y se mezclaron, el resultado fue la unión que se llama deseo.[122] Éste es el comienzo de todas las cosas. Pero el espíritu no reconoce su obra; de su unión nació Mot.[123] Para algunos significa cieno, y para otros una especie de putrefacción acuosa. De allí proviene toda la semilla de la creación y generación de todos los seres. Había primero animales que no tenían sentimiento; de ésos nacieron luego los anima-

---

121. Hay un extraordinario libro escrito por Oscar Kiss Maerth, *El principio era el fin*, Barral Editores, Barcelona, 1973, donde está perfectamente explicitado el paralelismo entre el Génesis bíblico y la física moderna, y coinciden perfectamente ambas posiciones.
122. Se refiere a cómo los dos primeros mortales fueron engendrados por el viento o soplo (Espíritu) y su esposa Baau (oscuridad) y entre los dos mediaba Eros el *deseo*.
123. Después de la línea etimológica de Jacob Bryant, se puede considerar con respecto al significado de *Môt*, que para los egipcios antiguos significaba *Ma'at* y era la personificación de la orden fundamental del universo, sin la cual toda la creación fallecería. También la consideraban la esposa de Thoth.

les pensantes, que fueron llamados *Zophasimin*, es decir, contempladores del cielo, y que recibieron una forma ovoide; inmediatamente estalló Mot en luz hacia el cielo, y los elementos como el Sol, la Luna y los pequeños y grandes astros encontraron sus estaciones [...]. Así es como el autor afirma: que después que el aire se volvió áureo, el calor del mar y el de la tierra dieron a luz a los vientos y a las nubes, así como a la precipitación y las torrenteras de las aguas del cielo.

Volviendo a nuestro personaje Tubalcaín, Sanchoniaton menciona una curiosa línea de los descendientes de la saga de Caín en el libro que trata del ofismo. Se refiere a la caída, la producción de fuego, la invención de cabañas y de la confección, el origen de las artes de la agricultura, la caza, la pesca y la navegación, y los inicios de la civilización humana. Además, en su historia los descendientes de la línea de Set coinciden con los descritos en el Génesis.

Mucho tiempo después de la generación de Hypsoaranios nacieron los inventores de la caza y la pesca, Agreas y Alieas, de cuyos nombres el pueblo derivó su denominación de cazadores y pescadores, y a quienes les nacieron dos hijos que descubrieron el hierro y la manera de trabajarlo. Uno de estos dos hermanos, Chrysor, era hábil en la elocuencia y componía versos y profecías. Él era igual que Hephaistos (Hefesto) e inventó el anzuelo, el uso de la carnada para pescar, el cordel y la caña. Fue el primer hombre que navegó sobre las aguas. Por lo tanto, fue adorado como un dios después de su muerte y se le llamaba Diamichios. Se dice que estos hermanos fueron los primeros que inventaron los tabiques de ladrillos.[124]

Hephaistos es la denominación griega que define al dios al que los romanos daban el nombre de Vulcano. Algunos etimólogos, que luego veremos que no se ponen de acuerdo, han creído ver por la curiosa similitud de nombres y ocupaciones dada por Sanchoniaton, que al omitir la letra T en Tubalcaín, que es el artículo en la lengua fenicia, y

---

124. Sanchoniaton, *Theology of Ophion*.

como en todas las lenguas semíticas la vocal es nula, se forma la palabra «balcan». Si se permuta por naturaleza la letra B por la V, el nombre se transforma en Vulcan.

Voissius, en su tratado, también considera que el nombre Vulcano deriva de Tubalcaín.[125] Sin embargo, Bryant es contrario a esa tesis, mantiene que el origen se encuentra en las palabras Baal Cahen, Señor Sagrado, también nos dice que los dioses correspondientes con Vulcano en la mitología egipcia son Orus u Osiris, símbolos del sol.[126] Por lo tanto, aunque niegue la etimología, no deja de reconocer que en ambos casos personifican el mundo solar, la fuente de donde nace todo el calor simbolizado por el fuego, utilidad descubierta por Tubalcaín. No debemos olvidar que el fuego es uno de los cuatro elementos clásicos junto al agua, al aire y a la tierra. Es esotéricamente hablando el único elemento cósmico que se ha visto unido en todas las culturas a la divinidad y a los ritos de iniciación o purificación, simbolizando genéricamente al sol, por la acción fecundante e iluminadora de sus llamas.

Siguiendo con el nombre de Tubalcaín, en él también podemos ver basándonos en lo anterior, que en los idiomas semíticos el artículo es permutable y puede escribirse como la letra T o en algunos casos como Tu, Du y Di, por lo tanto, si como hemos visto antes Baal significa «señor», Tubalcaín terminaría interpretándose como *el señor Caín.*

Otra versión parecida, aunque con diferencias, la tenemos en la aportación de Edward Stillingfleet, obispo de Worcester,[127] que man-

---

125. Gerardus Joannes Vossius, *Etymologicon Linguae Latinae,* Ludovicum & Danielen Elzevirios, Amsterdam, 1662. Ver pág. 333 apartado Muriatica. Como podemos ver Vossius ya habla de Tubalcaín en 1662, mucho antes de la fundación de la Gran Logia de Inglaterra en 1717, podemos decir por tanto, que la leyenda es anterior.
126. Jacob Bryant, *New System or an Analysis of Ancient Mythology* (tomo 1, p. 139), Kessinger Publishing, Montana, EE. UU., 2003.
127. Combatió a los católicos, a los protestantes, a los socinianos, a los presbíteros, etcétera, y cayó por último en una especie de escepticismo. Mantenía que Dios es la fuente del movimiento y quien regula los movimientos de la materia. Sus obras más notables son: *Origines sacrae* y *Origines britannicae.*

tuvo una relación epistemológica con John Locke de sólo tres cartas. La primera de ellas contenía 227 páginas, las otras eran parecidas y el obispo sólo pudo contestar a las dos primeras. Opinaba de Locke que era «uno de los caballeros de esta nueva manera de razonar ¡que casi han eliminado la sustancia de la parte razonable del mundo! El obispo, decía en su obra *Origines sacrae:*

> Que Tubalcaín haya dado origen al nombre y al culto de Vulcano, pudo haber sido probablemente concebido tanto por la afinidad de nombres como porque Tubalcaín se menciona como instructor de todos los artífices en latón y hierro; y la misma relación que Apolo tenía con Vulcano, Jubal tenía con Tubalcaín, que fue el inventor de la música o el padre de todos aquellos que tocaban el arpa y el órgano que los griegos atribuyen a Apolo.[128]

Parece ser que estas disquisiciones han sido solucionadas gracias a los filólogos comparativos. Éstos mantienen que el origen de la palabra Vulcano es de origen sánscrito y se encuentra en el término *ulka* que significa «marca de fuego» o «fulgor», de donde deriva *fulmen,* que es como se conoce al rayo en latín, y que Tubalcaín es de origen semítico. Parece pues, que después de todo el que más se aproximaba era Bryant.

Otra confusión que nace alrededor de la muerte de Hiram se la debemos a William Hutchinson en un artículo inserto en su libro el *Espíritu de la masonería*[129] dedicado a la fundamentación del 3.er grado, se refiere del modo siguiente:

> El masón que se acerca a este estado de la masonería (el 3.er grado), pronuncia su propia sentencia confesando la imperfección de la segun-

---

128. Edward Stillingfleet, *Origines sacrae: Or a Rational Account of the Grounds of Natural and Revealed Religion,* Vol. 1 y 2, reeditado por Forgotten Books, Amazone, 2012.
129. William Hutchinson, *The Spirit of Masonry in Moral and Elucidatory Lectures*, Tegg, Londres, 1815.

da etapa de su profesión, como probatorio del grado mayor a que aspira en el dístico griego Τυμβοvχοεω *Struo Tumulum* (yo preparo mi sepulcro; estoy bajo la sombra de la muerte). Este dístico corrompido vulgarmente por nosotros mismos, toma una expresión parecida en sonido, que es enteramente ajena a la Masonería, y carente de significado en sí misma.

Por muy ingenua que parezca esta interpretación de Hutchison, generalmente sabemos que es incorrecta. Tal vez a lo que quería referirse es a la frase que le gustaba citar a Platón y que se encontraba en todas las religiones mistéricas de su época: *Suma Sema*, que viene a querer decir: el cuerpo es una tumba.

Los iniciados gnósticos también comprendían que los que se identificaban con el Yo Físico encarnado estaban muertos espiritualmente y tenían que renacer a la vida eterna...[130]

En los rituales ingleses y franceses encontramos que a la pregunta: ¿cuál es el significado de Tubalcaín?, sorprendentemente la contestación es *posesión del mundo o bienes del mundo*. Estoy convencido de que ésta es una corrupción ortográfica al traducir del hebreo, ya que sería imputar a la masonería una ambición que ella no ha deseado jamás y que no puede estar en el espíritu tolerante de su Constitución. Por suerte, la significación de las palabras no tiene esa connotación, es más, aunque Tubalcaín derivara de las palabras hebreas *tebel* y *kanah*, las sintaxis hebreas prohibirían fijar su unión. Existen otros rituales, algo más acertados, que le dan el significado simbólico de forjador de metales o de *inocencia*. En el ritual escocés, al menos, se hace referencia al personaje como protometalúrgico, algo que no ocurre en otros rituales.

El uso de la palabra «Tubalcaín» como significativa en el ritual masónico se deriva de la *leyenda del gremio*, por medio de la cual, el nom-

---

[130]. T. Freke, y P. Gandy, *Los misterios de Jesús. El origen oculto de la religión cristiana*, Editorial Grijalbo, Barcelona, 2000.

bre se hizo común entre los masones operativos y especulativos; y se refiere simbólicamente y no históricamente a la reputación bíblica y tradicional del artífice. Si éste simbolizaba algo, era precisamente el trabajo; y el trabajo de un masón es adquirir la verdad y no posesiones mundanas. La interpretación del rito inglés o del rito francés no ha logrado, por suerte, ser introducida masivamente en las logias simbólicas del escocismo, aunque en algunos países han contaminado el ritual.

Aclarado quién era Tubalcaín, cabe preguntarse quién era Bilkis esa reina que despertó la envidia y los celos en Salomón.

## Bilkis, la reina de Saba[131]

Para terminar la historia de Hiram Abi y no dejarla incompleta, tenemos que saber quién fue la reina de Saba y encuadrar su genealogía durante la época de la construcción del Templo de Salomón y antes del asesinato del maestro Hiram. Debemos indicar que lo relativo a esta bella reina aparece casi exclusivamente en obras religiosas y no en textos históricos, por lo que la confiabilidad de los datos nos puede confundir. Realmente no se sabe si existió, y más allá de su identidad, nada sabemos con absoluta seguridad, por lo tanto, puede ser una realidad histórica o simplemente una leyenda que se gesta antes del nacimiento del Cristo y que aún continúa en nuestros días.

La historia de la reina de Saba[132] está documentada casi exclusivamente en la Biblia y referida en los Libros de Reyes y Crónicas, también hay una referencia en el Corán, que citaremos luego. Volvemos a

---

131. Saba es una región que suele localizarse al suroeste, y a veces al norte, de Arabia, porque los arqueólogos no se ponen de acuerdo.
132. Según la mayoría de los arqueólogos, bajo la actual ciudad de Ma'rib (Yemen), al suroeste de la península arábiga, yace lo que fue el corazón del estado preislámico de Saba, donde vivió y reinó la legendaria Bilkis.

encontrarla de nuevo en la historia de Etiopía y es mencionada una vez más, por Jesucristo, en el Nuevo Testamento citada en Lucas 11, 31 y Mateo 12, 42 como la reina del sur que en el día del Juicio Final se levantará junto con los habitantes de Nínive, para condenar a los hebreos que los habían rechazado «pues ella acudió desde los confines del mundo a alabar la sabiduría de Salomón».

Numerosos escritos y leyendas encontrados en la tradición, además de la Biblia o el Corán, nos han dejado un retrato multiforme y a veces contradictorio de esta bella reina que consiguió de Salomón todos sus deseos. La reina de Saba ha pasado en pocos años de ser un mito –poco más que una fábula– a una realidad histórica, gracias a varias excavaciones arqueológicas que han puesto de manifiesto que podía haber existido. Ha sido uno de esos descubrimientos arqueológicos el que últimamente ha sacado a la luz el palacio de Bilkis, considerado actualmente el mayor tesoro encontrado, tanto por los utensilios como por los muros del palacio que están llenos de oro y piedras preciosas.

Bilkis también es conocida por el nombre de Makeda en la tradición etíope,[133] y según las leyendas, la reina de Saba, era una hermosa mujer dotada de una inteligencia y diplomacia excepcionales. No se sabe bien su identidad ni nacionalidad, y sobre esto último ha habido durante mucho tiempo un eterno debate sobre si realmente era nacida en esa zona o emigrada de un país centroeuropeo. Una teoría, esta última, poco o nada probable, ya que la reina Makeda pertenecía a una genealogía árabe según unos: hija de Yashrea, hijo de al-Hareth, hijo de Qais, hijo de Saifi, hijo de Saba; y según otros, Bilkis fue la única hija del rey sabeo Hadhád ben Sarh, siendo además la primera consejera del monarca. Lo cierto es que venga de donde venga, lo que no está en discusión es que Bilkis fue la reina de Saba y gobernó a partir

---

133. El *Kebra Nagast* la cita con el nombre de Makeda, aunque popularmente se la conocía como la reina de Saba porque ejercía su dominio sobre ese territorio, ubicado en la antigüedad entre Etiopía y Yemen.

del 950 a.C. Resumiendo, son muchas las historias que se cuentan sobre ella, aunque también es cierto que son muchos los libros de diversas culturas que le hacen referencia. Para los griegos fue la Minerva Negra, para los árabes Bilquis y para los etíopes Makeda. Un antiguo escrito la describe así:

> ...esta reina, flor entre las flores de Arabia, era una niña adolescente de dieciséis años, adornada de belleza por su Creador. Y estaba perfumada por su propia esencia y era ámbar puro por su naturaleza. Su talle sólo podía compararse con la rama del árbol Ban, y su tez, con el nardo de la China. Su rostro mágico (dos mejillas que eran la vergüenza de las rosas, una pequeña boca tallada en un rubí, una barbilla surcada por una sonrisa olvidada) no era el rostro de una hija de los hombres, sino de un ídolo de Misraim.

No sabemos si era cierta tanta belleza, lo que sí parece cierto es que la reina de Saba levantó un imperio que abarcó desde Yemen hasta el este de Sudán, controlando el comercio entre África y Asia. Lo que también parece evidente es que, en esa época, Saba era un antiguo reino[134] del que la arqueología presume que estaba localizado entre los territorios actuales de Etiopía y Yemen, era una sociedad formada por una mezcla de pueblos africanos, como los janjeros[135] o los yemeníes, junto a otros grupos del África Oriental, donde es fácil encontrar grupos étnicos con tradición matriarcal. Seguramente los colonos procedentes del

---

134. *El periplo del mar Eritreo (Periplus Maris Erythraei)* (circa 110 a.C.), escrito por un griego de Alejandría, es una guía para navegantes en la que se menciona el puerto de Adulis. Se dice que la capital, Aksum, se encuentra a ocho días de marcha del puerto, y se menciona al rey Zoscales, que habla griego, podría tratarse en realidad de Za Haqle, mencionado en las listas de los reyes etíopes. Otras referencias, muy posteriores pueden hallarse en la obra de Cosmas Indicopleustes *(Viajero Indio)*, escrito por un marino que terminó como monje nestoriano.
135. Grupo étnico que vive entre los ríos Omo y Pequeño Gibbi, en el noroeste de la provincia etíope de Kefa. Profesan las creencias tradicionales, el cristianismo ortodoxo etíope y el islamismo sunita.

sudoeste de Arabia (actual Yemen), se extendieron hacia Etiopía y llegaron a la zona sobre el año 400 a. C., pero no puede determinarse con exactitud en qué momento ese país formó parte del reino sabeo.

Un historiador griego del siglo I a. C., Diodoro Sículo, relata de esta forma el esplendor de los sabeos:

> Este pueblo supera en riqueza y derroche no sólo a los países árabes de la vecindad, sino también a todos los demás seres humanos. Poseen múltiples copas para beber labradas en oro y plata, camas y asientos de tres pies hechos de plata, así como otros instrumentos de cocina de incalculable valor; patios de acceso plagados de columnas con muchas figuras, en parte doradas, en parte plateadas… Los sabeos disfrutan del lujo porque están convencidos de que la riqueza de la tierra es una distinción de los dioses que hay que mostrar a los demás.

Por lo que me he podido documentar, los sabeos no sólo cultivaban los productos de la tierra, también controlaban el comercio, eran los intermediarios en el intercambio y transporte de las especias, la seda y las piedras preciosas. Hay que tener en cuenta que había productos que sólo se cultivaban en Saba y en Somalia, país al otro lado de la costa y que también estaba controlado por Bilkis. Ejercía así una especie de monopolio al comprar esos productos y exportarlos a Egipto, Fenicia y Siria. Durante mucho tiempo las caravanas de sabeos llevaron los perfumes del sur de Arabia o las riquezas extraídas de Etiopía o de Ofir[136] hacia Bagdad, Petra y Jerusalén, siempre a través de la ruta de Aksum y Adulis.[137]

---

136. La posición geográfica de Ofir ha sido siempre un tema de conflicto, se le adjudica a tres diversas regiones la India, África (Mozambique o Zimbawe) y Arabia. En el libro 2 Crónicas 8, 18 encontramos: «Y por medio de sus siervos, Hiram le envió naves y marinos conocedores del mar; y éstos fueron con los siervos de Salomón a Ofir, y de allí tomaron cuatrocientos cincuenta talentos de oro, que llevaron al rey Salomón».

137. Adulis es un sitio arqueológico en el norte del mar Rojo, región de Eritrea, a unos 30 kilómetros al sur de Massawa, y era el puerto del Reino de Aksum.

Se dice que en tiempos de la terminación del Templo de Jerusalén, llegó un mercader judío que llevaba a la corte de la reina maravillosas telas bordadas con oro, plata y guarnecidas de piedras preciosas. Preguntado por Bilkis, el mercader le describió la riqueza y el esplendor del reino de Salomón junto a la reputación que tenía de sabio. Se dice que la reina de Saba fue una de los tantos monarcas que interesada por la creciente fama de Salomón y por el apogeo israelí, que opacaba al egipcio y al babilonio de la época, decide ir a visitarlo. Eso es lo que aseguran los relatos religiosos, sobre todo la Biblia.

Aunque creo que ése no fue el motivo. Hay que tener en cuenta que las mercancías llegaban a Saba en barco procedentes de los puertos meridionales de Arabia y allí se organizaban las caravanas que luego, a través de la ruta del incienso, llegarían a los países de destino. Pero esa ruta terminaba precisamente en la frontera con Israel, donde gobernaba el rey Salomón, estamos hablando del año 965-926 a.C. Una vez llegaban las caravanas a ese punto, los destinatarios decidían si atravesaban Israel o no. Esa incertidumbre suponía una desventaja para un país que vivía del comercio. Otro dato es que para visitar el reino de Israel se tenía que viajar a través del desierto durante 2000 kilómetros, una aventura llena de dificultades y peligros, por lo tanto, creo que los intereses de Bilkis eran algo más que admirar a Salomón. Nos lo confirma además el dato de que una vez terminado el Templo, Salomón le pidió a su amigo el rey Hiram de Tiro que le ayudara a construir una flota. El monarca no sólo le ayudó facilitándole de nuevo madera, como lo había hecho en la construcción del Templo, además le prestó los hombres necesarios para la tripulación. Estos barcos representaban una clara amenaza para el comercio sabeo, al realizar los veleros, a través del mar Rojo, la misma ruta que las caravanas hacían por tierra.

Según el Antiguo Testamento, en el Libro de los Reyes[138] se relata la visita de la reina de Saba, que acude a Israel habiendo oído hablar de

---

138. I Reyes 10, 1-13 y II Crónicas 9, 1-12.

la gran sabiduría del rey Salomón. Llevaba consigo una caravana de camellos cargados de especias, oro y joyas, movida por la esperanza de impresionar al rey con su riqueza. Al llegar quedó abrumada por el esplendor de la corte de Salomón, acosó al rey con preguntas difíciles para probar su sabiduría, aunque no aparecen citadas en la Biblia, y quedó sorprendida por el conocimiento revelado en sus respuestas. Bilkis desplegó sus dotes de diplomacia ganándole al reconocerle su sabiduría y halagándole en extremo:

> Verdad es cuanto en mi tierra me dijeron de tus cosas y de tu sabiduría. No lo creía antes de venir y haberlo visto con mis propios ojos. Pero cuanto me dijeron no es ni la mitad. Tienes más sabiduría y prosperidad que la fama que a mí me había llegado. Dichosas tus gentes, dichosos tus servidores que están siempre ante ti y oyen tu sabiduría...[139]

Aunque quedó perpleja por la hábil política comercial de Salomón, la reina de Saba era ya conocedora de su debilidad por las mujeres y, contando con ello, desplegó sus dotes de seducción. Hay que tener en cuenta que según la Biblia, «Salomón tuvo setecientas mujeres de sangre real y trescientas concubinas, y las mujeres torcieron su corazón hacia los dioses ajenos; y no era su corazón enteramente de Yehovah».[140]

El episodio también aparece en el Corán, aunque en este caso no mencionan el nombre de la reina. Aquí se vuelve a decir que la reina de Saba quedó tan impresionada por la sabiduría y las riquezas de Salomón, que atribuyó su prosperidad y la de sus súbditos al dios hebreo Yehovah y se convirtió al monoteísmo; el rey entonces la recompensó otorgándole «cualquier cosa que desease».

Pero en realidad, no se sabe bien cuándo se originó el encuentro entre el rey Salomón y la reina de Saba, aunque según los registros

---

139. I Reyes 10, 6-8.
140. I Reyes 11, 3-4.

históricos y algunas investigaciones realizadas en el sur del Yemen, los arqueólogos descubrieron que entre los años 1000 y 950 a. C. una reina vivió allí y viajó hacia el norte, presumiblemente a Jerusalén. Lo ocurrido en el encuentro entre los dos gobernantes, las negociaciones en las que desarrollaron ambos sus capacidades políticas y económicas y otros datos sobre los respectivos regímenes se explica en el Corán en el sura *An-Naml* (Las Hormigas). La historia, que abarca una gran parte de ese capítulo, da inicio a las referencias sobre la reina de Saba, con las noticias que el Hudhud *la abubilla*, —miembro del ejército de Salomón— da a éste.

No tardó la abubilla en regresar y dijo: Sé algo que tú no sabes, y te traigo del país de Saba una noticia importantísima y verídica. He encontrado que reina sobre ellos una mujer, a quien se ha dado de todo y que posee un trono magnífico que refleja la grandeza de su reino y el nivel de su poder. He encontrado que ella y su pueblo se postran ante el sol, no ante Dios. Satanás les ha embellecido sus obras y, habiéndolos apartado del sendero de la verdad, no siguen la buena dirección, de modo que no se prosternan ante Dios.

Dijo Salomón (a la abubilla): Vamos a ver si dices verdad o mientes. ¿Qué pone de manifiesto lo que está escondido en los cielos y en la tierra, y sabe lo que ocultáis y lo que manifestáis? Dios, fuera del cual no hay otro dios, es el Señor del Trono augusto.[141]

Después de recibir esas noticias de la abubilla, Salomón le dio las siguientes órdenes:

Ve con mi libro y entrégalo a ella (la reina de Saba) y a su pueblo. Luego, mantente aparte y mira qué responden.[142]

A continuación, el Corán nos relata los acontecimientos desarrollados a partir de que la reina de Saba recibió el escrito.

---

141. Sura An-Naml 27, 22-27.
142. Sura An-Naml 27, 28.

Dijo ella (la reina de Saba): ¡Dignatarios! Me ha llegado un escrito respetable. Es de Salomón y dice: ¡En el nombre de Dios, el Compasivo, el Misericordioso! ¡No os mostréis altivos conmigo y venid a mí sumisos! Dijo ella (la reina de Saba): ¡Dignatarios! ¡Aconsejadme en el asunto! No voy a decidir nada sin que seáis vosotros testigos.

Dijeron (los consejeros): Poseemos fuerza y poseemos gran valor, pero a ti te toca ordenar. ¡Mira, pues, qué ordenas! Dijo ella (la reina de Saba): Los reyes, cuando entran en una ciudad, la arruinan y reducen a la miseria a sus habitantes más poderosos. Así es como hacen. Yo, en cambio, voy a enviarles a Salomón y sus súbditos un regalo y ver con qué regresan los enviados.

Cuando llegó el enviado, Salomón, dijo:

¿Acaso me tentáis con riquezas? Lo que Dios me ha dado vale más que lo que os ha dado a vosotros. Pero vosotros os envanecéis de vuestros dones. ¡Regresa a los tuyos! y diles que iremos a atacarlos con tropas a las que no podrán contener y que hemos de expulsarlos de su ciudad, abatidos y humillados.

Es evidente que Salomón los está amenazando con una posible guerra, otra confirmación más de que el viaje de Bilkis a Jerusalén no tenía como objetivo admirar la sabiduría de Salomón ni el seducirle, sino evitar una catástrofe para su pueblo.

Dijo Salomón: ¡Dignatarios! ¿Quién de vosotros me traerá su trono antes de que vengan a mí sumisos?

Uno de los genios, un Ifrit (entre los genios el más poderoso), dijo: Yo te lo traeré antes de que hayas tenido tiempo de levantarte de tu asiento. Soy capaz de hacerlo y digno de confianza.

Otro (genio) que tenía la ciencia del Libro dijo: Yo te lo traeré en un abrir y cerrar de ojos. Cuando (Salomón) lo vio (el trono) puesto junto a sí, dijo: Éste es un favor de mi Señor, para probarme si soy o no agradecido. Quien es agradecido, lo es en realidad, en su provecho. Y quien es ingrato, mi Señor puede prescindir de él, pues es rico y generoso.

Dijo Salomón: ¡Desfiguradle su trono (el de la reina de Saba) y veremos si sigue la buena dirección o no!

Cuando ella (la reina de Saba) llegó, Salomón le dijo: ¿Es éste vuestro trono?

Dijo ella (la reina de Saba): Parece que sí.

(Salomón dijo): Hemos recibido la ciencia antes que ella (la reina de Saba). Y estábamos resignados a la voluntad de Dios. Pero lo que ella (la reina de Saba) servía, en lugar de servir a Dios, la ha apartado. Pertenecía a un pueblo infiel.

Se le dijo (a la reina de Saba): ¡Entra en el palacio! Cuando ella lo vio, creyó que era un estanque de agua y se descubrió las piernas.[143]

Dijo Salomón: Es un palacio pavimentado de cristal.

Dijo ella (la reina de Saba dirigiéndose a Yahve): ¡Señor! He sido injusta conmigo misma, pero, como Salomón, me someto a Dios, Señor del universo.[144]

Ya hemos escrito, en capítulos anteriores, ampliamente sobre el Templo de Salomón, pero según el Corán era un templo que tenía la tecnología más avanzada de la época, además de obras de arte y objetos valiosos que impresionaban a cualquiera que los veía. Lo hemos podido apreciar en ésta última sura, donde la reina de Saba penetra en el palacio, edificio contiguo al Templo.

La leyenda cuenta que de vuelta a casa, Bilkis se llevó consigo a sacerdotes de su nuevo Dios. Esto podría ser sólo un mito, teniendo en

---

143. Una de las leyendas árabes en la que aparece como Bilkis relata cómo los espíritus guardianes de Salomón, para que no se enamorara de ella, le dijeron que la exótica reina tenía las piernas velludas y pezuñas de burro. Cuando Bilkis se acercó al trono del rey confundió con agua el suelo transparente de cristal y se levantó el vestido revelando sus piernas efectivamente algo velludas, pero sin las pezuñas que se le adjudicaban.
144. Sura An-Naml 27, 29-44.

cuenta la distancia que los separaba de Israel y que no todos estaban preparados para tan largo viaje. Sin embargo, hay que decir que ya en tiempos de Jesús había etíopes que profesaban la religión de un Dios único. Parece ser y es lo más creíble, que si la religión hebraica llega al reino de Saba fue por la huida de unos sacerdotes que escaparon de la ciudad a causa de la guerra y no por la conversión de Bilkis. En la huida se llevaron con ellos el arca de la Alianza cuando se produjo la caída de Jerusalén en manos de Nabucodonosor, en el año 567 a. C. Sin embargo, hay que señalar que los judíos que habitan en Etiopía, conocidos como falashas, dicen ser descendientes de Menelik I, el supuesto hijo que tuvo Salomón con la reina de Saba, admiten el Antiguo Testamento y se esfuerzan por cumplir con la ley mosaica, pero no conocen el hebreo y no están familiarizados con el Talmud. En el fondo, también podrían ser antiguos cristianos.

Hablando de los cristianos etíopes, hay una leyenda contada en el Libro de los Hechos de los Apóstoles que trata de Felipe, el discípulo de Cristo. Un buen día se encontró con un etíope, funcionario de la reina Candace, que venía leyendo el libro de Isaías, y este personaje le preguntó qué le impedía ser bautizado y Felipe le explicó que para ser bautizado se necesitaba un río o una fuente. Aquí hay agua, dijo el tesorero de la reina de Etiopía, ¿no podría yo ser bautizado? Entonces, Felipe mandó parar el carro, y ambos bajaron a una fuente y Felipe lo bautizó. Cuando subieron del agua, el Espíritu del Señor se llevó de repente a Felipe. El funcionario no volvió a verlo, pero siguió alegre su camino. En cuanto a Felipe, apareció en Azoto, y se fue predicando el Evangelio en todos los pueblos hasta que llegó a Cesárea.[145]

Volviendo a los libros sagrados, debo decir, que el relato bíblico o coránico es muy respetable, pero insisto, si la reina de Saba fue un personaje histórico, lo más probable es que hiciera el largo viaje a Jerusalén por razones diplomáticas y comerciales más que por curiosi-

---

145. Hechos 8, 26-40.

dad. La prosperidad de Israel se atribuye a la expansión del comercio, sobre todo de metales, gracias al control de las rutas comerciales por mar desde Saba hacia el norte.

Sin embargo, lo que nadie discute es la tórrida historia de amor vivida entre estos dos monarcas. Toda una leyenda de amor y seducción se deriva de estos y otros textos, hasta el punto de que el Libro Sagrado Abisinio[146] atribuye la paternidad de Menelik I, el fundador de la dinastía imperial etíope, a los amores de la reina de Saba con Salomón. Según cuentan escritos judíos y un papiro egipcio, la reina sedujo a Salomón: «Los ojos de la reina sureña inflaman el corazón de Salomón. Él trata de seducirla. El rey Salomón dio a la reina de Saba todo cuanto ella deseó y le pidió, haciéndole, además, presentes dignos de un rey como él».

En este mismo sentido, debemos señalar que en el libro que se atribuye a Salomón, *El cantar de los cantares*, se menciona directamente a una amada negra. Este dato nos hace suponer, con toda razón, que por el color de la piel se refiere a Bilkis, ya que pertenecía a la tribu de los amharas.[147] Aunque, según la tradición masónica, la reina negra rechazó al sabio rey y se enamoró del luminoso Hiram.[148]

De este personaje ni siquiera conocía su ascendencia más allá de su padre, pero era evidente que nadaba entre el brillo del trono y los só-

---

146. El arzobispo Domitius leyó en un libro que había encontrado en la iglesia de *Sophia* (posiblemente Hagia Sophia) la historia de Salomón y Makeda –más conocida como la reina de Saba–, así como del hijo de ambos, Menelik I. También se relataba en ese libro cómo el arca llegó a Etiopía. Domitius –que podría tratarse del patriarca Domnus II de Antioquía, que fue depuesto en el segundo concilio de Éfeso– la introduce en el libro sagrado etíope (capítulos 19-94). El eclesiástico se identifica al principio del capítulo como arzobispo de Roma, y al final como de Antioquía.
147. Los amhara son un grupo étnico de las tierras altas centrales de Etiopía, que representan el 26 por 100 de una población de 84,3 millones de personas, según el censo nacional de 2011, y tradicionalmente dominan la vida política y económica del país. Hablan amárico, que es el idioma de trabajo de las autoridades federales de Etiopía, y es la segunda lengua semítica en cuanto a número de hablantes, por detrás del árabe y por delante de lenguas como el tigriña y el hebreo.
148. Bernard Lenteric, *Hiram, Arquitecto de Reyes*, Grijalbo, Buenos Aires, 2007.

tanos del poder, un hombre aventurero que fue arquitecto de reyes y de faraones.

Efectivamente, los escritos masónicos mencionan que ella quedó impresionada por la ciudad en la que el flamante Templo era una sorprendente maravilla, y preguntó a Salomón quién lo había construido y añadió que quería conocer al artífice del trabajo. Tras conocer a Hiram Abi, argumentó al rey que deseaba además conocer a los masones, a lo que Salomón se negó ante la tarea de juntarlos. Pero Hiram, que tenía un signo para convocar a todos, subió a un bloque de granito y con la mano derecha realizó un signo parecido a una escuadra y los masones se reunieron guardando un silencio y una quietud asombrosos.

No cabe la menor duda de que este hecho debió dejar un profundo malestar en el rey Salomón y en algunos de los sacerdotes que le acompañaban. Los obreros, el pueblo en sí, no obedecían al rey y sí a un simple arquitecto-fundidor al que antepusieron el prefijo Adon, que significa «amo» o «señor», al nombre de Hiram, quedando como Adonirán.

Una nueva organización social empezaba a nacer, ya hemos visto anteriormente con la historia de los saduceos y fariseos que al final se consolidó el pueblo representado por los fariseos, arrebatando el monopolio de la enseñanza, la escritura y la administración al ámbito jurisdiccional levítico. Salomón, que como ya hemos mencionado era sabio, aunque no le gustara lo ocurrido, sabía que con ello fortalecía su poder y arrinconaba a las castas sacerdotales.

Todo esto nos lleva a que según de donde usemos las fuentes para hacer un análisis, las interpretaciones pueden ser muy confusas o equívocas. Algunos rituales masónicos mencionan exclusivamente a Hiram Abi, sin embargo, en otros, al haber dividido el grado 3.º en dos partes, una la propia del Maestro y la otra que conocemos como Past-Master, cambiaron la leyenda añadiendo el nombre de Adoniram, que sería el director de los obreros después de la muerte prematura del maestro. Sin embargo, Adon significa «señor», por lo tanto, seguiría refiriéndose al mismo personaje al que llamaría mi señor Hiram. Los rituales menos canónicos no hacen esa diferencia y el arquitecto-fundidor es siempre Hiram Abi. Hay que tener en cuenta que según la Biblia, Adoniram de Abda era un funcionario encargado del tributo que dirigió la leva que cortaba cedros en el monte Líbano, pero nada más.

No obstante, sigamos con los amantes. En la tradición de la Iglesia ortodoxa etíope se señala que de su apasionado idilio, Salomón tuvo un hijo con la reina de Saba, llamado Menelik I, quien sería futuro rey de Etiopía. En este caso, la tradición vuelve a decir que sacó el arca de la Alianza de Israel y se la llevó a su reino: esta historia se narra en el libro sagrado de Etiopía, el Kebra Nagast.[149]

El *Kebra Nagast, Libro de la gloria de los reyes de Etiopía,* es una crónica pretendidamente histórica, que remonta su genealogía hasta Menelik I, hijo del rey Salomón y de la reina de Saba, y contiene una serie de tradiciones sobre la monarquía etíope. La familia imperial etíope se consideró, siempre según la tradición, descendiente de la pareja y se la conoce como la dinastía salomónica. Aunque la mayoría de los estudiosos opina que se trata de una recopilación realizada hacia el año 1300 de nuestra era de tradiciones muy anteriores.

Lo cierto es que otras leyendas sostienen que Salomón y la reina de Saba, no llegaron a casarse porque antes, cuando la reina se dio cuenta de que estaba embarazada, emprendió de nuevo viaje hacia sus tierras. Parece ser que veinte años después, Menelik regresó para conocer a su padre, quien inmediatamente al notar el gran perecido lo reconoció y

---

149. Hoy en día, el *Kebra Nagast* está publicado en inglés en dos ediciones, la de G. Hausman (1997) y la de M. F. Brooks (1995). En francés hay una publicación más reciente realizada por el doctor S. Mahler, y en italiano el *Kebra Nagast* se encuentra en una edición publicada en julio de 2007 traducida por el doctor Lorenzo Mazzoni, escritor y estudioso de historia y filosofía rastafari. En mayo de 2010 ha sido publicada la primera traducción al castellano de este antiguo texto de Etiopía *(Kebra Nagast, La Biblia secreta del rastafari).* ¿Por qué puede ser hoy en día tan importante un libro etíope del siglo IV d.C.? Porque este antiguo texto cuenta la historia del hijo del hombre desde Adán hasta Jesucristo; porque narra y porque explica la interesante tradición religiosa del antiguo Imperio de Etiopía, cuyo último rey fue el Negus Haile Selassie I.

le ofreció toda clase de honores. Aunque tuvo que regresar al reino de Saba, porque los judíos no permitieron que pudiera disputar la corona a Roboam, que era el hijo primogénito de Salomón, tal como hizo después Jeroboam, hijo de Nabat, de la tribu de Efraín.

Otras fuentes indican que Menelik I, fue realmente hijo de Hiram, arquitecto del Templo de Salomón y precursor de los constructores. Lorenzo Mazzoni, en su libro *La Biblia secreta del rastafari* así lo afirma.

Antes de la partida de la reina de Saba, Hiram y Balkis se unirán en secreto, a pesar de la celosa vigilancia de Salomón. Hiram, descendiente de las Inteligencias del Fuego, y Balkis, descendiente de las Inteligencias del Aire, no podrán sin embargo permanecer unidos. Hiram será asesinado por tres compañeros, deseosos de conocer indebidamente la contraseña de los maestros, con objeto de percibir el mismo salario que ellos. El crimen tendrá lugar dentro del Templo de Jerusalén en construcción, desierto en ese momento. Y Balkis, al regresar al país de Saba, sin haber sido nunca la esposa de Salomón, se cruzará, sin verlos, con los tres asesinos, que se llevan el cadáver de Hiram para enterrarlo en secreto. Sólo se estremecerá en su seno el niño que va a nacer de sus amores fugitivos con el maestro obrero, ese niño que será más adelante el primero de los hijos de la viuda.[150]

El relato del complicado romance está descrito tanto en la Biblia como en el Corán y mucha tinta ha hecho correr desde novelas hasta poesía épica, y desde magníficas óperas hasta superproducciones en Hollywood.

Terminemos diciendo que siguiendo el *Kebra Nagast*, los nombres que habría tenido esa nación serían Saba, luego Abisinia y finalmente Etiopía. La cosa se complica si tenemos en cuenta los descubrimientos arqueológicos. Son muchos los equipos internacionales de especialistas que durante los últimos años han estado buscando pruebas concre-

---

150. Lorenzo Mazzoni, *La Biblia secreta del rastafari*, Editorial Corona Boréalis, mayo de 2010.

tas sobre la existencia del reino de Saba sin haber alcanzado ninguna concluyente.

Un equipo compuesto por científicos de Canadá, EE. UU., Yemen, Cisjordania, Alemania y Australia, además de beduinos de tribus locales, dirigidos por William Clanzman, sostienen que la ciudad donde residió la reina de Saba podría encontrarse en las ruinas conocidas como Mahram Bilquis, un complejo de templos de 3500 años de antigüedad en el norte de Yemen, a 130 km de la capital y a sólo unos kilómetros de la ciudad de Ma'rib, sin embargo, opinan que para confirmarlo habría que desenterrar los edificios que permanecen en las entrañas del sorprendente desierto Arábigo, lo que supone excavar entre diez y quince años y aun así la mayoría del lugar permanecería sin explorar.

Pero veamos cómo era la antigua ciudad fortificada conocida como Ma'rib, donde se supone que vivió Bilkis y que fue destruida en el siglo VII a. C. por una inundación. Esta catástrofe no es de extrañar, existió siempre una presa que recogía el agua de los monzones, lluvias torrenciales que caían en las montañas cercanas y que luego servían para regar la tierra alrededor de la ciudad. Se sabe y está confirmado que esta presa tuvo desbordamientos en los años 449, 450, 542 y 548. Este embalse sale mencionado en el Corán en varias suras y en una de ellas, dice que:

> ...después de la muerte de Salomón, como los sabeos no eran agradecidos con Dios y seguían sin adorarle, éste los castigó inundando el país. Porque ellos (los sabeos) se desviaron de la verdad. Entonces desencadenamos sobre ellos la inundación de las presas, y les cambiamos sus jardines por otros con tamariscos, lotos y frutos amargos.

También indica el Corán que el desbordamiento del sistema de riego provocó la emigración, en aquella época, de unas 50.000 personas, que terminaron poblando la península Arábiga, distribuyéndose por el desierto hasta llegar a Siria. Recientes resultados arqueológicos han demostrado que la construcción consistía en simples presas de tierra con un canal y que las primeras presas de Ma'rib fueron construidas entre el 1750 y el 1700 a.C. Una de estas presas reconstruidas posteriormente con piedra sillar o mampostería tenía grabado, en algunas de sus partes, el nombre del arquitecto o reparador Makrib Yanouf Ali Bin Dhamar Ali (c. 790 a.C.).

Como hemos podido ver, parece que el pueblo sabeo, a pesar de lo que diga la Biblia o el Corán, no llegó a creer en el Dios de Abraham. Para poder fundamentar nuestro conocimiento, en este caso, sólo lo podemos hacer sobre los documentos epigráficos que atestiguan una legión de dioses, cuya relación o subordinación entre ellos se nos escapa, al no disponer de más datos, debemos tener en cuenta que, como en toda religión semita, existía una dilatación o contaminación de lo divino. El dios supremo de Saba era Il-Mukah, al cual se le unía la diosa del sol Shamsh, que representaba su esposa o hija. Otras deidades eran Athtart, la estrella de la mañana o el atardecer, que identificamos con Venus, y Ta'lab o Almaqah, que es meramente un epíteto del dios de la luna, cuya etimología, debatida en muchas ocasiones, parece relacionarse con la raíz QWH,[151] que significa «fuerte, poder, influencia». Uno de sus principales templos estaba en Ma'rib (templo de Awwám), excavado recientemente. La íntima afinidad y la sumisión hacia la deidad son las características de la religión sabea. Las inscripciones conmemoran gratitud para éxitos en las armas, salud, preservación, retornos a salvo, ganancias, y ricas cosechas. Los devotos hacían ofrendas a los dioses y a los hijos de éstos, que consistían en imágenes doradas del objeto, registrando sus promesas que atestiguaban su cumplimiento.

La actual ciudad de Ma'rib se construyó sobre la antigua y carece del esplendor que tuvo. Hoy sólo acoge a tribus beduinas y rebaños de camellos, cabras y ovejas. Pero, a pesar de ello, es un lugar atractivo y

---

151. El Deuteroisaías toma la raíz qwh, como una forma peculiar para significar la palabra «fe» como lema programático. QÖWË YHVH «los que esperan a Yehovah» Is, 40, 31; 49, 23.

también fatídico para los arqueólogos que han intentado arrancar a esta tierra sus secretos. Cinco científicos han perdido la vida en el intento, y ha cundido la leyenda de que Bilkis, sacerdotisa y por lo tanto hechicera para muchos yemeníes, sigue ejerciendo su poder para evitar que profanen su reino.

Aunque todo parece indicar que Ma'rib fue la antigua ciudad, los arqueólogos no se ponen de acuerdo, y otro equipo encabezado por el profesor Helmut Ziegert, que estudia desde 1999 la historia de los principios del reino de Etiopía y de la Iglesia ortodoxa etíope en la región de Tigray, aseguraba en 2008:

> ...que los restos hallados de una construcción en el norte de Etiopía, que datan de hace unos 3000 años, son los primeros rastros de la famosa reina, citada en el Antiguo Testamento. Creo que en ese palacio estuvo el arca de la Alianza, donde se guardaban las tablas con los diez mandamientos.

El descubrimiento tuvo lugar en la ciudad santa de Aksum, al norte del país africano y la construcción estaba debajo de los muros del palacio de un antiguo rey cristiano. No se puede negar que Aksum fue por sí mismo un importante reino que ocupó los montes de la región de Tigray y casi todo el norte de la actual Etiopía. Como los otros reinos vecinos, participó activamente en los intercambios comerciales entre la India y la península Arábiga. Con el paso del tiempo quedó aislado por la expansión del islam, ya que la religión que finalmente habían adoptado era la cristiana. No sé por qué motivo, al reino de Aksum siempre se le ha querido asociar con otros reinos, como ejemplo tenemos que la tradición popular lo convirtió en el mítico reino del Preste Juan, y ahora el profesor Ziegert quiere hacer lo mismo, convirtiéndolo en el reino de Saba siguiendo lo descrito en el *Kebra Nagast*.

Hay que tener en cuenta que a través de la leyenda del Preste Juan, ese reino representaba para los cristianos europeos un símbolo de la universalidad de la Iglesia romana, y para la tradición esotérica cristiana los Magos de Oriente procedían de ese lugar. Un lugar situado en Oriente, tierra a la que Parsifal llevó el santo grial sacado de Monsalvat, se confirmaba así que el cristianismo transcendía la cultura y la geografía, abarcando toda la humanidad. Eso dio pie a que durante una determinada época existiera una generación de aventureros que pretendieron encontrar algo que estaba fuera de su alcance.

Aunque el descubrimiento realizado por el profesor Ziegert no deja de ser un hecho relevante, sin embargo, no creo que se haya desvelado uno de los mayores misterios de la antigüedad, ni que el palacio descubierto sea el de la reina de Saba o Makeda, según la tradición etíope.

En el fondo, los propios arqueólogos de la Universidad de Hamburgo dan la clave de lo encontrado al decir que el palacio lo construyó Menelik I, hijo como ya hemos visto de Makeda o Bilkis y del rey Salomón. Eso fue posiblemente lo que ocurrió al trasladar, en esa época, el reino desde la ciudad de Ma'rib a la de Aksum, y según la tradición de la Iglesia ortodoxa etíope, fue Menelik I quien ordenó levantar el palacio en su emplazamiento final.

Si hacemos caso de los seudoarqueólogos, resulta que el «arca perdida» estuvo allí, ésta es otra de las afirmaciones basadas en el *Kebra Nagast* y que los arqueólogos alemanes mantienen, aunque no encontraron rastro de ella. Como hemos dicho, ese templo data del siglo x a. C. y está localizado bajo otro de consagración cristiana. Lo que sí encontraron en él, y en eso basan su testimonio, eran numerosas ofrendas. También la orientación del templo, en dirección a la estrella Sirio, es un indicio esgrimido por los arqueólogos alemanes en su escueto comunicado. Pero el hallazgo suscita las dudas de otros arqueólogos y estudiosos.

Entre ellos, tres expertos españoles mostraron su sorpresa, su escepticismo e incluso su incredulidad respecto al descubrimiento del profesor Helmut Ziegert, dado que la reina de Saba y su reino están ubicados en Yemen, al otro lado del mar Rojo. Un experto arqueólogo catalán, el catedrático emérito de Filología Semítica de la Universitat de Barcelona Gregorio del Olmo pone en tela de juicio el hallazgo mientras no aparezca un friso explicativo y advierte:

> ...se sabe que los sabeos atravesaron el estrecho de Bab El Mandeb, en el mar Rojo, y se asentaron en la actual Etiopía, donde establecieron un judeocristianismo que pervive.[152] Pero ese viaje fue hacia el siglo VI a. C., esto es cuatro siglos después de la fecha en que se sitúa dicho templo, descubierto esta primavera.

El comunicado de los arqueólogos es poco preciso, pero no parece que se hayan localizado inscripciones, y la cultura sabea es epigráfica, de modo que es raro que no detallaran que aquel edificio era tan importante.

La reina de Saba posiblemente existió –añade el profesor Olmo–, pero dudo que el templo hallado sea el del personaje bíblico, aunque puede que los sabeos de Etiopía, en su tradición, lo establecieran en honor de aquel personaje.

Y efectivamente es para dudar, si estamos especulando con que Menelik I se llevó el arca de la Alianza desde Israel a su país, donde, según fuentes históricas y religiosas, se guardaban las tablas con los diez mandamientos que Moisés recibió de Dios en el monte Sinaí y que se supone eran para seguir la tradición judaica.

Sin embargo, el templo está orientado hacia la estrella Sirio, por lo tanto, dedicado a Sothis. Dicho culto, relacionado con la diosa egipcia Sopdet y la estrella Sirio, traía consigo que todos los edificios de culto se orientasen hacia el nacimiento de esa constelación, y esa adoración se mantuvo hasta el siglo VI de nuestra era. Heredado por grecorromanos, este conjunto de prácticas relacionadas con las estrellas era

---

152. La Iglesia ortodoxa etíope es independiente de toda otra Iglesia cristiana y el 75 por 100 de la población etíope es cristiana. Según sus sacerdotes, en una iglesia de ese país se encuentra el arca de la Alianza.

designado como religión astral; no se puede decir que estuviera organizada como tal, con un sacerdocio y dogmas, pero se extendió por el mundo griego y romano gracias a los escritos atribuidos al faraón Nechepso y al sacerdote Petosiris,[153] que divinizaron las estrellas.

Hay que tener en cuenta que desde la más remota antigüedad la estrella Sirio, conocida también por *Canis* dentro de la constelación de Orión, ha cautivado la atención de los astrónomos, astrólogos y del pueblo en general. Como decía en el párrafo anterior, los egipcios usaron la estrella de Sirio (Shotis, como ellos la llamaban) para fijar el comienzo del año, así que el día que aparecía en el horizonte antes de la salida del Sol, era el primer día del año y el comienzo del festival en honor de Isis. La relación de Sirio con Isis y de ésta con la crecida de las aguas del Nilo, que en ese momento se desbordaban por sus riberas, fecundando los campos con su limo, no era arbitraria. Sirio es la estrella más brillante y más hermosa del firmamento.

Albert Pike, Soberano Gran Comendador del Rito Escocés Antiguo y Aceptado,[154] se refería a Sirio como la estrella que brilla en las logias y traza el camino. En su libro *Morals and Dogmas* estableció la asociación entre la estrella flamígera y la estrella de Isis, más conocida como *Sirio*. Esto lo hizo en oposición a los masones que mantenían el concepto moderno de que la estrella representaba la de Oriente que guiaba a los tres Magos; ésta no es la primera vez que se identifica la estrella flamígera con Sirio, en la *Ilíada* Aquiles dice:

---

153. Se suele creer que Nechepso-Petosiris es el nombre de un fabuloso astrólogo egipcio, supuesto autor de trascendentales tratados. Sin embargo, en realidad es el nombre de un libro atribuido a los dos personajes de la rica historia de Egipto, por supuesto, ninguno de los dos participó en la redacción de tan misterioso y trascendental tratado. Al parecer, sus nombres fueron escogidos porque representaron, de forma prestigiosa, el poder (Nechepso) y el conocimiento (Petosiris). Se desconoce quién o quiénes fueron sus verdaderos autores, aunque la obra fue escrita en griego y en un tono profético, probablemente hacia el año 150 a. C.
154. El Rito Escocés Antiguo y Aceptado es un rito masónico derivado del sistema escocés que se inició en Francia, a mediados del siglo XVIII y terminó proclamándose desde EE. UU.

...la estrella flamígera que sale en la época de la cosecha, brillando entre todas las estrellas de la oscuridad de la noche, la estrella que los hombres llaman Canis de Orión.

Sirio es también simbólicamente la estrella que se representa en algunos cuadros de logia al final de la escalera de caracol (o de Jacob), representando al ojo del cielo. Actualmente aún queda alguna tribu africana que adora a Sirio, como es caso de los dogones. No se sabe bien cómo en esta tribu han podido heredar y transmitir hasta hoy en día esta tradición. Es por todo ello por lo que cuesta mucho creer que en aquella época el reino de Saba se hubiera convertido al judaísmo y no siguiera como en su origen, adorando al Sol y a otros astros.

Y mientras se descubre la verdad, si es que realmente existe, la mítica figura de la reina de Saba puede ser analizada en los innumerables libros publicados en la actualidad.

*La reina de Saba, un viaje por el desierto en busca de una mujer legendaria,* de Nicholas Clapp; *La reina de Saba,* de Jacqueline Dauxois; *La reina de Saba,* de J. C. Mardrus; *Gerad de Nerval, el amante de la reina de Saba,* de Pedro Gordon y *Makeda o la fabulosa historia de la reina de Saba,* de Jokoub Adol Mar.

# Capítulo IV

## El Templo del rey Salomón y las logias

Como ya dejé claro en un libro anterior,[155] la masonería actual proviene de diversas corrientes espiritualistas y esotéricas que dieron lugar en el siglo XVIII a los rituales que utilizamos actualmente, algunos dicen que su origen se remonta mucho más lejos en el tiempo, incluso más allá de los gremios y corporaciones de constructores medievales. No voy a fomentar la polémica, por lo tanto, no diré nada de lo que no esté seguro y mucho menos buscaré nuestro origen en una antigüedad de la que no podemos probar nada. Ahora bien, lo que sí es evidente es la esencia de nuestro ideal, que hay que buscarla en la construcción del Templo de Jerusalén, más conocido como de Salomón, y en nuestro maestro Hiram Abi, constructor de ese Templo. Hay que tener en cuenta que desde el punto de vista judío, un punto de vista nómada, la concepción del mundo respondía a unos parámetros sensiblemente distintos a los pueblos sedentarios que habían desarrollado las artes ligadas a la construcción y la metalurgia.

Lo cierto es que la construcción del Templo hizo realidad que esas dos formas de civilización, la nómada que descendía de Abel y la sedentaria que descendía de Caín,[156] confluyeran. Como hemos visto anteriormente, los herederos de Abel y Caín se habían separado por

---

155. G. Sánchez-Casado, *Los altos grados de la masonería*, Akal (Foca), Madrid, 2009.
156. Citado en Génesis 4, 17

razones de orden cíclico, y la reconciliación se produce gracias a esa construcción. El hecho de que Salomón edificase el Templo de Jerusalén, considerado como la imagen del centro espiritual y el prototipo de la arquitectura sagrada, repercutirá sin ninguna duda en el desarrollo de la civilización occidental, sobre todo durante la Edad Media en su búsqueda de la Jerusalén Celestial.

Si observamos los templos masónicos actuales, vemos que presentan fuertes analogías con el mítico Templo de Salomón, guardando una divina proporción. El Templo cortado en tres partes desiguales, con una entrada encuadrada por dos columnas, es un cuadrado largo, cuyas justas dimensiones se basan en el número de oro, que según la matemática pitagórica es uno más la raíz cuadrada de cinco dividido por dos $(1+\sqrt{5}/2)= 1,618...$ Este número, que representa la divina proporción, está sobradamente representado en la naturaleza, ya que permite deducir todas las figuras planas o espaciales del pentágono o del dodecaedro.

También hemos visto anteriormente que el origen que inspiró a Salomón a construir el Templo se debió a su padre David, que a su vez la recibió del Gran Arquitecto,[157] pero éste nada podría haber hecho sin la ayuda de Hiram, rey de Tiro, y de Hiram Abi, es decir, Salomón tuvo que recurrir necesariamente a quienes conocían las leyes de las claves geométricas y las técnicas constructivas necesarias, o lo que es lo mismo, una cosmogonía[158] que les hacía comprender la esencia espiritual del mundo o *Anima Mundi*.[159] La construcción del Templo, que

---

157. 1 Reyes 5, 5 «Tu hijo, el que pondré yo en tu lugar sobre tu trono, edificará casa a mi nombre». Añadiremos que la denominación de Gran Arquitecto del Universo no es sólo masónica, sino que era una expresión bastante común entre los antiguos cabalistas. Equivale, asimismo, al Gran Obrero mencionado en el *Corpus Hermeticum*, y del que se dice *que ha hecho el mundo, no con sus manos, sino con el Logos*.
158. La cosmogonía pretende establecer una dimensión de realidad, ayudando a construir activamente la percepción del universo (espacio) y del origen de dioses, hombres y elementos naturales. A su vez, permite apreciar la necesidad del ser humano de concebir un orden físico y metafísico que permita conjurar el caos y la incertidumbre.
159. *El alma del mundo*, idea filosófica de origen remoto, ha sido largamente conocida en culturas y lugares que jamás tuvieron contacto entre sí. A través de los siglos y con

tardó siete años en edificarse, ejemplifica la creación del mundo o cosmos a partir del caos primigenio con la emersión del Logos que pronuncia el *Fiat Lux*[160] organizador, que según el Génesis tardó siete ciclos temporales en crearlo o siete días según la Vulgata.

En capítulos anteriores hemos dicho que los Tres Grandes Maestros de la masonería son el rey Salomón, el rey Hiram de Tiro e Hiram Abi y que representan, cada uno de ellos, la autoridad espiritual por su función sacerdotal, el poder temporal por su función regia y la función propiamente cosmogónica o función artesanal. Otro detalle a tener en cuenta, como en el capítulo anterior también sucedía, es que en los rituales heredados de los masones operativos, en las Old Charges aparecía el nombre de Amón en lugar del de Hiram Abi como el tercero de los Grandes Maestros. Sabemos que el origen de Amón es egipcio y que en hebreo significa «artesano» o «arquitecto», aunque fue cambiado por el de Hiram con la llegada de la masonería especulativa, ¿por qué?, posiblemente por el sentido que le da la etimología hebrea y porque Hiram era el único personaje bíblico sustitutivo.[161] Lo cierto es que aunque el nombre cambió, el espíritu permaneció y lo único que se nos ocurre es que los operativos quisieron mantener el recuerdo de ciertos elementos simbólicos, procedentes de la civilización egipcia existente al inicio de la masonería, algo que los especulativos quisieron fortalecer más, basándose en las ideas.

---

formas diversas, aparece en muchos de los mejores fragmentos del pensamiento humano. Las cosmogonías griegas narran el origen del mundo que parte del caos, para que en un acto de creación divina se imponga el orden. En la cosmogonía judeocristiana, el origen del mundo está presente en el Génesis (el primer libro de la Biblia), que relata cómo el dios Yehovah empezó a crear el mundo *en un principio*. Las teorías científicas describen la evolución del universo, particularmente a través de la teoría del Big Bang; y el origen y la evolución de la vida, a través de la teoría de la síntesis evolutiva moderna.

160. Hágase la luz.
161. Véase en este sentido René Guénon en *Etudes sur la Franc-Maçonnerie et le Compagnonnage*, tomo II, p. 177 y también Denys Roman en *René Guénon et les Destins de la Franc-Maçonnerie*, cap. IV.

Pero sigamos con el Templo masónico, que conserva las mismas dimensiones y que al ser consagrado por la ceremonia de apertura permite a cada uno encontrar una conexión con lo divino. Por su carácter universal se convierte en un lugar inmaterial absoluto, en un símbolo colectivo y en consecuencia es una representación del cosmos, sin olvidarnos que permite a cada uno encontrar su unidad interior y por eso mismo se convierte en un símbolo individual.

Desde la antigüedad, el universo proporcionó al hombre un modelo para decorar los templos que consagraban a la Divinidad, fuera la que fuera. También en el Templo de Salomón ocurría así, desde el vestido del sumo sacerdote, que contenía referencias al orden del universo, tal como se entendía entonces, hasta los ornamentos simbólicos que formaron parte de sus decoraciones principales. Ocurre lo mismo en la masonería porque cada logia quiere ser una representación de ese Templo, tanto en su conjunto como en sus detalles simbólicos.

Así tenemos que en el Templo de Salomón todo estaba relacionado con el sistema astrológico, tanto simbólicamente como místicamente. La bóveda o el cielo estrellado lo sostenían doce columnas que representaban los doce meses del año, encima estaban representados los doce signos zodiacales, también estaban el sol, la luna, los planetas y algunas constelaciones. En los templos masónicos encontramos los mismos elementos: el sol, la luna, la bóveda estrellada, las columnas o la cuerda de doce nudos que representa el Zodíaco. Además, en algunos ritos también se representan elementos como la estrella Sirio o las constelaciones del Can Mayor o de Orión, que tuvieron un significado esotérico para los egipcios y los sabeos.

Efectivamente, esos conocimientos se aplicaron a la construcción del Templo y se reprodujeron en sus estructuras simbólicas los diferentes planos o niveles del cosmos, y como decía Flavio Josefo: «La razón de ser de cada uno de los objetos del Templo es recordar y representar el cosmos». Y qué mejor reflejo que la bóveda celeste. No hay duda de que en los templos se pide a cada hermano un trabajo de elevación que queda reflejado por esa bóveda, ésta representa el zenit y el pavimento mosaico al Nadir, recordando de esa forma que la logia es un espacio entre el cielo y la tierra, un espacio donde el vínculo con lo divino es posible, un vínculo que conviene mantener individual y colectivamente. Si en la poética simbólica del Cantar de los Cantares, Salomón habla en realidad de las nupcias entre el alma y el espíritu —entre ÉL y el SÍ MISMO—, el Templo de Jerusalén expresa arquitectónicamente esas mismas nupcias, esa hierogamia o matrimonio sagrado entre la Tierra y el Cielo, pues su construcción se realizó conforme al modelo cósmico, según el cual el mundo terrestre aparece como el reflejo del mundo celeste, y en íntima comunión con él. Geométricamente esa unión se expresa mediante dos triángulos entrelazados, siendo uno el reflejo del otro, figura que es conocida como el sello de Salomón o estrella de David.[162] No debemos identificarla sólo como una seña del sionismo, ya que su significado es mucho más profundo.

Por lo tanto, el masón tiene en el templo un marco ideal para hacer su trabajo y va más allá. El templo representa para él conseguir construir y construirse a sí mismo con la ayuda de otros. Por consiguiente, estamos hablando de dos templos: un templo interior, que hace que sigamos un camino más elevado, conociéndonos a nosotros mismos a través de un lenguaje simbólico, y un templo exterior, que nos conduce a mejorar el mundo en que vivimos, en función de lo que cada uno de nosotros somos.

La logia no sólo presenta una imagen simbólica del universo como el Templo de Salomón, además es similar en sus arreglos y como casi todos los templos de las antiguas naciones que practicaron los misterios de iniciación, representa la perpetuación del conocimiento del Dios Verdadero. Esos santuarios de iniciación estaban situados en bóvedas subterráneas bajo tierra y hoy en día, en la masonería, esas bóvedas quedan representadas por la Cámara de Reflexiones. Esto último

---

162. En las leyendas medievales judías, islámicas y cristianas, el sello de Salomón era un anillo con un sello mágico propiedad del rey Salomón, que de diversas formas le dio el poder.

nos recuerda una hermosa leyenda masónica, plena de significado simbólico, en la que se dice que:

> ...debajo mismo del Templo de Jerusalén, esto es, en el interior del monte Moria se encontraban una serie de estancias o salas superpuestas que aparecían una tras otra conforme se iba descendiendo, hasta que finalmente se llegaba a una inmensa bóveda hipogea, es decir, excavada directamente en la roca viva.[163]

Como vemos, esa bóveda excavada es en realidad un templo que la leyenda dice que fue construido por Enoch antes de que aconteciera el Diluvio, con esta referencia la masonería pretende remontar al origen de los tiempos las tradiciones, algo que no sólo vemos en el grado 13.º, también lo encontramos en el grado 21.º, que hace derivar su nombre de Noé, llamándose el grado Caballero Noaquita. Se cree que Enoch escondió los principales útiles y símbolos masónicos, el mazo, el cincel, la plomada, el nivel y sobre todo un cubo de ágata que llevaba incrustado un triángulo con el nombre inefable.[164] El ritual del grado dice:

> Después hizo construir Enoch un templo debajo de la tierra que consistía en nueve bóvedas sostenidas por otros tantos arcos. Depositó en la más profunda de ellas el DELTA y en la superior las dos columnas y cerró la entrada del templo con una gran piedra cuadrangular provista de un anillo de hierro en el centro para que pudiera alzarse.[165]

---

163. La alegoría de la caverna o de mito de la caverna se trata de una explicación metafórica, realizada por el filósofo griego Platón al principio del VII libro de *La República*, sobre la situación en que se encuentra el ser humano respecto del conocimiento. En ella Platón explica su teoría de cómo con conocimiento podemos captar la existencia de los dos mundos: el mundo sensible (conocido a través de los sentidos) y el mundo inteligible (sólo alcanzable mediante el uso exclusivo de la razón).
164. No se trata de un nombre impronunciable, sino de un nombre de una santidad muy elevada. Por eso, este nombre era pronunciado en el Templo Sagrado cuando estaba en pie el sumo sacerdote y lo repetía el pueblo sólo en ese momento.
165. Ritual del grado 13.º del Rito Escocés Antiguo y Aceptado conocido como Real Arco.

Esta leyenda es leída durante la recepción del grado 13.º del Rito Escocés Antiguo y Aceptado, llamado Real Arco, en él las salas antes mencionadas están relacionadas con las sefiroth del Árbol de la Vida cabalístico. Este grado no se debe confundir con el Royal Arch del Rito de Emulación.

Pero lo más interesante son las descripciones de esas salas con sus arcos. La piedra angular, con la que se cierra el arco, es uno de los símbolos más importantes tanto de la masonería operativa como de la masonería especulativa; aunque sería necesario establecer la distinción primordial existente entre el *carré long* (cuadrado largo), representación de la logia, y la clave de bóveda o el *occulum* (circular), que simboliza la tierra y el cielo, lo que corresponde a dos estados iniciáticos diferentes: los de la Square Masonry (masonería del cuadrado) y la Arch Masonry (masonería de la bóveda) «que por sus relaciones respectivas con la tierra y el cielo o con las partes del edificio que las representan aparecen aquí en relación con los *pequeños misterios* y los *grandes misterios*».[166]

Según lo anterior, Enoch es el primer iniciado que no muere y sobrevive a todos sus hijos espirituales. Como vemos, son los mismos atributos que se encuentran en el maestro Hiram. El relato nos habla por un lado de la primordialidad del simbolismo masónico,[167] y por otro, del aspecto oculto y subterráneo de ese mismo simbolismo que nos conduce a la filosofía perenne, una noción que sugiere un conjunto universal de verdades y valores comunes a todos los pueblos y culturas. El término fue usado en primer lugar en el siglo XVI por Agostino Steuco en su libro titulado *De perenni philosophia libri X* (1540), en el que la filosofía escolástica es vista como el pináculo de la sabiduría cristiana a la cual todas las demás corrientes filosóficas apun-

---

166. R. Guénon, «Pierre bruta et pierre taillé», en *Études Traditionnelles,* septiembre de 1949.
167. La noción de tradición primordial puede considerarse como el eje con respecto al cual está organizada toda la obra de René Guénon, pues se identifica con la «religión perenne», con la «unidad esencial y trascendente de las formas tradicionales», religiosas u otras. Pero también con el estado original natural de la humanidad adámica, y por consiguiente con su estado integral y total anterior a la «caída».

tan de una manera u otra. La idea fue posteriormente asumida por el filósofo y matemático alemán Gottfried Leibniz, quien la usó para designar la filosofía común y eterna que subyace tras todas las religiones y, en particular, tras las corrientes místicas dentro de ellas.[168]

Posteriormente otros han seguido intentando demostrar, lo que ya habían hecho la mayor parte de las tradiciones de la naturaleza humana a través de las culturas y las épocas, que la conciencia debe ser la preocupación central. Lo confirma el hecho de que ha sido denominada de diferentes modos: para Aldous Huxley, en 1944, seguía siendo la «filosofía perenne», pero para Huston Smith, en 1976, fue «la religión perenne» y para Ken Wilber, en 1977, «la psicología perenne».

Si desarrollamos un poco más el simbolismo del Templo nos damos cuenta rápidamente de que es un mundo complejo en su disposición general. Allí se reúne el altar, las columnas, la plaza o foro y el mar de bronce apoyado en doce bueyes, tres contemplando cada punto cardinal del compás. Según Albert Pike, esos doce toros simbolizaban ante todo las doce posiciones del Sol en torno a los signos zodiacales, pues en las antiguas civilizaciones de la cuenca del Mediterráneo y Oriente Medio el toro era un animal eminentemente solar.

En su conjunto, el templo responde a un simbolismo cósmico que fue analizado en la antigüedad por escritores como Filón de Alejandría[169] o Flavio Josefo. Este último decía: «La división tripartita del templo: vestíbulo, santuario y sanctasanctórum,[170] –en hebreo Oulam,

---

168. Este término fue popularizado de forma más reciente en un libro de 1945 escrito por Aldous Huxley, *La filosofía perenne,* Edhasa, Barcelona, 1993. La expresión «filosofía perenne» también se ha usado como una traslación del concepto hindú de Sanatana Dharma, la «verdad o norma eterna e inmutable».
169. Filón es considerado un defensor de la antropología dualista, que recuerda en muchos aspectos a la concepción órfica del *soma-sema,* de tal forma que considera al alma como preexistente e inmortal.
170. El sanctasanctórum del Templo era un cubo en que, usando una superficie plana, hay 4+3+2=9 líneas visibles, y 3 lados o caras. Esto correspondió al número 4, por lo que los antiguos presentaron la naturaleza, siendo ése el número de sustancias o formas corpóreas, los elementos, los puntos cardinales, las estaciones y los colores secundarios.

Hekal, Debir–, corresponde a las tres partes del cosmos hebraico agua primordial, tierra y cielo».

También en este caso existe una analogía con la masonería. El Templo de Salomón no es más que un signo del misterio que vive el templo interior del hombre. Cuando se inicia un profano al grado de Aprendiz se despierta su luz interior y espiritual, que es el misterio que vive marcándolo para siempre. Su templo está formado por su espíritu, su alma y su cuerpo –que es al mismo tiempo logia y templo–, como vemos tres partes, al igual que el Templo de Salomón. Pero según vaya avanzando verá que su progresión hacia el santuario se compone de 3, 5 y 7, que son los símbolos de sus viajes para encontrar su verdadera morada espiritual, su identidad perdida. Pasará de ser un hombre extraviado a un hombre iniciado.

Hemos mencionado anteriormente una cadena de números 3, 5, 7, el sistema de números siempre estuvo relacionado con las religiones, incluso la católica, como podemos comprobar leyendo a san Bernardo: «Cristo es la piedra angular. Con ella se forma el claustro monacal que encarna la cifra *cuatro*. Por eso la disciplina claustral, que es la disciplina de Cristo, estabiliza a la comunidad».[171] También en la masonería se usan en un sentido esotérico, con lo cual los números utilizados están velados, o sea que su significado es desconocido para la gran mayoría de aquellos que los usan diariamente. Esa revelación de la doctrina oculta contenida en la ciencia de los números consiste en una exposición completa y razonada hasta las últimas consecuencias de la evolución universal de la psiquis, o lo que es lo mismo, de los destinos y fines supremos del alma humana. Dan la clave de toda la doctrina, de todas las letras, las figuras geométricas o las representaciones humanas que sirven de signos al mundo oculto y que sólo son comprendidas por el iniciado.

En el Templo de Salomón se utilizaban aquellos números que hacían una referencia a la deidad, representando sus atributos. Aún más,

---

171. Bernardo de Claraval, *Obras Completas: Cartas (Tomo VII)*, Biblioteca de Autores Cristianos, Madrid, 2003.

en la descripción que se hace del Templo a Ezequiel, existen igualmente y se reflejan en las medidas propias del Templo, creando una arquitectura simbólica que se continuará en la escuela pitagórica.

Pitágoras formuló esta ciencia en un libro escrito por su mano, llamado *Hieros logos* –Palabra sagrada–. Este libro no ha llegado a nosotros; pero en los escritos posteriores de los pitagóricos, Filolao, Archytas e Hierocles, los diálogos de Platón, los tratados de Aristóteles, de Porfirio y de Jámblico, nos permiten conocer sus principios. Si ellos son letra muerta para los modernos filósofos, no lo son para nosotros, que podemos comprender su sentido y su alcance, por comparación con las doctrinas esotéricas de Oriente. En la Academia dirigida por Pitágoras, a los discípulos se los conocía como matemáticos, porque la enseñanza superior que impartía el filósofo comenzaba con los números. No consideraban el número como una cantidad abstracta, sino como la unidad que contiene al infinito, representada por el UNO, que encierra la virtud intrínseca y activa que simboliza al Ser Supremo.

También nos encontraremos en los misterios de Egipto o en los misterios de Eleusis y sobre todo en ese libro, asimismo misterioso, que es el Apocalipsis de San Juan,[172] que los números forman parte del marco del mundo y han sido universalmente considerados como sagrados. Edouard Schure, lo define así:

> En las matemáticas trascendentes se demuestra algebraicamente que cero multiplicado por infinito es igual a uno. Cero, en el orden de las ideas absolutas, significa el Ser indeterminado. El infinito, lo eterno, en el lenguaje de los templos se simbolizaba por un círculo o por una

---

172. Libro de las Sagradas Escrituras integrante del Nuevo Testamento, escrito por Juan, hijo de Zebeo (san Juan), en su destierro en la isla de Patmos entre los años 96 y 98. *Apocalipsis* quiere decir «revelación». Es un libro cargado de símbolos que determina el día del Juicio Final y la desaparición del mundo, la llegada del Anticristo, de la Bestia y de la lucha del bien contra el mal. Está compuesto por veintidós apartados.

serpiente que se muerde la cola, que significa el infinito, moviéndose a sí mismo. Y, desde el momento que el infinito se determina, produce todos los números que en su grande unidad contiene, y que gobierna en una perfecta armonía.

Uno de esos números es el 3, que siempre representó al Ser Supremo, su nombre grabado en un triángulo de metal enseñó a los masones antiguos y a todos en general que el verdadero conocimiento del Ser Supremo, así como su naturaleza y sus atributos, están escritos en el gran Libro de la Naturaleza Universal.

De esa forma tenemos que el ternario universal se concentra en la unidad del Ser Supremo o la Mónada. Pero el hombre sólo puede realizar su unidad de una manera relativa, porque el ternario humano se concentra en la conciencia del YO y en la voluntad que recoge las facultades del cuerpo, no pudiendo obrar simultáneamente en sus tres órganos, es decir, sobre el instinto, el alma y el intelecto. Cuando el ternario humano y divino se encuentra resumido en la Mónada es cuando se constituye la tétrada sagrada.

Por eso, el trabajo de logia es un trabajo de unificación, y si lo relacionamos simbólicamente con los números, se puede ir mucho más lejos en la comprensión del viaje interior del masón. En el número 1 encontramos al Gran Arquitecto del Universo, símbolo de la unidad; en el número 2 el pavimento mosaico, símbolo de la dualidad, y en el número 3 los tres pilares –sabiduría, fuerza y belleza–. Si esto lo llevamos a los oficiales que representan esas columnas, que son el Venerable Maestro, el Primer Vigilante y el Segundo Vigilante, vemos que constantemente establecemos tríadas.

Sin embargo, debemos señalar el aspecto puramente simbólico de todo esto. En efecto, la descripción histórica tradicional, que divide el Templo de Salomón en tres partes, el pórtico, el templo y el santo de los santos o sanctasanctórum, difiere de esa división binaria que se refiere a dos realidades de la vida del masón –dos templos, dos partes–. En primer lugar, se pone de manifiesto el misterio que se vive, y destaca a continuación el crecimiento espiritual dinámico que realiza el individuo inacabado y extraviado –que es en su iniciación– con la realización de una identidad encontrada a través del trabajo masónico que llevaba dentro sin saberlo. A decir verdad, el masón no entra en una morada espiritual, él debe ser esta morada. En adelante se trata de ser para parecer de verdad, de ser para no tener, de ser para actuar.

Por lo tanto, el sanctasanctórum y el templo interior se confunden... De hecho, los esfuerzos de los aprendices y compañeros que no han encontrado aún la luz del Espíritu y quieren avanzar más sin pasar de grado, serán inútiles, por lo tanto, los elementos finales de la iniciación son comunicados en el 3.<sup>er</sup> grado y se desarrollan en el cuarto y siguientes...

Llegados a este punto cabe preguntarse, ¿el masón *a priori* tiene la mirada vuelta hacía Jerusalén y su Templo? Puede ser una sorpresa para algún masón que creía que al entrar en la masonería rompería con la religión. En principio, debería ser así, la masonería no se vincula con ninguna religión definida y no se circunscribe a un lugar consagrado en un punto geográfico preciso, aunque no debemos olvidar que no deja de ser un camino espiritual. En realidad, la logia por su bóveda celeste representa el templo cósmico y por el cuadro de logia el Templo de Salomón, si se le pregunta a un masón dónde ha sido iniciado, no dirá que en un templo, dirá que en una logia. Cuando llegue a entender que sólo la figura del microcosmos que es el hombre tiene sentido para él, sólo entonces, Jerusalén se convierte en el símbolo del templo que construye el masón. Cualquiera que viva esta identidad espiritual comprobará que el templo ya no es el símbolo de una realidad futura, se trata de que el hombre implique todo el cosmos en su exaltación con él.

Sólo nos queda recordar que el cuadro de logia se trazaba originariamente con tiza y se borraba después, para simbolizar que el Templo de Salomón debía desaparecer en la manifestación final. Lo cierto es que en el cuadro de logia, se practique el rito que sea, sus componentes son parecidos: los peldaños, el sol, la luna, el mazo, el cincel, las columnas centrales, las dos columnas principales, la escuadra, el compás, la estrella de cinco puntas, la escalera de caracol y la bóveda celeste. Desde un punto de vista puramente geométrico, vemos que los cuadros se superponen los unos con los otros. En concreto, si dividimos el cuadro en dos partes, con referencia al Templo de Salomón, tendríamos que el resultado sería un vestíbulo y el sanctasanctórum. Tendremos entonces que por esa superposición, el cuadro de 1.er grado da paso al de 2.º grado, donde encontramos el templo interior, representado por la estrella de cinco puntas y en su centro la letra G, todo rodeado por una serie de triángulos blancos y negros que le da el aspecto de una orla dentada. También vemos en la parte superior del cuadro de 2.º grado del Rito de Emulación, que se accede por unas escaleras que terminan en una puerta. Si estos cuadros los superponemos al del 3.er grado que representa la cámara del medio, podemos deducir que tanto el templo interior como la cámara del medio, son dos imágenes de un lugar común. Igualmente hay superposición entre la estrella flamígera con su G central y el triángulo con el tetragramatón, o lo que es lo mismo, con las letras YHVH, que es el nombre de Dios y que como no puede pronunciarse aparece siempre sin vocales. Llegados a este punto, la puerta se abre al grado de Maestro y nos permite el acceso al sanctasanctórum.

Antoine Faivre ha publicado una ilustración del descubrimiento relacionado con el paso de la puerta después del séptimo escalón, es decir, de la muerte física, seguida de la resurrección o lo que es lo mismo, la muerte de la materia, seguida por el renacimiento del espíritu.[173]

Por fin, como en el centro del templo se encuentra el cuadro de logia, debemos hablar de los elementos a su alrededor, los tres pilares

---

173. Antoine Faivre es un prominente académico francés, estudioso del esoterismo. Hasta su jubilación ocupó un puesto en la École Pratique des Hautes Études de la Sorbona, fue profesor universitario de estudios germánicos en la Universidad de Haute-Normandie, director de los *Cahiers del Hermétisme* y de la *Bibliothèque de l'hermétisme*, y es junto a Wouter Hanegraaff y Roland Edighoffer editor del diario *Aries*. Fue el primero en definir el esoterismo occidental como un campo de estudio académico interdisciplinario.

y el pavimento mosaico en blanco y negro, por lo que es necesario tomar conciencia de nuestra dualidad para volver de nuevo a la unidad, algo esencial en el desarrollo masónico. El cuadro de logia se sitúa al encuentro de lo dual, señalando el centro de la logia: la vía espiritual del corazón, allí donde se armonizan y se unifican lo interior y lo exterior, cuerpo y espíritu, el YO y los OTROS. Además, en la logia están los tres pilares que representan la sabiduría, la fuerza y la belleza, que rodean al cuadro de logia y son las tres potencias en las que se basa nuestro templo interior. Lo que podemos apreciar es que el camino iniciático más que un trabajo es un verdadero viaje.

Pero, tal vez, uno de los elementos más importantes que podemos ver en el Templo de Salomón son dos altas columnas de bronce que mandó construir Hiram y que no dejan de ser un enigma. Se situaban a uno y otro lado del pórtico de entrada, en el exterior del templo, y doblaban en altura a las columnas normales, sus nombres fueron Jakin y Boaz. La ausencia de toda función arquitectónica les da un valor simbólico de un relieve que termina por atraparnos.

Aluden a un simbolismo cósmico, por eso hay que buscar su sentido en correspondencia con la observación del ritual del sol a lo largo del año. Representan a los dos solsticios y están estrechamente vinculadas con la doble corriente de la energía cósmica, a la que se encuentra sujeto todo lo manifestado. El iniciado se sitúa en el centro de las dos columnas, en el centro del lugar sagrado frente al este, es decir, de cara al sol naciente. Tienen una dirección propicia al viaje multidireccional.

Pero su potencial simbólico va más allá, su disposición en el templo es primordial, el templo se orienta simbólicamente de occidente a oriente. Estas dos columnas son la columna vertebral del edificio, no porque lo aguanten, porque como ya hemos visto no sostienen nada, evolucionan de occidente hacia oriente, de poniente hacia levante, de lo material –el bronce– hacia lo espiritual –la reflexión humana–, de la escuadra hacia el compás. Estas dos columnas tienen su prolongación en las dos filas de hermanos: la del norte donde se sientan los aprendices y la del sur donde se sientan los compañeros, los maestros pueden sentarse en cualquiera de las dos. Estas dos envergaduras son como la prolongación de los dos pilares y son las que mantienen el edificio, al ser instalado cada uno en su lugar y en su logia bajo la luz difundida por el Gran Arquitecto del Universo.

La presencia de estas dos columnas sirve también para que los trabajadores reciban allí sus salarios, los aprendices en la columna B y los compañeros en la columna J. Es con este acto como el templo se manifiesta. ¿Pero dónde reciben los salarios los maestros? Ya hemos dicho que el cuadro de compañero –en el Rito de Emulación– tiene una escalera que forma un semicírculo y termina en una puerta cerrada o semiabierta del templo, situada en el oeste… ¿a dónde da ella? Evidentemente, a la cámara del medio, donde se reúnen los maestros. Por lo tanto, las columnas Jakin y Boaz no son simples elementos decorativos, sino que determinan un espacio-tiempo y la estructura particular de Templo nos ayuda a encontrar un camino de iniciación.

En lo sucesivo, el espacio solo y el tiempo solo están sentenciados a disolverse en meras sombras, y sólo alguna forma de unión entre los dos mantendrá una realidad independiente.[174]

La dinámica de trabajo debe ejercerse en todas direcciones. Existe una vía vertical indicada por la plomada que hace que desarrollemos nuestro templo interior, y una vía horizontal marcada por el nivel que hace que vayamos hacia los que nos rodean, por lo tanto, esto nos indica que se debe trabajar tanto en la logia como fuera de ella.

Interior y exterior, o lo que es lo mismo, según Hermes Trismegisto, lo que está arriba es como lo que está abajo, es lo que nos lleva a relacionar lo dicho anteriormente y a preguntarnos ¿por qué la entrada a un templo masónico está invertida si la comparamos con el Templo de Salomón? Las dos columnas que estaban en el exterior del Tem-

---

174. H. Minkowski, citado por A. Einstein, *The principe of relativity*, Dover, Nueva York, 1959.

plo y según sus nombres, marcaban la dirección de entrada este-oeste.[175] En el Templo de Salomón se entraba por el este, mientras que en los templos masónicos se hace por el oeste. Una interpretación puede ser que la logia se reúne bajo la bóveda celeste, por consiguiente, fuera del templo, y que solamente después de haberse reunido los masones pueden entrar al templo, ¿pero a qué templo?, en este caso sería el del exterior de la logia, por lo tanto el *mundo profano*, es saliendo de la logia como se entra en el templo de la humanidad. Por consiguiente, tenemos una inversión voluntaria conforme con la Tabla Esmeralda que confirma que lo que está arriba, el orden celestial, es igual que lo que está abajo, el orden terrestre. De hecho, estas dos disposiciones reflejan dos percepciones de una misma realidad, pero según vistas y ángulos diferentes, uno celestial y el otro terrenal.

Llegados a este punto debemos diferenciar cuatro templos. El primer templo sería el hombre mismo, su templo particular, la verdadera logia del masón, inicialmente cuerpo incorruptible que se vuelve material. En efecto, el hombre de hoy ha perdido una parte de lo que lo conforma: la espiritualidad. Por lo tanto, sólo le queda las otras dos: el cuerpo material y la inteligencia, esta última, sanctasanctórum de ese templo particular.

El segundo Templo es el del rey Salomón, que como hemos visto hasta ahora es el más famoso y con más historia. Es el que Dios decide que se construya en su honor y para ello le da los planos del Tabernáculo a Moisés, con el fin de que sea morada de las doce tribus errantes de Israel. Se le comunicará a David y éste lo pasará a su hijo Salo-

---

175. El Templo de Jerusalén estaba orientado mirando al este desde el Debir, que se hallaba situado, por tanto, en el oeste, de tal manera que el norte quedaba a la izquierda del observador y el sur a su derecha. En la masonería operativa el «trono de Salomón» estaba también situado al oeste, «a fin de permitir a su ocupante "contemplar el elevarse del sol"». Véase R. Guénon, *La Gran Tríada*, cap. VII. Este sistema de observación astronómica era común en otras culturas tradicionales, como la egipcia y la caldea, todavía vivas en el período en que se construyó el Templo, y que con toda seguridad ejercieron su influencia en los constructores que trabajaban en él.

món para que con la creación del Templo se sedentarice su pueblo. Un Dios y un Templo único, que los Profetas terminan por oponer al templo personal y particular del hombre, a pesar de que el Templo de Salomón sea ternario, como ya hemos visto anteriormente, al estar compuesto por pórtico, templo y santuario y el del hombre también, al tener la división ternaria de cuerpo, alma y mente.

El tercer templo comenzó con el tiempo, es el universo mismo, también llamado templo universal, y la logia es su representación más tangible. En el centro de esa logia se encuentran las tres columnas del universo, sabiduría, fuerza y belleza, que lo posiciona como un punto en la inmensidad, y al igual que los anteriores se dividen en tres partes, terrestre, celeste y celestial. Junto a él se encuentra una partícula más pequeña, el templo personal del hombre.

Los tres templos en sí son indivisibles y se anidan entre ellos, refuerzan la teoría de que el microcosmos es un reflejo del macrocosmos, sin olvidarnos de la presencia de un cosmos intermedio. En cualquier caso, el espíritu está presente, por lo tanto, coincidimos con el santuario del Templo de Jerusalén, con su esencia divina y celestial, el equivalente a la inteligencia del hombre, el *Nous* griego. Pero podemos seguir comparando el pórtico con el plexo solar y el templo interior con el pecho, lo que nos lleva a que estas tres partes no pueden separarse sin la muerte física.

Antes de referirnos al cuarto templo, volvamos a ver cómo terminó el Templo de Salomón, desde su creación hace aproximadamente mil años antes de nuestra era. Tuvieron que pasar cuatro siglos para que los caldeos de Nabucodonosor destruyeran el templo, lo saquearan, rompieran sus columnas y se llevaran el bronce a Babilonia. A partir de ahí el Templo no se terminará de reconstruir nunca, la historia del Templo de Salomón no hace más que comenzar.

Por los motivos expuestos, el cuarto templo, que está pendiente, es el que la masonería debe reconstruir. Reconstrucción mística de todos los masones, templo elevado a la virtud, aunque en el sentido antiguo del concepto que se utilizaba aún en el siglo xviii, es decir, valor físico o moral; fuerza del alma, valentía. Así es como el masón puede cumplir con el Gran Arquitecto del Universo y cumplir con lo recogido en la invocación en 1.<sup>er</sup> grado de unos de los ritos: «Para que el templo sea dedicado a aumentar su gloria». Es la señal necesaria para la búsqueda de ese cuarto templo de naturaleza humana; tan sólo cuando sea reconstruido se habrá acabado la instrucción simbólica del masón, porque la sociedad humana habrá llegado a la perfección.

Podemos afirmar que el Templo de Salomón está en la esencia misma de la masonería y que tiene en él su modelo y prototipo. La logia actualiza permanentemente su contenido espiritual a través de sus ritos y símbolos, recuperando también sus mitos y leyendas que recogen lo más significativo, como es el tema central del maestro Hiram, al que nos hemos referido y lo seguiremos haciendo a lo largo de estas páginas.

## El origen y significado de la leyenda

En una institución como la masonería, es evidente que se debe de hacer una distinción preliminar entre la leyenda y la verdad histórica. Precisamente en la leyenda de Hiram se hace aún más necesaria esa distinción entre la fábula y la realidad, por ser su origen desconocido. Tenemos dos opciones, dar crédito a los cuentos de la antigüedad, y tenemos el problema resuelto, o escuchar a un maestro «antiguo» que haya conservado intacta su fe y enseguida nos narrará los orígenes de la leyenda bíblica, los pasos de la construcción del Templo y el asesinato de Hiram por tres malos compañeros. Seguro que en el relato incluirá datos, fechas y nombres de las que él no dudará, que será un intérprete muy preciso, aunque no tenga ninguna prueba, y que lo que nos cuente seguirá siendo inverosímil, por eso, el trabajo del historiador, en vez de acabar después de ese relato, no hace más que comenzar. De todas formas, la leyenda la debemos tomar exclusivamente desde una lectura simbólica, sólo así nos será útil.

La leyenda hirámica no sólo ha servido para unir la masonería de todos los ritos, también en un momento histórico sirvió para separar. Uno de los motivos que originó la disputa entre los masones «antiguos» y «modernos», fue la leyenda de Hiram representada en el grado de Royal Arch –el Santo Real Arco de Jerusalén– del Rito de York. Los antiguos reconocieron el valor de dicho grado por ser uno de los pilares del edificio masónico y lo implantaron en la Gran Logia llamada de los Antiguos Masones, agregándolo a los tres grados primitivos, formando un conjunto de siete, aunque su administración era independiente.[176]

Por el contrario, los modernos se negaron a reconocer oficialmente este grado, aunque algunos lo practicaron y lo comunicaron. Con la creación en 1813 de la Gran Logia Unida de Inglaterra, y la creación de Rito de Emulación, terminó el cisma al declarar en el artículo 2 de sus Constituciones que «la masonería antigua pura consta de tres grados, sin más, a saber: Aprendiz, Compañero y Maestro masón, incluyendo la Orden Suprema del Santo Arco Real». ¿De dónde proviene este último grado? Pues muy probablemente de una segunda parte que completaba la formación en el grado de Maestro. Por ello, podemos decir que actualmente el grado 3.º en el Rito de Emulación se termina de recibir en dos ceremonias separadas, una la de 3.ᵉʳ grado y otra la del grado que lo complementa, el Royal Arch.

Los orígenes de los rituales del grado de Arco Real son múltiples y complejos. El ritual más antiguo conocido hoy en día de este grado data de 1760. Como vemos es anterior a la inauguración del Gran Capítulo del Arco Real en 1766, donde se determina un cambio en los rituales mediante la sustitución de la antigua leyenda salomónica e hirámica por una nueva leyenda de la reconstrucción del Templo de Zorobabel, que algunos historiadores dicen fue debido a la influencia

---

176. Los siete grados del Rito de York son los siguientes: Aprendiz, Compañero, Maestro, Past Master, Mark Master (Masón de Marca), Excellent Mason (Excelente Masón) y Holy Royal Arch (Santo Real Arco).

de los jesuitas. Sin embargo, creo que este cambio se origina porque según estaba redactada la leyenda, existía una contradicción al decir: «Largo tiempo más tarde, Salomón envía a tres intendentes, Sublimes Escoceses, para buscar las preciadas cosas en las ruinas del Templo», lo que es una incoherencia, porque ya hemos visto que el Templo de Salomón fue destruido 400 años después de su construcción y para esa época Salomón ya no existía.

La enseñanza histórica del grado —que tiene similitudes con la del Caballero de Oriente del Rito Escocés— dice que:

> ...durante la reconstrucción del Templo, tres peregrinos desconocidos (provenían de la cautividad de Babilonia) se habían ofrecido a limpiar las ruinas del viejo edificio. Y como se rumoreaba que algo importante estaba enterrado bajo los escombros, habían sido advertidos de tener mucho cuidado al hacer su trabajo. Después de unos días descubrieron, detrás de una bóveda, un muro de sonido hueco, donde vieron los cuadros, y una parte de las leyes divinas y un pequeño altar cubierto con un velo. Al levantarlo les permitió leer los nombres de los maestros que construyeron el primer Templo, pero también el nombre del Eterno —no el que se da comúnmente, sino otro—, era, obviamente, la palabra perdida. Todo lo que tuvieron que hacer estos maestros fue jurar el compromiso de nunca revelar la palabra a otros hermanos y de pronunciarla únicamente en la presencia de los otros dos Maestros.

Evidentemente, con esos cambios ya existía alguna diferencia entre el Royal Arch inglés y el que practicaba el Rito Escocés Antiguo y Aceptado o el Rito Francés, sin embargo, su fin es el mismo, bajando a un subterráneo y pasando a través de las bóvedas, llegar al conocimiento de la palabra perdida, del Gran Arquitecto del Universo. Como en el ritual de 1765, los actores son el Sublime Maestro Salomón, Hiram rey de Tiro, e Hiram Abi, el arquitecto asesinado. El Rito Escocés Antiguo y Aceptado también cambió en este caso el inicio de la leyenda, para no entrar en contradicción si se mantenía el Templo de Salomón. Los tres arquitectos Jabulón, Johaben y Stolkin encuentran las ruinas subterráneas de un antiguo templo, el templo de Enoch, según se representa en el grado 13.º.

Aunque nada es determinante en esta historia, dice que los Maestros Sublimes pidieron a Salomón que les concediera el grado de Real Arco. Salomón les contesta negativamente, ya que había sellado el pesado escotillón (puerta-trampilla) del santuario. Éste conduce a un subterráneo que ofrece acceso a una bóveda de nueve arcos. Largo tiempo más tarde, Salomón envía a tres intendentes, Sublimes Escoceses, para buscar las preciadas cosas en las ruinas del Templo. Uno de los intendentes introduce su pico por una gran anilla unida a una losa. Levanta la losa —cuya imagen se encuentra en una de las caras de la joya del collar del 13.º grado del Rito Escocés Antiguo y Aceptado— y descubre el subterráneo. Se ata una soga alrededor de la cintura y le dice a sus compañeros que tiren de la cuerda cuando lo demande para ser subido. Desciende en el agujero bajo tierra hasta el fondo de un pozo. Pasa los tres arcos y tira de la cuerda tres veces para volver, sube tres escuadras antiguas.[177] En un nuevo intento, pasa seis arcos, señalando seis veces la cuerda, y sube un cofre.[178] Vuelve de nuevo con una antorcha y pasa nueve arcos con los nombres de los arquitectos. En un lado de la pared se ve una piedra triangular en la que está escrita la palabra sagrada del grado del Real Arco. El superintendente que ha bajado, conocido como Jabulón, hace el mismo signo que Salomón —signo de admiración— cuando se negó a darles el grado de Real Arco y tira de la cuerda para que lo eleven. De vuelta con los otros intendentes, Jabulón, que es un buen masón, les dice que ha encontrado la palabra perdida y decide con ellos que la nueva contraseña será: YO SOY EL QUE SOY.

---

177. Joyas que llevaron los sacerdotes del templo de Enoch.
178. El cofre es una réplica del arca de la Alianza y contiene un vaso de maná, la vara de Aaron y los rollos (libro) de la Ley Sagrada. En su parte superior hay un triángulo de oro con la palabra perdida del maestro Y H V H.

Jabulón y esta última frase reflejada en un antiguo ritual han creado mucho alboroto. Según los clericales y los antimasónicos, se estaba haciendo uso del nombre de Dios. Basta leer la leyenda, sin animosidad, y ver que se refiere a él como uno de los arquitectos, lejos, muy lejos, de atribuirse extrañas interpretaciones. Sin embargo, en la década de los ochenta, concretamente en 1985, tanto la Iglesia anglicana como la metodista presionaron a la masonería inglesa para que Jabulón fuera retirado y cambiado de los rituales, argumentando que sus orígenes eran paganos. Y así lo hicieron lo que dio como resultado que en el Arco Real inglés actualmente los protagonistas principales son Zorobabel, Josué y Hageo, los que tienen que despejar el lugar donde estuvo el Templo de Salomón, mientras que el Arco Real del Rito Escocés Antiguo y Aceptado siguen siendo Jabulón, Johaben y Stolkin.

Hay que tener en cuenta que el proceso de iniciación se realiza a través de las leyendas, en concreto de las estructuras que recubren la vía iniciática, que a su vez es una experiencia total de la vida…

La similitud existente en abrir la puerta de la bóveda secreta, que se representa en el ritual, y el arte de abrir una puerta al mundo más allá del tiempo y a un universo sin límites hace que se convierta el ritual en un privilegio para los masones. Para ellos, que dedican sus noches a representar dentro de un templo, cubierto con su bóveda estrellada, ese mundo deviene tanto más real como imaginario. De esta forma, cualquier masón pasa del tiempo ordinario al tiempo sagrado, viviendo así en dos tipos de tiempos, el profano y el sagrado. Comprendiendo, según va avanzando en los grados, que la palabra de los Maestros es una palabra sustituida, y con el fin de encontrar la palabra verdadera, el maestro masón explora las leyendas ofrecidas por los ritos y grados.

En la iniciación influye la educación, la capacidad mental y la inteligencia del hombre, incluso se trata de los usos, las costumbres y la conducta de la humanidad. Por eso el Maestro que representa a Hiram Abi ha sabido prepararse para cumplir fielmente con su cometido dentro del seno de nuestra madre naturaleza y con toda seguridad ES y SERÁ siempre útil a la colectividad humana.

Por ejemplo, en el 12.º grado del Rito Escocés Antiguo y Aceptado, el masón redescubre que el templo que cada masón debe construir en sí mismo representa el edificio ideal que cada uno está llamado a realizar. Comprendiendo que el Templo de Jerusalén es una imagen del universo diseñado para satisfacer a nuestra razón, lo que refleja una concepción filosófica que traduce, en tanto como sea posible, una aproximación a la verdad. Volveremos al tema más adelante.

Y en el grado 18.º del Rito Escocés Antiguo Aceptado, se sustituye la palabra encontrada en la bóveda secreta, el tetragramatón YHVH, fundamental en el Antiguo Testamento, por INRI, que lo podemos encontrar en el Nuevo Testamento. Y todas las acciones posteriores se centrarán en el descubrimiento de la complementariedad del Antiguo y del Nuevo Testamento, uno simbolizado en los grados vetero-testamentarios por la fórmula AMOR DE LA VERDAD, y el otro simbolizado por la referencia al Nuevo Testamento: AMOR DE LA HUMANIDAD, formando parte del simbolismo que luego encontraremos en la escalera misteriosa del grado 30.º del Rito Escocés Antiguo y Aceptado.

Algunos se preguntarán ¿qué importancia tiene volver sobre el pasado, cuando estamos en la época de la ciencia, la tecnología, la eficacia…? Creo que para cualquier masón, mucha.

El papel de los rituales y las leyendas es imprimir en la psique de cada hombre las mismas impresiones de la sociedad en la que crece. Sin reglas ritualizadas que reconcilien la confrontación, ninguna sociedad podría existir. El ritual no sólo se practica en una logia masónica, también existe en las iglesias, en las sinagogas, en las mezquitas, en los juzgados, en las cámaras legislativas, en los restaurantes, en la familia… La ruptura de la forma ritual es un desastre para los seres humanos, el ritual es la forma de estructuración de toda la civilización, siempre deben existir unas reglas de juego y no debemos olvidar que el rito es la promulgación física del mito. Sin embargo, la cosa más interesante sobre los mitos consiste en que las escuelas y los maestros cambian con el tiempo, pero permanece el mismo mensaje. En la antigüedad los animales y las plantas eran los maestros del hombre al ilustrar los poderes y los modelos de naturaleza, por supuesto, hace mucho tiempo que hemos desmitificado todo eso con nuestras ciencias. Pero ha surgido un nuevo centro de misterio que es el hombre mismo, con la característica de nuestra especie al modelar nuestras vidas y vivir con actos de hacer-creer.

Debemos tener en cuenta que el motivo fundamental de la leyenda de Hiram es la construcción del templo del hombre; es decir, la elevación de los esfuerzos para un fin espiritual o ideal. Básicamente las leyendas sirven para transmitir a las generaciones venideras significados que de otra forma sería difícil de hacerlo, pero como ocurre con todas las leyendas, su significado es múltiple. En este caso lo único que importa es el significado interno, personal e individual. Es la búsqueda en un sentido alegórico lo que constituye un valor esencial.

Por esa razón se eligió el Templo de Salomón como modelo, porque el templo es la reunión de los esfuerzos, aspiraciones y finalidades comunes, que tienden a la verdad y la virtud con las que se consigue la dignificación del espíritu. Con los esfuerzos a los que me refiero, en ese largo caminar se consigue mejorar las cualidades interiores del alma o del estado de consciencia.

Como ya hemos dicho, el constructor del Templo fue Hiram Abi, pero Hiram no es ni Dios, ni el hijo de Dios, ni un profeta enviado por Dios. Hiram representa al YO SUPERIOR, al Sol, al Espíritu Divino dentro del cuerpo del hombre. Tampoco es un gran pensador, ni un revolucionario, no nos ha dejado ningún tratado filosófico ni, menos aún, ningún proyecto para cambiar la sociedad. Nos ha transmitido alegóricamente cómo podemos imaginar el Templo salomónico, concebido por la sabiduría espiritual que simboliza el propio Salomón que incluye el progreso de todos los seres y de todo el pueblo, manifestando así sus planes evolutivos para el mundo. Hiram no es ni Buda, ni Moisés, ni Sócrates, ni el Cristo, ni Mahoma, ni Karl Marx, ni Gandhi, no representa a nada ni a nadie de donde pueda surgir una religión, una revolución social o una corriente de pensamiento.

Quien comprende lo expresado anteriormente crea sus propios planes y se esfuerza en realizarlos por medio de la elevación de su propia vida, dedicada a hacer el bien a los demás, se convierte así en arquitecto de la obra, en constructor como Hiram, ése es el punto en el que se distingue de todos los otros, no se apoya en palabras, se expresa a partir de la piedra.

El único enemigo que nos encontramos en nuestro trayecto somos nosotros mismos. Nuestras bajas tendencias y pasiones están siempre a la expectativa y matan dentro de nosotros la voz íntima, la consciencia, único guía que nos puede elevar a un ideal superior. Con esa muerte se verifica en nosotros la simbólica muerte de Hiram o el adormecimiento del YO SUPERIOR. No obstante, el hombre está obligado a construir y dirigir el templo de la vida.

¿Por qué la representación de la leyenda se centra en el Templo? Sencillamente porque el Templo está construido con la piedra que está aún suficientemente próxima al estado inicial del ser, es el testigo más directo de la creación del mundo, es una forma de memoria del universo. Es a partir de esa piedra desde donde Hiram nos enseña una conducta para el tiempo presente, no posee una verdad inquebrantable, como otros, de la cual sería el único depositario y que deberíamos seguir a ciegas, no pide echar abajo la organización del mundo para cambiarlo. Nos pide a cada uno de nosotros que cambiemos; cada uno en nuestra diversidad, en nuestra inteligencia, en nuestro conocimiento, para construir conjuntamente una existencia común en torno de la equidad y de una vida pacífica en colectividad.

Para algunos masones, la construcción del templo será un reencuentro con el orden original, donde estábamos mezclados con el Dios creativo, antes de la caída del Paraíso; para otros es una contraparte del equilibrio del cosmos y los hay para quienes prima la razón y los valores morales. Son hombres liberados de supersticiones que ven en el templo el orden del mundo social.

En la sociedad actual tenemos un orden moral que no está exento de fanatismo, que reclama además que se le honre, una ignorancia que quiere ocupar el puesto de la verdad y una ambición que quiere usurpar la autoridad de Hiram –el principio de la Luz–. Estos tres enemigos del hombre pretenden apoderarse de la palabra de poder, que otorga toda potestad, la cual sólo se alcanza por el esfuerzo individual, por la evolución personal y no por la fuerza.

Dada la universalidad de la obra unitaria y unitiva que realiza los esfuerzos y aspiraciones de los hombres libres y de buenas costumbres, los masones, de todas las creencias, religiones y naciones, que se encuentran entre los obreros, deben dar una única forma exterior a la obra universal que tiene que realizarse en todos los tiempos y en diferentes lugares. La leyenda de Hiram es, ante todo, un llamamiento a sí mismo, donde todo el mundo está invitado a encontrar su propia verdad. Podemos decir que no hay duda del significado alquímico de la leyenda, si uno quiere ver el intento de la alquimia de cada individuo en descubrir su propia verdad, su propio secreto, para encontrar el conocimiento supremo reservado a cada conexión humana.

La leyenda de Hiram nos demuestra que no se puede destruir lo que es eterno e inmortal, sino ofrecerle la oportunidad de renacer en una nueva forma más luminosa, como nace el espíritu en su iniciación en la verdad y en la virtud. No hay muerte ni pérdida temporal que no sirva para un nuevo nacimiento. Es un gran error creer que todos nosotros podemos morir, el YO SUPERIOR no puede morir jamás, no importa cuáles sean los golpes o errores que nos golpeen, porque éstos sólo deterioran la forma exterior. Con el poder de la voluntad se puede dominar todo lo que nos hace ser mundanos, con la voluntad podemos vencer a los tres malos compañeros que fueron en busca de Hiram.

Entonces ¿cómo utilizar la leyenda de Hiram con vistas hacia el futuro? Tal vez preguntándose al conocer la leyenda ¿cuál es mi retrato en el espejo? Porque no hay masón que no se haya encontrado con que esta historia es su propia imagen; esto coloca la leyenda en el corazón de un verdadero desconcierto filosófico si nos centramos en los espejos. El problema tal vez es precisamente si el espejo no es la cuestión fundamental de la iniciación, donde la leyenda masónica es una trampa que no nos deja escapar del autorretrato, al menos después de mirar en el espejo que nos mira. Porque en el fondo una leyenda, un mito, un templo, un ritual, no dejan de ser espejos múltiples de nuestro propio yo. Y lo que tratamos de observar es cómo se construye el espejo, cómo va cambiando la cara reflejada a través del simbolismo y de los grados que continúan.

En masonería «todo es simbólico», esta afirmación repetida en todas las ceremonias desde la misma iniciación está llena de significado, ya que anuncia el valor del enfoque y método de trabajo, la búsqueda del sentido más allá de la apariencia. Después del aprendizaje y del compañerismo, el francmasón debe meditar sobre la pasión de Hiram.

## El mito solar y el hombre

El lenguaje que se desprende del mundo mítico nos lleva a concebirlo como una forma de expresar, comprender y sentir tanto el mundo como la vida de una forma diferente de como lo haría la lógica. Freud y Jung consideran que las imágenes del pensamiento mítico tienen mucho que ver con las imágenes oníricas, que son una expresión del subconsciente que no se dirigen al entendimiento, sino a la fantasía y a la sensibilidad. Ese sentido del rito es esencial, porque en muchas ocasiones, el mito revela significados en su estructura profunda, que es fundamental para expresar los usos tradicionales y unas normas de convivencia que se manifiestan a través de los ritos. Si tuviéramos que hacer un análisis destacaríamos tres aspectos: a) su lugar en la cultura, el pensamiento y la ideología; b) la utilidad específica de los datos históricos, y c) la confrontación entre mito y ritual.

La mitología, además de ser una forma de lenguaje, es una forma de ver el mundo que todavía guarda una relación directa con las creencias y vivencias de algunas comunidades indígenas, algo que las denominadas sociedades civilizadas o intelectuales han perdido o no tienen capacidad de observar. Hay una gran diferencia en la forma de ver el mundo de una y otra. Se pueden apreciar experiencias, tal vez inexplicables ante los ojos de la ciencia o de la sociología empírica moderna, que rechaza lo no comprobable. Aunque cabe indicar que no sólo lo comprobable existe realmente.

El mito solar y del hombre es un misterio real que merece ser objeto de estudio y meditación. Es una tragedia universal que habla de la universalidad del drama de la vida y de la odisea de la evolución. No es de extrañar, por tanto, que formara el núcleo vital de los antiguos misterios.

Sin embargo, Marcel Detienne[179] cree que la categoría universal de deidad de vida, muerte y resurrección es reduccionista. Argumenta que como la muerte y la resurrección son más importantes para el cristianismo que para otras religiones, supone un riesgo, porque podría darse el caso de juzgar todos los sistemas de creencias bajo la norma del cristianismo. Si bien lo dicho tiene su lógica, también es cierto que son muchos los dioses que podrían incluirse en esta categoría, entre ellos, Osiris, Adonis, Tammuz, Mitra, Dionisio, Orfeo u Odín, además también entre las diosas están las que entraron al reino de los muertos y volvieron, entre ellas, podemos incluir a Inanna (también conocida como Ishtar), cuyo culto se remonta al 4000 a. C., y Perséfone, cuyo culto puede datar del 1700 a. C., que era la figura central de los misterios eleusinos.

*Sir* James George Frazer dice que para las gentes de Egipto y Asia occidental, los nombres de Osiris, Tammuz, Adonis y Attis representaron la decadencia y revivificación anual de la vida, especialmente la vida vegetal, que ellos personificaban como «un dios que anualmente moría y resucitaba de entre los muertos».[180]

---

179. Doctor en Ciencias Religiosas en la Escuela de Altos Estudios de París y en Filosofía y Letras de la Universidad de Lieja. En 1964 fundó junto con Jean-Pierre Vernant el Centre de reserches comparées sur le sociétés anciennes (Centro de estudios comparados de las sociedades antiguas), al que se fueron uniendo notables helenistas.
180. Frazer explícitamente identificó a Tammuz y Adonis: el verdadero nombre de la deidad era Tammuz, el nombre de Adonis era meramente un título de honor semítico, que significaba «señor», que fue adoptado por los griegos, quienes debido a una mala comprensión convirtieron este título de honor en el nombre propio de Adonis.

Particularmente creo que la muerte de Osiris representa el espíritu creador y que el principio vivificador de la naturaleza lo representa Isis, su hermana melliza y esposa. La leyenda toma un aspecto más solemne y profundo con la deificación de Osiris como personaje central, el hecho de tener a su lado a una divinidad femenina, que desempeña un papel igual de importante, hace que la alegoría sea metafísicamente más significativa y transparente.

Basta un poco de conocimiento de la historia de los cultos primitivos y de los misterios para que cualquier persona esté en condiciones de reconocer en el maestro masón Hiram, al Osiris de los egipcios,[181] al Mitra de los persas, al Baco de los griegos, al Attys de los frigios, entre cuyos pueblos –siglos antes de la primera centuria– se celebraba la pasión, muerte y resurrección, de la misma forma que los cristianos celebran ahora la de Jesús. Por otra parte, este tipo eterno e invariable es lo que conforma a todas las religiones que se han sucedido a intervalos regulares sobre la tierra.

No es difícil ver en la muerte de Hiram una nueva presentación y una nueva adaptación de esos crímenes simbólicos que constituían lo que puede considerarse como el punto culminante de todos los misterios de la antigüedad. En los rituales masónicos, sobre todo en el grado 9.º, se nos explica extensamente el mito solar a través de la leyenda de Hiram. En ella es donde la persecución de los asesinos del maestro enmascara, en cierto sentido, los ideales y pasiones del hombre, que son la constante lucha entre la luz y las tinieblas, entre el bien y el mal, entre la verdad y el error.

El mito solar, del que fueron extraídas todas las leyendas de las religiones, guarda una estrecha relación con el ecuador celeste y la eclíptica, además de una estrecha relación con los puntos equinocciales de primavera y otoño, representados por los Dióscuros, que simbolizan la idea del ascenso y del descenso solar. También en masonería existe esta

---

181. Dr. R. S. Clymer, *Mysteries of Osiris or Ancient Egyptian Initiation*, Philosophical Publishing, Quakertown, Pensilvania, 1951.

representación, en este caso son los nueve Maestros, encargados de descubrir quién asesinó a Hiram Abi, los que representan a los nueve meses de luz en oposición a los tres más oscuros, terrenales y animales representantes de los malos compañeros. Además, es la lucha entre la luz y las tinieblas, el nacimiento y la muerte, lo activo y lo pasivo, lo positivo y lo negativo: es la lucha de las estaciones luminosas contra la estación oscura. Es la lucha de los dioses del Olimpo contra los titanes y gigantes, deseosos de dominar en el orden celestial mediante las pasiones brutales. Es la lucha de la masonería contra los que desean dominar el mundo terrenal creando sociedades injustas.

En una interpretación astronómica, Hiram es el representante del sol, el símbolo de su progreso aparente. El cual, apareciendo por la puerta del este, por decirlo así, es obligado a descender cada vez más a medida que avanza hacia el oeste. Una vez que lo pasa, es vencido de inmediato y sentenciado a muerte por las tinieblas, representadas, según la misma alegoría, por el espíritu del mal; al regresar, él se levanta de nuevo, como conquistador o resucitado.[182]

Lo cierto es que la interpretación astronómica de la leyenda de Hiram es hija de la interpretación naturalista, similar a todos los mitos antiguos. Aunque en este caso la interpretación carece de finalidad, por lo tanto, no se puede ver en ella más que el relato de un hecho natural descrito poéticamente, que nos conduce a una serie de reflexiones de tipo moral.

Aunque de todos los mitos antiguos se pueden recoger significados simbólicos, tal vez los de Mitra y Osiris nos aporten más o sean más ejemplarizantes para el camino masónico. Es la lucha de la Divinidad-Luz, de la última época de la región iránica, representada por Mitra (el Sol) contra el Toro (Taurus) que es el emblema de la naturaleza animal y de la fuerza bruta, a quien mata y transmuta absorbiendo sus cualidades positivas. Es el ahuyentar las tinieblas y la oscuridad por el poder

---

182. Emmanuel Rebold, *Histoire Generale de la Franc Maconnerie* (1851), reeditado por Kessinger Publishing, Whitefish, MT, 2009.

de la luz, algo que hace diariamente la naturaleza. Ante su claridad, el misterio de la noche huye llevando consigo los temores, y en la medida que se hace la luz en nuestra mente, se aclaran las preocupaciones y problemas para que nuestra vida sea crecimiento en la luz.

¿Influyó el culto de Mitra en el cristianismo? La respuesta es sí. Varios historiadores han respondido a principios del siglo pasado en ese sentido, el primero de ellos fue el belga Franz Cumont con un espléndido libro publicado en 1896, donde aseguraba que según lo grabado en una cripta, los fieles de Mitra debían santificar el domingo como *Dies Solis,* que para ellos era evidentemente el día más sagrado de la semana, de igual modo que lo es para los cristianos.[183] Ha habido otros, entre los que se encuentran A. Loisy Autran, Arthur Weigall o J. M. Robertson, que sugirieron lo mismo o algo parecido. Pero tal vez, el más convencido de todos fue Weigall, que manifestaba en su libro *El paganismo en nuestra cristiandad:* «Durante tres siglos y medio, el rival más poderoso del cristianismo era la religión conocida como mitraísmo […]. La mayor parte de su doctrina y su ritual fue aprobada por la Iglesia, que la fue prácticamente absorbiendo».[184]

Si la significación simbólica de los dos principios la trasladamos a Egipto, no nos será difícil ver en Osiris al Sol y en Isis a la Naturaleza fecundada por sus rayos benéficos, y cuando hablábamos de Innana, mencionábamos que su productividad disminuye en las horas de la noche y en los meses de invierno. Osiris e Isis, resumen en sí a todas las divinidades egipcias personalizadas en otras parejas divinas como en la metafísica hindú, que responden a los nombres de Purusha y Prákriti o Shiva y Shakti. Si Purusha es el Ser Puro, el principio del Ser y padre de la consciencia individualizada, al que identificamos con Osiris, la Sustancia Universal o sea la Naturaleza Madre que reconocemos como el poder del Ser es Prákriti, que identificamos con Isis.

---

183. Franz Cumont, *Textes et Monuments figurés relatifs aux mysteres de Mithra*, Bruselas 1899, pp. 325, 339.
184. Arthur Weigall, *The Paganism in Our Christianity*, G.P. Putnam&Son, 1928, p. 145.

Como hemos visto, el motivo universal es que el dios muere y resucita. El hecho, por lo tanto, es que este tipo de religión mistérica relacionada con ese arquetipo de deidades se desarrollará sobre todo alrededor del mar Mediterráneo. Citamos de nuevo los cultos a Osiris, Attis y Adonis, entre otros, que llevaron a investigadores como Franz Cumont a clasificar la figura del Jesucristo de los Evangelios como un ejemplo sincrético de este arquetipo. Esta teoría le valió el enfrentamiento con los investigadores cristianos que la rechazan, a pesar de que siempre dejó bien claro que para él, a diferencia de Mitra, Jesús fue una persona real.[185]

Sin embargo, en el relato masónico, los asesinos de ese Principio de Conciencia o de Vida Espiritual son los tres malos compañeros, e igual ocurre en el hinduismo, donde son los tres gunas pervertidos por el dominio del primero. Recordemos que tanto en la masonería como en el hinduismo es la ignorancia la que convierte la actividad e inteligencia, ambas positivas, en fanatismo y ambición. La ignorancia y el fanatismo sustituyen también, en cada uno de nosotros, a la verdad y la comprensión. Todo ello nos lleva al drama cósmico de la involución, y la naturaleza trabaja esforzadamente tratando de despertar la luz y la vida. Del mismo modo debemos obrar nosotros, al dedicarnos al estudio para cultivar nuestra mente, único modo de enviar a la ignorancia y al fanatismo al abismo de la aniquilación. Pero no debemos olvidar la ambición, compañera de la ignorancia y el fanatismo, que oculta en la cueva del corazón se termina destruyendo a sí misma como lo hicieron Abibalac, el asesino de Hiram en el Rito Francés o Jubelón en el Rito Escocés Antiguo y Aceptado, o Judas Iscariote en el caso de Jesús. El iniciado debe sustituir los malos valores por sabiduría, tolerancia y altruismo. La leyenda hirámica nos enseña con total claridad la ley de causa-efecto que se traduce en que «con la vara que midiereis seréis medido».

---

185. Franz Cumont, *Les Mystères de Mithra*, Editions d'Aujourd'hui, París, 1985.

En ese dominio formativo, la consciencia o Ser Puro sólo se revela progresivamente y evolutivamente. En un primer estado la encontramos en los niveles más bajos de las formas evolutivas, que son las que predominan en toda la naturaleza en un estado llamado tamásico,[186] donde el principio de la consciencia o del ser aparece dormido o muerto por ese guna o mal compañero, personificado también en la religión egipcia por Tifón, y por tanto, como la naturaleza ha quedado viuda del principio inspirador y fecundador, no produce en ninguna de sus formas.

Esa ignorancia y oscuridad primordial que se opone a la expresión de la luz y a la plenitud de la vida, junto con sus cómplices, los otros malos compañeros o las otras dos gunas, que están bajo su dominio, hace que se fraccione su unidad esencial y se esconda el espíritu en la materia y la vida en la naturaleza, Isis llora a esa vida y a esa luz buscando la justicia.

Justicia representada por la balanza que es el equilibrio perfecto de la ley divina y que nunca significa venganza. Impulsado por la ignorancia, el fanatismo y la ambición, el hombre hace que uno de los platillos de la balanza se decante y prevalezca, haciendo que quien sufre injusticia se revele, que quien sufre ignominia se eleve hasta los cielos, mientras el tirano se precipita con igual peso en sentido contrario. Por lo tanto, tenemos que buscar en la persecución de los asesinos de Hiram un sentido profundo en lo que aparentemente significa. Porque la propia ley del equilibrio o de causa-efecto, si la tergiversamos, debido al efecto que sigue a toda causa y por la reacción que acompaña a toda acción, actúa en sentido contrario.

Se hace difícil identificar al maestro Hiram con el Principio Creador, a menos que lo identifiquemos con el Gran Arquitecto del Uni-

---

186. La concepción hinduista de la naturaleza postula que todos y cada uno de los aspectos del medio natural poseen unas propiedades únicas. Existen tres gunas principales (Tamas, Rajas, Sattva) que se combinan en distintas proporciones en cada uno de estos elementos. De esta forma, el predominio de uno de estos elementos sobre los demás definirá a cada entidad natural como tamásica, rajásica o sattvática.

verso o con el Espíritu Universal representado por Osiris. Plutarco dijo en relación con los misterios egipcios: «…debes pensar que ninguna de esas cosas se refieren a lo que aparentemente cuentan…». Por lo que se refiere a su muerte, así es como debemos interpretarlo, simbolismo de la muerte en la materia, de la luz en las tinieblas, de la sabiduría del ser en el dominio de la ignorancia o inconsciencia. Pero es mucho más fácil reconocer al Hiram de la leyenda masónica en ese hijo de la viuda que es el Espíritu Universal, representado por Osiris que renace en su propio hijo Horus y que puede ser el legítimo esposo de su propia madre Isis. Al igual que el iniciado en los misterios egipcios debía identificarse con la muerte de Osiris y su renacimiento como Horus, en las ceremonias masónicas es la muerte y el levantamiento del mismo Hiram lo que todo Maestro Masón debe personificar, sea del rito que sea.

Lo cierto es que el Rito Escocés Antiguo y Aceptado va más allá; desde el grado 4.º hasta el 14.º se encierran muchos misterios iniciáticos relacionados con la leyenda de Hiram que exigen que el masón se perfeccione y que elimine sus vicios y pasiones a los que está más apegado. La ambición –simbolizada en el 9.º grado por el traidor Abiram, o Jubelón o Abibalac según los ritos– es exterminada, a su vez, con las armas del altruismo y del desprendimiento, consiguiendo que todos los males de la sociedad desaparezcan al morir esa ambición.

Es cuando los Maestros exaltados por la sabiduría, han identificado y vencido a esos tres malos compañeros y han conseguido encontrar, despertar y levantar esa vida, exaltar esa luz, para que afirme su dominio sobre la materia y la ilumine con su presencia. Es la evolución que sigue a la involución, que tiene su punto crítico en el estadio humano y que por medio de un esfuerzo constante llega a superar el gran drama de la vida, afirmándose y levantándose victorioso sobre la muerte aparente del principio de consciencia. Es la luz del ser que resplandece de nuevo y se eleva como inteligencia y deseo de saber, discernimiento, intuición y sabiduría.

Louis Antoine, fundador del antoinismo,[187] aseguraba que aprendiendo que la materia no existe se mataba la raíz misma de la enfermedad. Defendía que lo esencial es el amor al prójimo y particularmente al enemigo, mantenía una moral donde estaba ausente la noción de Dios, ya que pensaba que si Dios hubiera establecido leyes para ir hacia él, dichas leyes constituirían una traba al libre albedrío de los hombres. Decía que Dios no existe más que en el interior del hombre y que la curación del cuerpo implica la del alma.

---

187. El antonismo es un movimiento religioso de carácter cristiano fundado en 1910, cuenta con un total de 64 templos, unas 40 salas de lectura en todo el mundo y unos 1000 miembros, es la única religión establecida en Bélgica cuya notoriedad y éxito han sobrepasado las fronteras del país instalándose también en Francia, donde es particularmente activa, este movimiento religioso se caracteriza por su estructura descentralizada, la simplicidad de sus ritos, su discreción y su tolerancia hacia otras religiones.

# Capítulo V

## Los iniciados

La palabra «iniciación» viene de dos palabras latinas: *in* e *ite,* que significan respectivamente «en» e «ida», de ahí su sentido de iniciando, comenzando o de entrada en algo. Esta entrada está dirigida a la vida espiritual y es el primer paso a dar en una nueva etapa de esta vida, que a unos los pone en la senda de la sabiduría y a otros en la de la santidad, pocos hay que aúnen ambas cosas. En la antigüedad, los iniciados recibían el título de epoptas, según J. M. Ragón, en su excelente *Curso filosófico de las iniciaciones antiguas y modernas,*[188] término que significa: «el que ve las cosas tal como son», es decir, sin velo, por contraposición al nombre con que se los denominaba en el grado anterior: *mystos* (velado), que significa todo lo contrario. A los epoptas se los conocía en el mundo hebraico como magos y en el Nuevo Testamento como reyes magos. En el mundo grecorromano eran considerados como sacerdotes zoroástricos, aunque luego esta palabra derivó hacia todos aquellos que practicaban el esoterismo.

Cuando hacemos referencia a las escuelas filosóficas o a las grandes religiones, debemos tener en cuenta que casi siempre tienen una historia exterior y otra interior. La primera la conocemos como exotérica y la segunda como esotérica. En la exterior, se encuentran los dogmas,

---

188. J. M. Ragón, *Curso filosófico de las iniciaciones antiguas y modernas,* Biblioteca Clásica de la Masonería, Barcelona, 2015.

los mitos enseñados en templos y escuelas, que quedan reflejados en el culto y las supersticiones populares. En la interior, encontramos la acción de los grandes iniciados, la acción oculta de los profetas o reformadores de una religión, la doctrina secreta y la ciencia profunda.

Aparte del culto público que rendían los antiguos a cada lugar del paganismo, existía un culto secreto denominado los misterios, al que únicamente eran admitidos quienes habían pasado por ciertas ceremonias preparatorias conocidas con el nombre de iniciaciones.[189]

En páginas anteriores me he referido a las montañas como símbolo de la conexión entre el cielo y la tierra. La iniciación conduce a la cima de la montaña, donde tendremos una visión que engloba el pasado, el presente y el futuro, porque existen simultáneamente. Una vez iniciados tendremos una visión de las múltiples evoluciones de la humanidad, del reino animal, vegetal y mineral que componen los latidos regulares de la vida. Una visión de la forma de pensamiento lógico que nos hace descubrir los arquetipos y, por último, una visión que se amplía de iniciación en iniciación y que, como he dicho anteriormente, nos conecta con todo el sistema solar.

Ese sistema nos deja ver a la luz del día, la primera historia, la exterior, la exotérica, sin oscurantismo, sin contradicciones, sin enredos ni confusiones. La segunda vía que se realiza en el fondo de los templos, en las cofradías secretas y que conocemos como esotéricas, son más difíciles de desentrañar, porque hay que adivinarlas. Nadie sabe los dramas en que se desenvuelven el alma de los iniciados que no confían en dejarlos por escrito, que no confiesan a ningún discípulo sus crisis supremas o sus éxtasis divinos, sólo queda seguir la vía en conjunto pero al mismo tiempo solo, porque una vez que se la ve, aparece luminosa y en armonía consigo misma.

Un hombre se convierte en iniciado cuando adquiere un cierto dominio de uno o más planos de consciencia, después de muchas inicia-

---

189. Estrabón, *Obra completa, Geografía, lib. 10*, Gredos, Madrid.

ciones –que significan simbólicamente muchas vidas–, porque en cada una morimos y renacemos. Durante esas iniciaciones hemos progresado penosamente mediante la superación de pruebas. Este camino es el mismo para todos, pero puede ir más rápido para unos que para otros, porque algunos se pierden en el caminar, o pasan demasiado tiempo en actividades inútiles como las burocráticas, o cometen errores graves con relación a sus compañeros y eso los frena.

Según dice Clemente de Alejandría, en las festividades eleusinas había dos clases de misterios: los mayores y los menores; estos últimos eran una especie de preparación para iniciaciones más elevadas; se admitía en ellos a todo el mundo. Ordinariamente se hacía un noviciado de tres años y, a veces, de cuatro. Lo que se enseñaba en los grandes misterios concernía al universo, y era al fin, la cumbre de todas las instrucciones. Allí se veían las cosas tales como ellas son, y se examinaban la naturaleza y sus obras.[190] Un sistema parecido es el que actualmente utiliza la masonería.

Cuando se recibe la primera iniciación, el hombre pasa psicológicamente de un estado humano a un estado suprahumano, de la misma forma que la evolución de la especie le hizo pasar de un reino animal a un reino humano. Por lo tanto, entra de lleno en un mundo espiritual y tiene derecho a ser llamado *hombre espiritual* en el sentido técnico del término. Ha recorrido un largo camino a través de la ignorancia durante siglos, recibiendo una enseñanza en la escuela o en la universidad y ahora, una vez iniciado en la escuela de la sabiduría, es donde, si él es capaz de encontrar su camino, se convertirá en un verdadero Maestro. La inteligencia no conduce por sí sola a la sabiduría, es más, decepciona y engaña cuando no existe espiritualidad; se endiosa y enloquece en su propia adoración terminando por perecer.

Los iniciados que prestaron juramento delante de la sabiduría simbolizada a veces por una llama –que nos recuerda a Agni, el dios védi-

---

190. Clemente de Alejandría, *Stromata,* vol. V, Ed. Ciudad Nueva, Madrid, 2003.

co del fuego, representado con dos caras como el Janos griego– renunciaron a las preocupaciones menores de la vida ordinaria, liberándose así de lo material. Se convirtieron, como almas purificadas, en guardianes de la llama simbólica de la sabiduría, que dicen que es la verdadera luz del mundo. Más tarde esa llama se cambió por unos libros sagrados, como fueron los de Hermes Trismegisto.

Podemos aprender mucho más sobre Hermes Trismegisto, sobre todo, de los primeros escritores cristianos y particularmente de Clemente de Alejandría, que refiriéndose a la procesión de sacerdotes egipcios, afirma que el cantante que encabezaba la procesión llevaba dos libros de música e himnos de Hermes, y otro personaje conocido como el *horoscopus* llevaba cuatro libros de Hermes sobre los astros. En aquella descripción, Clemente sostiene que hay cuarenta y dos libros de Hermes Trismegisto, de los cuales treinta y seis contenían toda la filosofía de los egipcios y los seis restantes trataban de medicina.[191]

Hay que entender que toda iniciación es una expansión de la consciencia que conduce a la iluminación, es una experiencia común que va desde la forma de vida más grande a la más pequeña. No podemos entender las iniciaciones que se hacen sobre la Constitución del país o sobre un libro en blanco, ya que no hay nada de sagrado en él y su significado es otro. Es evidente que puede ser entendido mejor por una sociedad profana, pero no representa lo que la ceremonia quiere transmitir. El hecho de hacer el juramento sobre un libro sagrado no obliga a nadie a hacer un acto de fe en lo que allí está escrito, porque como he dicho anteriormente es puro simbolismo, de lo que trata es de establecer un compromiso consigo mismo y con el Gran Arquitecto del Universo; hacerlo de otra forma es ver la llama sagrada desde un punto de vista totalmente exotérico. Si utilizamos un término budista sería *moha*, que significa «engaño» y que se refiere a la visión errónea de las cosas característica del hombre que no ha llegado a la iluminación.

---

191. R. O. Faulkner, *The Ancient Egyptian Pyramid Texts*, Oxford University Press, Oxford, 1969.

Veamos ahora cómo ocurrían las iniciaciones en la antigüedad de la que somos herederos. Las naciones se intercambiaban sus dioses, pero como he dicho al inicio, no introducían al mismo tiempo el culto secreto que el público. Cuando el dios Baco fue admitido en Roma, lo hizo mucho tiempo antes que sus misterios se estableciesen en esa ciudad, sin embargo, lo que realmente se buscaba era celebrar los cultos secretos. Ése fue el motivo por el que Grecia y Roma adoptaban a un dios extranjero, ése fue el caso también de Mitra, de Isis o de Osiris. La sabiduría de Egipto resalta triunfalmente de los jeroglíficos descifrados y autentifica lo fundamental de los libros de Hermes; demuestra que los sacerdotes de Amón-Ra profesaban la misma alta metafísica que se enseñaba en las orillas del Ganges bajo otras formas. Del mismo modo que los obeliscos de Tebas y Menfis confirman en sus escrituras la cronología de Manetón, al que se le consideraba una autoridad en el culto de Serapis, una derivación greco-macedónica del culto egipcio de Osiris-Apis iniciada con la conquista de Alejandro Magno.[192]

La escuela de Alejandría fue la primera en publicar en parte el sentido de los misterios como oposición al progreso del cristianismo. En cambio en Grecia, aunque aparentemente estaban más visibles, al simbolizarlo con una mitología humana, en realidad permanecían mucho más ocultos que en otras partes. El pensamiento profundo y científico que presidió todos los mitos hizo que fuera más difícil penetrar, aunque si los observamos bien vemos que la teosofía dórica y los principios de la sabiduría de Delfos están en la síntesis de Pitágoras o en la vulgarización dialéctica de Platón.

Los misterios de Eleusis, celebrados en Atenas en honor de Ceres, fueron absorbiendo a los demás. Todos los pueblos vecinos olvidaron los de sus naciones para celebrar los de Eleusis, y no tardaron en ini-

---

192. Manetón vivió durante el reinado de Ptolomeo I y Ptolomeo II. Compuso la *Aigyptíaka* (Historia de Egipto), en la que organizó la cronología de su larga historia en forma de dinastías desde los tiempos míticos hasta la conquista de Alejandro Magno. Esta división ha sido generalmente aceptada por la egiptología moderna.

ciarse en ellos todos los pueblos de Grecia y de Asia Menor. Se difundieron por todo el Imperio romano y hasta más allá de sus límites.[193] Zósimo dice que abarcaban a todo el género humano y Arístides los denomina templo común de toda la tierra.[194]

Podemos imaginarnos una reunión en la cripta de Prosepirna, en una parte subterránea del templo de Ceres, allí reunidos hombres y mujeres, todos ellos discípulos agrupados alrededor del Maestro, que les hacía la pregunta ¿qué es el alma humana? Y escuchaban con una intensa emoción la historia celeste de la Psiquis. Donde se desarrollaba que el alma es una parcela de la gran alma del mundo, una mónada inmortal. Con estos conceptos, el iniciado se abre a los esplendores insondables de la consciencia divina, de la materia organizada y del espíritu que moldea los mundos.

Atenas pasaba por ser la ciudad más famosa de la tierra por su devoción, de ahí que fuera un modelo y un ejemplo de religión para todo el mundo. Sófocles la denomina edificio sagrado de los dioses cuando alude a su fundación. Con el mismo espíritu decía san Pablo: ¡Oh, atenienses!, que sois en todas las cosas religiosas hasta un grado supremo.[195] La importancia adquirida por los misterios nos produciría actualmente menos extrañeza si tuviéramos en cuenta la naturaleza de los lugares en que nacieron. Aunque no todos opinaban igual sobre Atenas.

Uno de ellos fue Pitágoras, que eligió otra ciudad para enseñar a sus discípulos la doctrina esotérica. Decidió marcharse a Crotona, una colonia dórica, no sólo para enseñar, sino también para poner en práctica sus enseñanzas, porque ninguna de las Repúblicas de la Heláde o del Peloponeso hubiese tolerado sus innovaciones. Su objetivo además de aplicar sus principios de educación a la juventud y la vida del Estado, era la creación de un instituto para la iniciación laica, con la

---

193. Cicerón, *Sobre la naturaleza de los dioses,* Gredos, Madrid.
194. Elios Arístides, *Or. Eleusinia,* vol. I p. 259, ed. Jebb.
195. Hechos, 17, 22.

La montaña Emei, conocida en chino como Emeis-han, es una de las cuatro montañas de China sagradas para el budismo.

El llamado oficialmente Estado Monástico Autónomo de la Montaña Sagrada, en Grecia, alberga 20 monasterios ortodoxos.

En la cosmogonía andina, la relación hombre-naturaleza, se vio representada en innumerables seres sobrenaturales representados en cada accidente natural.

Situada en los llanos del noreste de Wyoming, la Torre del Diablo es considerada sagrada por muchas tribus, incluyendo a los sioux, los cheyenes y los kiowa.

La Kaaba tiene forma de cubo y se halla en La Meca, Arabia Saudí. Representa el lugar sagrado y de peregrinación religiosa más importante del islam.

Tocar la Piedra Sagrada Negra, situada en la esquina de la Kaaba, es muy difícil en medio de las multitudes de millones de peregrinos que acuden a La Meca.

En la tradición, existe entre el alma y la piedra una estrecha relación. La piedra y el hombre presentan un doble movimiento de subida y bajada. Lo que está arriba es lo que está abajo.

Las piedras sagradas han estado presentes en muchos cultos mediterráneos, como la del templo de Heliópolis, en Egipto, conocida como el Benben.

El edificio más importante de Salomón fue el Templo de Jerusalén, que desempeñó un papel decisivo en la vida y el culto de la nación.

Modelo del templo construido por Herodes el Grande en Jerusalén. En sus lujosos y espaciosos atrios y pórticos la iglesia se reunía a diario hasta su dispersión en el año 32-33 d. C.

En el mismo sitio del Templo de Salomón levantaron los árabes, la primera mezquita monumental se conoce con el nombre de cúpula de la Roca (Jerusalén, finales del siglo VII).

Una logia tiene una disposición parecida al Templo de Salomón, aunque en ella se construye un templo espiritual sobre otro material, algo que no ha sido una idea exclusivamente masónica.

Según una carta del judío helenizado Aristeas dirigida a su hermano Filócrates, situada en el siglo III a.C., Ptolomeo Filadelfo solicitó al sumo sacerdote Eleazar de Jerusalén la presencia de 72 sabios judíos.

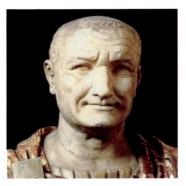

Tito Flavio Sabino Vespasiano fue emperador del Imperio romano. Comandó las fuerzas romanas que hicieron frente a la rebelión de los judíos. Ha sido considerado como uno de los mejores emperadores romanos.

Detalle del Arco de Tito con la escultura que muestra a los judíos esclavos y los tesoros del Templo judío de Salomón con la Menorah, el símbolo del estado judío.

Bar Kokeba (del arameo «Hijo de una Estrella»), en referencia al versículo bíblico Números 24, 17, «Descenderá una estrella de Iacob».

A finales del siglo XIX se encontró en la geniza de El Cairo una serie de manuscritos que resultarían datados en la Edad Media, entre éstos se encontraba uno que fue bautizado como «Documento de Damasco», actualmente Qumran.

Medio siglo más tarde del descubrimiento del Documento de Damasco, se descubrieron los Manuscritos de Qumran. Entre las 11 cuevas que aportaron documentos, se hallaron transcripciones del Documento de Damasco en tres de ellas.

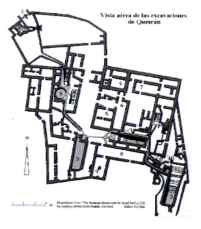

En las excavaciones de Qumran se encontró, además de los pergaminos, un ostracón (fragmento de cerámica) con varias líneas en escritura hebrea.

1. Entrada al acueducto. 2-3. Depósitos. 4. Torre. 5. Estancia con bancos. 6. Scriptorium. 7. Cocina. 8. Refectorio y asamblea. 9. Despensa. Hornos. 10. Taller de alfarería. 11. Hornos.

Ishtar o Inanna (Astarté, Astharot), señora del firmamento, poderosa diosa del amor y de la guerra. Descendió a los infiernos para arrancarle a su hermana, la terrible Ereshkigal, el poder sobre la vida y la muerte.

Ereshkigal gobierna el Irkalla, la tierra de los muertos o inframundo. Le tiende trampas a Ishtar para retenerla en el inframundo.

Baal, que significa «señor», es un dios fenicio. El término Baal, frecuente en muchas lenguas semíticas, denota un ser respetable: Marcodés Baal, el dios de las danzas sagradas; Shamen Baal, el dios del cielo, Bek Baal, el dios solar, o Baal Hammon, el dios terrible de los cartagineses.

Dummuzi, o Tammuz en hebreo, encarna la vegetación. En el relieve aparece sujetando algo que parecen unas uvas que comen unas cabras y flanqueado por dos diosas cuyos vasos, de los que mana agua, proporcionan la humedad necesaria para los cultivos.

Balkis o Makeda, la reina de Saba. Las mujeres negras de la antigüedad eran legendarias por su belleza y poder. Saba fue gobernada por una línea de reinas vírgenes. Su tradición notable se registró en el Kebra Negast o la Gloria de los Reyes.

En los últimos años, los arqueólogos han descubierto un templo antiguo en la región Ma'rib que se conoce como el «Trono de Balkis». Este templo data del siglo x a. C.

La antigua ciudad de Ma'rib (Yemen), donde se encuentran las minas de lo que fue la capital del antiguo reino de Saba.

Ruinas de la Gran Presa de Ma'rib (Yemen) construida durante el siglo VIII a. C., la cual sirvió durante unos mil años para irrigar los campos que mantenían a unas cincuenta mil personas.

Valentín fue uno de los gnósticos más notorios al escribir el libro *Pistis Sophia*, fue un gran maestro de la gnosis y formó la escuela de los «valentinianos».

Simón el Mago fue el «padre de la gnosis». Defiende a menudo la tesis según la cual existe detrás del Dios creador otro Dios oculto, que se asemeja a la Deidad de la que habla el Maestro Eckhart.

Saturnino, discípulo de Simón el Mago, junto con Valentín fueron de los principales maestros gnósticos en los primeros años del siglo II.

La amplia cultura pagana de Clemente no fue borrada por su encuentro con el cristianismo. Escribió unos *Stromata,* o «tapices», en los que domina el interés por presentar el cristianismo como una verdadera gnosis.

Con excepción del grado del Maestro, no existe otro grado en la masonería tan extensamente difundido como el Real Arco, ya que de una forma u otra se encuentra en cada uno de los Ritos York, Emulación o Escocés Antiguo y Aceptado.

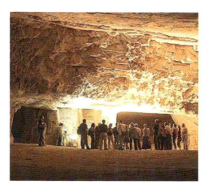
La cueva del rey Sedecías, el último rey antes del exilio de Babilonia, se cree es la mencionada en la leyenda del Real Arco. Se desciende a un gran recinto llamado «Cámara de los Masones».

Hubo un tiempo en que el Real Arco no existía como grado independiente, sino que era una parte complementaria del grado del Maestro, al que dio la necesaria realización.

El grado 13.º del REAA, conocido como Caballero del Real Arco, trata de buscar la Palabra Perdida perteneciente, en su totalidad, a la tradición hebrea, lo cual indica una mayor coherencia con el simbolismo.

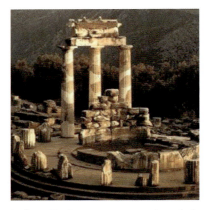

La frase «Conócete a ti mismo» estaba grabada en el frontispicio del templo de Apolo, donde se encontraba el Oráculo de Delfos, que era el más importante de la antigua Grecia.

Otra corriente esotérica que influyó en el desarrollo de la filosofía masónica fue la de los Misterios Mitraicos. Se consideró a Mitra el Dios supremo de toda Persia, creado por el mismo Ormuz.

Ceres (la Demeter griega) es la gran diosa madre, la creadora de la agricultura, la que hizo posible la vida civilizada, el culto fue introducido en Roma desde Sicilia en el 496 a. C.

Según el doctor Persinger, la combinación entre las formas que toman las descargas electromagnéticas en el aire y las imágenes que éstas producen en nuestros cerebros es la explicación para las visiones de presencias extrañas, incluidas las apariciones de Dios.

Giovanni Pico della Mirándola fue un humanista y pensador italiano muy apasionado por los trabajos de Averroes, el filósofo y teólogo asharí hispanoárabe que introdujo el pensamiento aristotélico en Occidente.

Marsilio Ficino fue el artífice del renacimiento del neoplatonismo. Aspiraba a una fusión de platonismo y hermetismo con el cristianismo.

Giordano Bruno, fue un astrónomo y filósofo italiano. Sus teorías cosmológicas superaron el modelo copernicano, la Iglesia Católica lo condenó a morir quemado vivo.

Erasmo de Roterdam fue un humanista, filósofo, filólogo y teólogo holandés, autor de importantes obras que produjeron una verdadera revolución intelectual.

Johann Valentín Andreae fue un escritor, matemático, teólogo, místico y reformador social alemán. Escribió las famosas *Bodas alquímicas de Christian Rosenkreutz*.

Robert Fludd, fue un eminente médico paracélsico, astrólogo y místico inglés. Es considerado como uno de los grandes humanistas del Renacimiento.

Francis Bacon fue un célebre filósofo, político, abogado y escritor. Es considerado el padre del empirismo. Sus obras y pensamientos ejercieron una influencia en el desarrollo del método científico.

John Locke está considerado el padre del liberalismo moderno. En su obra *Ensayo sobre el entendimiento humano,* planteó los fundamentos del conocimiento humano.

Helena Blavatsky fue una de las fundadoras de la Sociedad Teosófica. Dejó innumerables seguidores y enseñanzas acerca de la sabiduría antigua y mística, y es quizás la mujer más brillante de todos los tiempos en esas materias.

Rene Guénon, gran estudioso de las doctrinas orientales y de las religiones. Destaca su crítica a la civilización occidental desde presupuestos metafísicos y no ideológicos ni políticos.

Rudolf Steiner, fue un filósofo austríaco, literato, educador, artista, autor teatral y esoterista. Fundador de la antroposofía, la educación Waldorf, la agricultura biodinámica, la medicina antroposófica y la nueva forma artística de la euritmia.

Satprem (Bernard Enginger), escritor próximo a Aurobindo Ghose y a Mirra Alfassa (la Madre). Después de recorrer la India como monje tántrico, halló que la aventura más apasionante es descubrir el futuro de la evolución que puede existir después del hombre.

Este templo de estilo renacentista, de la Gran Logia de Nueva York, es uno de los más bonitos del mundo masónico. Los murales restaurados representan a las siete musas, las cuatro virtudes cardinales, Atenea y Apolo.

Pueden existir templos con diferentes estilos, aunque su distribución siempre es la misma. Este templo oriental fue decorado en 1896 en un estilo árabe, copiado de la Alhambra de Granada y de un castillo morisco del siglo XIII.

Este templo gótico tiene todas las características de ese estilo arquitectónico. La cruz y la corona, emblema de los modernos caballeros templarios, está encima del trono, que es una réplica del sitial del arzobispo de Canterbury.

Este templo egipcio de 1889 está decorado al estilo del valle del Nilo Occidental. El trono del Venerable Maestro es de ébano dorado, el pedestal está flanqueado por esfinges y los capitales llevan el rostro de Hathor, diosa de la sabiduría y el amor.

El Escorial fue el centro político del imperio de Felipe II, donde organizó su palacio y biblioteca según proyectos de Juan Bautista de Toledo y Juan de Herrera. En esencia mantiene el espíritu del Templo de Salomón.

El Patio de los Reyes recibe este nombre por los seis reyes de Israel que decoran la fachada principal de la iglesia situada al fondo del patio. La elección de los reyes de Israel no es casual.

Estatuas de Salomón y David en el centro de la fachada de la basílica de El Escorial. Es imposible que las estatuas de Salomón y David no se pusieran sin la intención de subrayar el paralelismo entre los dos edificios.

Felipe II cedió a la Biblioteca del monasterio los ricos códices que poseía y encargó a Arias Montano la adquisición de las bibliotecas y obras más ejemplares tanto de España como del extranjero.

Felipe II caracterizado como Salomón (Lucas de Heere, 1559), catedral de San Bavón en Gante. Felipe II estaba especialmente interesado desde su juventud en la figura del sabio y prudente Salomón.

Fresco de *Salomón y la reina de Saba* en el centro de la biblioteca de El Escorial. Muchos libros de los estantes muestran el interés de Felipe II por los estudios sobre el Templo de Salomón.

El libro de juegos de Alfonso X el Sabio, cubren desde el ajedrez (incluyendo los problemas de ajedrez más antiguos que se conocen en Europa), hasta el alquerque y los dados. El único original conocido se encuentra en la biblioteca del monasterio de El Escorial.

Extraordinaria escultura de Cellini, el mejor discípulo de Miguel Ángel, un Cristo desnudo en una sola pieza de mármol blanco a tamaño natural. Sin embargo, en el Escorial se exhibe cubierto con un lienzo.

Christoffel Plantijn fue el editor e impresor de la Biblia Políglota Regia de Arias Montano. Fue miembro de la *Familia Charitatis*. Su imprenta en Amberes se conserva convertida en Museo Plantin-Moretus.

Benito Arias Montano fue un humanista, hebraísta, biólogo y escritor políglota español. Fue quien gestionó la biblioteca de El Escorial y escribió numerosos libros. Pertenecía también a la *Familia Charitatis*.

Juan Bautista de Toledo fue un arquitecto renacentista español. Fue llamado a Madrid por Felipe II para, en calidad de arquitecto real, diseñar y construir el monasterio de El Escorial y urbanizar su entorno.

Juan de Herrera fue un arquitecto, matemático y geómetra. Sustituyó a Juan Bautista de Toledo y terminó El Escorial. Era aficionado al ocultismo y el lulianismo, ambos pilares sostenedores de las prácticas del Círculo del Escorial.

La catedral del Rito Escocés de Indianápolis es un bello ejemplo de la arquitectura surgida en EE. UU. destinada a revivir el espíritu y las formas de la arquitectura gótica. En él se encuentra el Centro Infantil para la Dislexia promovido por el Rito Escocés.

El templo masónico de Quincy es un buen ejemplo de edificio neoclásico. En la fachada sobresalen cuatro gigantescas columnas jónicas donde se apoya un arquitrabe repleto de símbolos masónicos.

El espectacular templo del Rito Escocés de Miami es un edificio de estilo egipcio-*art déco* con las águilas de dos cabezas colgadas en el entablamento, el techo zigurat y la cúpula.

El templo del Rito Escocés de Mobile (Alabama) está inspirado en formas arquitectónicas egipcias, las dos puertas de entrada se inspiraron en la puerta de Bab el'Adb, en el complejo del templo de Karnak.

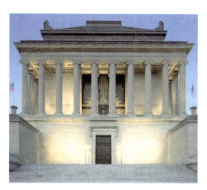

El templo del Rito Escocés de Washington fue diseñado por el arquitecto John Russell Pope, que se inspiró en la tumba de Mausolo en Halicarnaso, una de las siete maravillas del mundo antiguo.

En el exterior, guardando las puertas del templo, hay un par de esfinges monumentales que representan la sabiduría y el poder. El templo está rodeado de mucho simbolismo en su diseño y decoración.

Las esfinges que guardan la entrada pesan 17 toneladas. Una representa la Sabiduría, que tiene los ojos cerrados; la otra, el Poder lleva una serpiente al cuello y tiene los ojos bien abiertos para estar alerta.

El águila de dos cabezas, el símbolo principal del Rito Escocés se encuentra en todas las esquinas exteriores del templo. La corona representa el grado 33.º. También encontramos otros símbolos, las estrellas de nueve puntas y las imágenes del dios griego Hermes.

La mesa del atrio ha sido diseñada de una sola pieza de mármol de Carrara. El atrio es de baldosas, su centro y borde alrededor de la mesa son de mármol antiguo de Tavernelle de color verde.

El que fuera Soberano Gran Comendador del Rito Escocés Albert Pike está enterrado en los muros del edificio. Pike hizo donación de su colección personal de libros con la condición de que fuera gratuita para el público en general.

Los Pilares de la Caridad, dónde 33 haces de luz irradian desde el águila hasta el punto de vista exterior del templo.

Puerta de entrada al templo, donde se reúnen los Soberanos Inspectores del grado 33.°, guarnecida por dos grandes columnas de granito, y el águila bicéfala radiante.

Otras de las salas dignas de mención es la Cámara Ejecutiva del Supremo Consejo. La sala tiene 33 asientos, uno para cada uno de los 33 miembros del Supremo.

El Soberano Gran Comendador está bajo un dosel de color púrpura, rematado con una corona de oro que lleva en su centro el águila bicéfala con las alas recogidas.

El templo ritualístico es un un placer para la vista y para el espíritu, el sonido jubiloso del órgano mezclado con la luz que entra por los ventanales es otro símbolo de la búsqueda de la luz.

En el centro, como en todos los templos de los altos grados del Rito Escocés, está el altar, en este caso, de mármol negro y con caracteres hebreos en oro que dicen: «Dios dijo, hágase la luz y se hizo la luz».

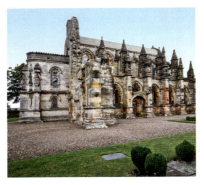

La capilla fue construida por un descendiente de los caballeros normandos llamado William Saint Clair o Sinclair, 11.º barón de Rosslyn, a mediados del siglo XV. Fue fundada como una colegiata y formaba parte de un proyecto mayor.

Rosslyn ha sido descrita, por todos los escritores, como algo único. *Sir* Walter Scott no sólo le dedicó un poema inolvidable, además, se inspiró en ella para su novela sobre los caballeros templarios *El Talismán*.

Resalta también la inscripción que hay en la capilla escrita en latín, justo donde el arquitrabe une el pilar del Aprendiz, muy ornamentado, con la bóveda, y al otro lado encontramos el pilar liso de Maestro.

Cerca de la columna del Aprendiz se encuentra un ángel cabeza abajo y atado con cuerdas, es el ángel caído, conocido como Shemhazai. La leyenda de éste ángel no deja de ser singular al estar relacionada con la constelación de Orion de los egipcios.

Sobre la capilla circulan muchas teorías, pero la más sorprendente es la del antropólogo Keith Laidler, que afirma que bajo el pilar del Aprendiz se encuentra la cabeza momificada de Cristo, evidentemente traída por los templarios.

El hombre verde es una antigua estatua pagana, de origen celta, representada por la cabeza de un hombre rodeada por hojas que salen de su boca, es el símbolo de la primavera.

En la base de la columna están los dragones que rodean la enredadera que decora el pilar del Aprendiz, símbolo bien conocido en la mitología.

La escultura de dos hombres arrodillados en medio de dos pilares, uno de ellos con los ojos vendados y una cuerda alrededor del cuello. Todo masón podría decir que esta escultura representa una iniciación en la masonería.

En la lápida, de talla moderna, que existe en la capilla y que dice contener el cuerpo de *sir* William Saint Clair de Rosslyn, no queda claro cuál de ellos es el que está enterrado y si tuvo algo que ver con la Orden del Temple.

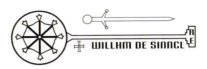

Aunque no exista la certeza de que los Saint Clair fueron caballeros templarios, la simbología expuesta en el lateral de la tumba no deja dudas por el octógono dibujado.

Henry Saint Clair, apodado el Patriota. Compañero de armas de William Wallace y de Robert Bruce. Firmante de la Declaración de Arbroath, la declaración de la independencia escocesa.

William Saint Clair, el fundador de la capilla, 1.er conde de Caithness, príncipe de Orkney, y 1.er barón de Rosslyn, fue el primer Gran Maestro de la masonería escocesa en 1441 por designación de Jacobo VII de Escocia.

intención de transformar poco a poco las políticas de las ciudades a imagen del ideal filosófico que él predicaba. Atenas con toda seguridad lo hubiera condenado, en cambio, las ciudades griegas más liberales y menos socavadas por la demagogia se encontraban en el golfo de Tarento.

Como podemos ver, el camino que transita por el mundo esotérico data de muy antiguo, la iniciación siempre ha tenido un peso específico en cualquier sociedad porque no deja de ser una extensión de la consciencia y forma parte del desarrollo normal del proceso evolutivo. En el momento que el hombre es consciente de qué adquirió, gracias a sus esfuerzos y a sus instructores —maestros o sus propios compañeros—, un determinado grado de conocimiento subjetivo de la naturaleza, que comprendió el razonamiento y la estructura de ella y que además puede aplicarlos inteligentemente, es cuando toma consciencia del largo peregrinaje de la mónada de la evolución. El hombre es hijo de la naturaleza, producto y resultado de una laboriosa evolución eónica, una materia prima que debe sufrir una regeneración, de manera que exprese y manifieste su propia *virtus divina* o espiritualidad, y al mismo tiempo aplique como poder activo de transmutación al mundo exterior la *virtus sapientiae*. Cicerón apunta:

> Y es que, aunque a mí me parece que tu Atenas ha producido muchas cosas excelentes y dignas de los dioses y que las ha introducido en la vida de los hombres, sin embargo, nada me parece mejor que esos misterios que desde una vida salvaje y cruel nos han conducido a la civilización y nos han hecho humanos; y lo mismo que se llaman iniciaciones, así por ellos hemos llegado a conocer en realidad los principios de la vida, y hemos aprendido una pauta no sólo para vivir con alegría, sino también para morir con una esperanza mejor.[196]

---

196. Cicerón, *Las Leyes*, Editorial Gredos, Madrid, 2009.

Los antiguos, queriendo expresar en toda su excelencia la fuerza de los misterios, decían que los iniciados —porque habían aprendido a morir— serían más dichosos después de la muerte que los demás mortales, ya que sus almas volarían hacia la luz, hacia la morada de los dioses. Mientras que las almas de los demás mortales, cuando abandonaran sus cuerpos, serían enterradas en el lodo permaneciendo encerradas en la oscuridad. Platón afirmaba que los misterios tenían por objeto restablecer la pureza primitiva del alma y de ese estado de perfección del que ella había descendido.[197] Proclo pretendía que la iniciación en los misterios elevaba el alma desde una vida material, sensual y puramente humana hacia una comunión, un comercio con los dioses.[198] Añadía también que en ellos se mostraba a los iniciados una variedad de cosas y de especies diferentes que representaban la primera generación de los dioses.

Tal como ocurre actualmente en la masonería, en aquel entonces el que aspiraba a ser iniciado debía tener una reputación inmaculada y ser un hombre virtuoso, luego era examinado cuidadosamente por el Maestro de Misterios. Lo que se les daba a cambio era una elevación del espíritu y una pureza en las costumbres. Desde este punto de vista, la masonería, cualquiera que sea su impregnación hiramita, noaquita, crística o laica, no pretende ser una panacea para todos sus miembros. Éstos evolucionan al ritmo de su propio trabajo. Lo que es transmitido no es recibido de la misma manera. Y la célebre formula *el masón libre en la logia libre* puede significar, entre otras interpretaciones, que la orden invita implícitamente a cada hermano a profundizar en la iniciación específica dada en la logia, gracias a una iniciación más personalizada, libremente escogida y experimentada a título individual.

En otros términos, la institución no prohíbe a nadie adoptar un proceso personal de conocimiento de sí mismo, paralelo al suyo, en la

---

197. Platón, *Diálogos, vol. VIII, Fedón*, Editorial Gredos, Madrid, 2003.
198. Proclo, *Lecturas al Crátilo de Platón*, Editorial Akal, Madrid, 1999.

medida que este proceso, este método, no sea divergente con los principios y no interfiera con las reuniones de logia.

Epicteto decía «... cuando hagas sacrificios, o dirijas plegarias a los dioses, prepárate para ello con pureza de espíritu y de corazón y aporta las mismas disposiciones que se requieren para aproximarse a los misterios». Y añadía que «... todo lo que en ellos está ordenado fue instituido por nuestros maestros, para instruir a los hombres y para corregir sus costumbres».[199]

La iniciación nos conduce a descubrir el misterio de los pares opuestos y el secreto del bien y del mal. Nos adentra en el mundo de los arcanos difíciles de conocer y nos conduce al último sacrificio que el hombre debe hacer, *el camino iniciático,* antes de que se encuentre libre de todo obstáculo. Se libera así de lo que nos aprisiona en este mundo terrestre, revelándonos el misterio oculto existente en el centro del sistema solar. Nos guía a través del camino de la sabiduría y nos pone entre las manos la clave de todo saber sistémico y cósmico, ampliando nuestro horizonte, extendiendo nuestra perspectiva y comprensión hasta que nuestro YO acoge a todos los otros «yos» que conviven en nosotros. En la psicología transpersonal, esta dualidad corresponde a la relación personalidad y alma de la filosofía esotérica. Esta corriente psicológica ha sido promovida por Abraham Maslow, Anthony Sutich y otros grandes investigadores, que hablan de la dualidad YO PERSONAL y YO TRANSPERSONAL, lo mismo maneja Roberto Assagioli con su psicosíntesis.[200]

Las instituciones donde se desarrollaban las iniciaciones eran consideradas virtuosas y el pueblo entendía que sus miembros eran seres felices. No tardó en considerarse deshonroso no serlo, y aunque uno

---

199. Epicteto, *Disertaciones por Arriano,* Editorial Gredos, Madrid, 1993.
200. La psicosíntesis considera al ser humano en conjunto y le da a cada dimensión la importancia que merece, su objetivo es poner al hombre en armonía consigo mismo y con el mundo. Se clasifica como una psicología transpersonal más allá del yo consciente que postula la existencia de un ser superior o transpersonal...

fuera sabio o virtuoso, el pueblo sospechaba del que no era iniciado, como ocurrió con Sócrates.

Aristófanes, cuyos sentimientos eran el fiel reflejo de los del pueblo, hacía hablar del siguiente modo a los iniciados en el primer acto de su obra *Las ranas:*

> Únicamente sobre nosotros luce el astro favorable del día; únicamente nosotros recibimos el placer de la influencia de sus rayos, nosotros que somos iniciados y realizamos toda suerte de actos de justicia y de piedad por los ciudadanos y los extranjeros.

Cada iniciación es un paso más, es el pasaje de elevación a una clase más avanzada, implica la realización de una unidad que crece en todo lo que vive, una capacidad de oír sobre todos los planos, un horizonte que se amplía continuamente. Así, el hombre que se pone al orden, es decir, que vive una autentica iniciación –un masón por principio–, se integra progresivamente en el cosmos, con vistas a unirse a él. Es la clase de honor en la escuela de los Maestros, que es accesible a todas las almas a las cuales su karma les permite y les proporciona los esfuerzos necesarios para alcanzar el objetivo.

Ya hemos visto que, históricamente, la iniciación a los misterios no tardó en hacerse universal y se extendió por todos los países. Las condiciones y rangos de las personas eran de lo más diverso. Todo el mundo quería ser iniciado, hombres mujeres y niños, filósofos, políticos o comerciantes. La mayoría de los legisladores antiguos fueron iniciados porque los misterios consagraban su carácter y santificaba sus funciones, ennobleciendo por medio del ejemplo la institución de la que eran fundadores. Isócrates, interlocutor de uno de los diálogos platónicos, dice: «Yo opino que, sean quienes fueren los que establecieron los misterios, eran muy hábiles en el conocimiento de la naturaleza humana».[201]

---

201. Platón, *op. cit.*

La iniciación implica una ceremonia y un proceso de expansión gradual que responde al resultado del esfuerzo del aspirante por él mismo, de la rigurosa rectitud de su pensamiento y de su vida. No exige el desarrollo de las facultades psíquicas, pero exige comprensión interior, capacidad de ver, de oír, de entender y comprender, de reconocer el valor inherente de cada forma, que entiende el sentido profundo de todas las circunstancias, que sabe extraer de cada acontecimiento una lección, por lo tanto, la comprensión se amplía y profundiza de hora en hora, de día en día, de semana en semana, de mes en mes, de año en año. Toda iniciación es una experiencia común a todas las formas de vida, de la más grande a la más pequeña, es, por tanto, una expansión de la consciencia que conduce a la revelación y la iluminación.

Con la decadencia de Grecia y Roma, los misterios cada vez se hicieron más secretos, mientras el cristianismo no hizo otra cosa que afirmar sencillamente la fe cristiana. Sin embargo, hay que reconocer que fue la mayor fuerza moral en una Europa semibárbara, como era la Edad Media.

En el siglo XVI la ciencia experimental toma el relevo y reivindica los derechos legítimos de la razón y su ilimitada libertad, convirtiéndose en la mayor de las fuerzas intelectuales, librando al hombre de las seculares cadenas, renovando la faz del mundo y proveyendo al espíritu humano de bases indestructibles. En una palabra, formando el alma del mundo moderno. Si como se dice, la francmasonería moderna fue fundada por algunos miembros de la Royal Society, que eran mayoritariamente rosacruces, no es de extrañar que en el siglo XVII, Francis Bacon publicara lo siguiente en un libro titulado *El avance del saber* que marcó época:

> Sin duda, así como la naturaleza ha creado una hermandad en las familias y las artes mecánicas forman hermandades en las comunidades y la unción divina ha inducido una hermandad en los reyes y los obispos, del mismo modo, en el conocimiento no puede por menos que haber una fraternidad del saber y de la iluminación…

El libro, considerado hoy día como piedra angular de la educación, es una obra serena y mesurada que analiza la situación del conocimiento del siglo en que se publicó y llega a la conclusión de que, en ese momento, es deficiente. Bacon, con otra obra, *La nueva Atlántida*, publicada después de los dos manifiestos rosacruces y de *Las bodas alquímicas de Christian Rosenkreutz*, presenta una visión utópica de una sociedad científica, con orientación espiritual, dirigida por una fraternidad de filósofos científicos que se reunían en un gran colegio o logia, llamada la Casa de Salomón. Esta idea no está muy lejos de la propuesta por Pico della Mirandola o de la propuesta por Tomaso Campanella con su *Civitas Solis*.[202] No es de extrañar que otros rosacruces como Robert Fludd, componente del Royal College of Physicians y con una gran relación con socios de la Royal Society como Elias Ashmole, influyeran con su filosofía en lo que sería la futura masonería. Cuando Bacon se refiere a una hermandad del saber, ¿no se estaba refiriendo a la francmasonería? Todo indica que sí, la expresión la Casa de Salomón sugiere mucho, tanto si ésa era la intención de Bacon como si no. Ya hemos visto que el Templo de Salomón está tan vinculado con la masonería que es el epicentro de muchos rituales y que no hay nada más importante ni más simbólico del ideal de la masonería que su reconstrucción de una manera puramente espiritual. No hay que buscar muy lejos, en una logia masónica fundada en el siglo XVIII por el barón de Hund, llamada Absalón, ya quisieron hacer de puente de unión entre el viejo esoterismo masónico y las tradiciones rosacrucianas, otra como la Bienfaissance de Lyon de 1774, también intentó alcanzar el mismo objetivo, sin embargo, Absalón ha seguido existiendo hasta nuestro días y se ha convertido en la logia madre del Rito Schöeder.

---

202. Si a Giordano Bruno podemos considerarlo el penúltimo de los filósofos renacentistas, Campanella, otro monje rebelde con un sentido de la misión parecido, fue el último de estos filósofos. Escribió, entre otras muchas obras, una defensa de Galileo y el tratado utópico *La ciudad del sol (Civitas Solis)*, donde describe un Estado teocrático universal basado en principios comunitarios de igualdad.

Robert Fludd escribió que el fuego de los filósofos se divide en tres partes: en primer lugar, un fuego visible, que es la fuente de luz física y el calor; en segundo lugar, un fuego invisible, o astral, que ilumina y aconseja al alma; en tercer lugar, un fuego espiritual o divino, que en el universo se conoce como Ser Superior y en el hombre como espíritu. En síntesis estaba hablando de la iniciación en todas sus etapas, lo vemos en sus propias palabras *«El que vive la vida, conoce la doctrina»*. La llama a la que hace referencia ha existido desde muy antiguo y fue objeto de una adoración universal, idolatrada como si fuera un Dios en sí misma, ahora está enterrada bajo las ruinas del templo caído del hombre.

Esa llama, aunque oculta tras el velo de los misterios, se practica en secreto, en las profundidades de la noche en las logias, llevando en la iniciación y el simbolismo el misterio del todo el mundo. Los Maestros rosacruces siempre han mantenido que la ciencia profana y el esoterismo no tienen por qué estar reñidos. Si analizamos los postulados metafísicos y espirituales de los antiguos rosacruces vemos que se aproximan muchísimo a los postulados de la psicología moderna. De hecho, muchos estudiosos de las verdades espirituales, entre los que se encuentran masones y rosacruces, han sido, al mismo tiempo, científicos que han dado un impulso muy importante a la ciencia empírica.[203] Las palabras de Edouard Schure son esclarecedoras para los tiempos actuales:

> …desde el momento que la Iglesia, no pudiendo probar ya su dogma primitivo ante las objeciones científicas, se encierra en aquél como en una casa sin ventanas, oponiendo la fe a la razón de modo absoluto e indiscutible; desde que la Ciencia enajenada por sus descubrimien-

---

203. Rosacruz también designa al 7.º y último grado de la cuarta orden del Rito Masónico Francés y el grado 18.º en el Rito Escocés Antiguo y Aceptado denominado «Soberano Príncipe Rosacruz, caballero del águila y el pelícano», que tiene como símbolos principales el pelícano, la rosa y la cruz. El rosacrucismo suele denominarse igualmente cristianismo esotérico.

tos en el mundo físico hace abstracción del psíquico e intelectual y se ha hecho agnóstica y materialista en sus principios y finalidad; desde que la Filosofía, desorientada e impotente entre ambas, ha abdicado en cierto modo de sus derechos para caer en un escepticismo trascendente, una escisión profunda se ha operado en el alma de la sociedad al igual que en la de los individuos. Este conflicto, al principio necesario y útil, puesto que estableció los derechos de la Razón y de la Ciencia, ha terminado por ser causa de impotencia y agotamiento. La Religión responde a las necesidades del corazón: de ahí su magia eterna; la Ciencia, a las del espíritu: de donde deriva su fuerza invencible. Pero desde hace mucho tiempo estas dos potencias no saben entenderse y convivir. La Ciencia sin esperanzas y la Religión sin pruebas se alzan una frente a la otra y se desafían sin poderse vencer.[204]

La realidad que va surgiendo, en los niveles más sensibles y fundamentales de la ciencia moderna, se asemeja a la imagen fundamental que nos revela la conciencia. Eso no quiere decir que hayan llegado a una convergencia, sin embargo, hay un sector de la ciencia moderna que en cierto modo establece un paralelismo con ciertas disciplinas de la conciencia, cuando se superan las deformaciones de percepción.

La puerta de acceso a la perfección tiene un camino escabroso y difícil, que comienza por el conocimiento de sí mismo, praxis que a algunos masones e iniciados les produce una repulsión instintiva y siempre aparecen varias excusas, hay quien la considera como un dogma, siendo sólo un deber, y otros reprochan que es un árbol que no deja ver el bosque; nada más alejado de la realidad, a los que únicamente podemos decirles que están en un error por varias razones. La primera, que juzgan algo que ignoran y la segunda, que no comprenden que el mejoramiento del bosque humano depende exclusivamente de la mejora de cada árbol humano.

---

204. Edouard Schure, *Los grandes iniciados*, p. 14. Edicomunicación, Barcelona, 1989.

Los que hacen el esfuerzo de conocerse y perfeccionarse tienen una visión clara de las diferencias entre los hombres y su auténtica fraternidad. Son observadores imparciales y atentos porque al alcanzar el eje inmóvil de la rueda o el centro del círculo comprenden y juzgan mejor el significado de la tragicomedia conocida como existencia cotidiana. Creer *a priori* que esta empresa humana y solitaria encierra alguna prebenda sería mentir, pero al conocer los verdaderos secretos existentes en una cámara de en medio –donde sólo los Maestros son admitidos–, a la vez colectiva y privada, preparan mejor su viaje al oriente eterno. Culpar a Dios o al prójimo de los propios errores y no conocerse es una excusa que actualmente ya no vale. Culpar a los demás es más cómodo pero menos valiente que llevar tu carga. El conocimiento de sí siempre empieza por uno mismo.

## El hombre verdadero

Hay varios temas que desde niño siempre me llamaron la atención y fueron una fuente de dudas e interrogantes. Uno de ellos es la evolución humana; siempre me pregunté cómo unos primates que fisiológicamente eran inferiores a otras especies y que vivían, con enormes desventajas, en un mundo hostil, pudieron sobreponerse, sobrevivir y expandirse por el mundo. Lo cierto es que la selección natural obliga a competir a las especies y que sólo los más aptos sobreviven, con este razonamiento, los homínidos al ser menos aptos físicamente para la lucha por la vida que la mayoría de sus competidores, presas y depredadores deberían haberse extinguido. Sin embargo, prosperaron y evolucionaron.

Además de la capacidad técnica para la planificación, la coordinación y la tecnología, se intensificó asimismo la capacidad social para la cooperación. La cooperación, el sentido de unos objetivos y valores comunes, el deseo de avanzar hacia el bien común, fue algo más que la mera suma de individualidades. Se plasmó en un conjunto de normas de conducta, de moral, en una comprensión del bien y del mal dentro de un sistema social complejo. Sin cooperación –dentro de la banda, entre diferentes bandas, entre grupos tribales–, nuestras capacidades técnicas se habrían visto severamente mermadas.[205]

En los inicios, el hombre primitivo debió de sufrir mucho, desconocía el terreno donde vivía y las rutas, salvo las realizadas por los animales que ellos seguían para no morir de hambre y sed. Se desplazaban constantemente para sobrevivir y su protección individual era la horda colectiva, antes que el hombre domesticara a los animales, era simplemente recolector y cazador, es decir… depredador, lo que de alguna forma actualmente continúa siendo. Precisamente esto es lo que debe cambiar, encontrando al hombre verdadero.

Pero el hombre verdadero de la antigüedad tenía un comportamiento indiferente, no sabía qué era amar la vida u odiar la muerte, indiferente venía e indiferente se iba. No se alegraba con un nacimiento, ni trataba de impedirlo, aceptaba la vida alegremente aguardando la redención final. En el taoísmo a esto se le llama *no apartar el corazón* y no suplir lo natural por medios humanos, al que tenía la capacidad de reunir estas virtudes se le conocía como hombre verdadero.

Un día Diógenes de Sinope, filósofo crítico y mordaz de las costumbres y creencias de su tiempo, al que todos conocemos por sus extravagancias, caminaba por las calles de Atenas llevando una lámpara encendida y afirmando buscar a un hombre. Lo curioso era que lo hacía a plena luz del día y el ágora estaba repleta de hombres; sus amigos, que no entendían su excentricidad, le preguntaron y entonces Diógenes les dijo: «Hay muchos hombres, pero muy pocos viven como hombres». En otras palabras, Diógenes buscaba un hombre probo, íntegro, recto e incorruptible. Un hombre que no sólo hablara de virtud, sino que la practicara.

---

205. Richard Leakey y Roger Lewin, *Nuestros orígenes, lo que nos hace humano*, Crítica, Barcelona, 1994.

Un hombre que fuera el mediador entre el cielo y la tierra, que determinara la relación con la gran tríada[206] de una fórmula iniciática, siempre idéntica, que tiene lugar en las más diversas circunstancias de tiempo y lugar. Esta fórmula iniciática deja en evidencia, en el momento de aplicarla, que no va dirigida al hombre ordinario sino al hombre verdadero, como iniciado que desarrolla todas las posibilidades. Podríamos interpretar que todo ser por ser hijo del cielo y de la tierra tiene las mismas posibilidades, ya que su naturaleza participa del uno y de la otra, lo que en cierto sentido es cierto. Pero el hombre ordinario, el hombre moderno, se ha apartado completamente del círculo virtuoso, del dibujo del Tao. Abrazar la totalidad de la existencia, conectar con el mundo primordial, es algo que necesitamos y que perdimos en el camino. No tenemos ni idea, ni sospechamos lo que perdimos. Actualmente no tenemos sensaciones cósmicas, todo es artificial, desconocemos el éxtasis de la vida en estado puro, estamos en el destierro, no existe el contacto con el cosmos, sólo la vía iniciática nos vuelve a conectar con el poder del universo.

El hombre verdadero al que nos referíamos anteriormente ha sido llamado hombre trascendente, ahora que de acuerdo con lo que dice Guénon, esta designación es más bien impropia, puesto que el hombre verdadero sólo se manifiesta en estado humano y el hombre trascendente va más allá de este estado. Por eso conviene llamarlo hombre espiritual, es decir, el que ya no es un hombre en el sentido individual de esta palabra, puesto que está muy por encima de sus condiciones específicas, podríamos decir que ha rebasado la humanidad. Es evidente que ya no tiene que recorrer otros estadios, puesto que ha pasado de la circunferencia al centro. Esta simbología es una forma clara de explicar dicho proceso, tanto en el budismo por el término *anâgamî*, es decir, el que no retorna, como en la masonería al preguntar el Venerable Maestro por los secretos del Maestro masón, al que responden

---

206. Ternario formado por los términos «Cielo, Tierra, Hombre».

que se han perdido y que sólo pueden ser encontrados en el centro del círculo. Por lo tanto, el estado humano es el que deberá ser para él, aunque no de una manera efectiva, el estado central del ser total. Guénon dice:

> La intervención de un elemento «no humano» puede definir, de manera general, a todo lo que es auténticamente tradicional [...]. Por otra parte, no pretendemos en absoluto negar con ello que el conocimiento iniciático pueda tener aplicaciones en el orden social, tanto como en cualquier otro orden; pero ésta es otra cuestión: en primer lugar, estas aplicaciones contingentes no constituyen de ninguna manera el objetivo de la iniciación...[207]

El Maestro masón, entonces, se asimila al hombre primordial y al hombre verdadero de la tradición extremo oriental, y representa la finalización de los misterios menores, propios de las iniciaciones de la masonería de oficio. Sin embargo, es posible encontrar algunas referencias a los misterios mayores en el 3.er grado de la masonería especulativa y en ciertos altos grados masónicos, sobre todo en los primeros quince grados de la masonería (del Rito Escocés) y más específicamente en el 13.º grado Real Arco de Salomón, todos ellos destinados a transformar al *profano en un hombre verdadero,* en el sentido masónico; Eliphas Levi nos dice: «No hay parte de mí que no sea parte de los dioses [...], el hombre es la forma del pensamiento divino, y Dios es la síntesis idealizada del pensamiento humano... nosotros nos hacemos a semejanza de nuestro ideal».[208]

El ritual masónico nos habla del hombre verdadero, de sus facultades, de sus poderes interiores, aunque para lograrlo, al igual que los cristianos que peregrinan a Jerusalén o los musulmanes hacia La Meca, el masón deberá recorrer el sendero que lo lleve al sepulcro simbólico

---

207. René Guénon, *Apercepciones sobre la iniciación,* Ediciones C. S., Buenos Aires, 1993.
208. Eliphas Levi, *La Clave de los grandes misterios,* Editorial Humanitas, Barcelona, 2000.

de Hiram Abi y convertirse él mismo en el maestro Hiram, transportando y abriendo la urna que contiene el corazón embalsamado del maestro o el arca de la Alianza, según el grado. Esto debe de hacerlo con una llave frágil de marfil que se le ha entregado. Este material es fácil que se rompa por su fragilidad, pero después de la iniciación y de los estudios, el verdadero masón reconoce el arte de trabajar los metales, heredado de Tubalcaín, y tendrá la posibilidad de construir una copia de la llave en bronce.

Sin embargo, hay grados a observar en este proceso, pues en los seres manifestados, las influencias celestes y terrestres pueden evidentemente combinarse de muchas formas y proporciones, es lo que hace su diversidad indefinida, el hombre es solamente aquello que todo ser, en cierta manera y en un cierto grado, Es. Por eso entendemos que el hombre verdadero es el único que desde un punto de vista tradicional debe ser considerado como un hombre realmente normal, al poseer la plenitud de la naturaleza humana. Algo que los otros hombres no tienen o que sólo tienen desarrollado alguno de sus aspectos –sobre todo en el aspecto físico–, carácter predominante que los hace hijos de la tierra. Para que el hombre sea verdaderamente hijo del cielo y de la tierra es preciso que el ACTO SEA IGUAL A LA POTENCIA, y Guénon insiste:

> Así pues, se debe comprender que, desde el punto de vista humano, no haya ninguna distinción aparente entre el «hombre trascendente» y el «hombre verdadero» (aunque en realidad no haya ninguna medida común entre ellos, como tampoco la hay entre el eje y uno de sus puntos), puesto que lo que los diferencia es precisamente lo que está más allá del estado humano…[209]

Según lo expuesto anteriormente, estamos hablando de que si el estado del hombre, por regla general, está condicionado en su forma

---

209. René Guénon, *La Gran Tríada*, Paidós Ibérica, Barcelona, 2005.

individual o supraindividual, y el del hombre iniciado es un estado incondicionado, no es posible ninguna comparación. Pero desde el punto de vista del estado humano, tal como dice Guénon, no implica de ningún modo un retorno a las condiciones limitativas de la individualidad humana, por lo tanto, el hombre verdadero termina apareciendo como hombre trascendente.

Para evitar, esta condición de caos manifiesto del cual el hombre debe desalinearse, la masonería como escuela iniciática de los misterios, es depositaria de un método donde se gesta la transformación espiritual del hombre, según un conjunto de transmutaciones sucesivas y graduales. A veces, lo difícil es que el masón comprenda la operatividad específica que el grado que le ha sido concedido le incita a desarrollar, en este caso, la masonería debe ofrecer una metodología flexible que se adapte a cada cual y cada quien, porque lo que es sencillo y obvio para algunos puede llegar a ser incomprensible para otros. Lo importante es que el masón encuentre un camino para mejorarse interiormente y lo que transmita sirva para todos, y que dentro de la unicidad de la orden existan caminos de desarrollo diferentes que le lleven a ser un hombre verdadero y si es posible trascendente. Dion Fortune al hablar de los misterios expone:

> La misión de los misterios menores es la de desenvolver las facultades latentes de cada individuo admitido a participar de ellos, de manera que logre el más alto grado de desarrollo de que sea capaz.[210]

Tanto Dion Fortune como René Guénon confirman que no se puede llegar a ser algo que no está en nuestro esencial primordial y que cada uno es capaz de alcanzar el grado de desarrollo que sus cualificaciones le permitan. Pero esto no quiere decir que sea imposible alcan-

---

210. Dion Fortune, *Las órdenes esotéricas y su trabajo*, Luis Cárcamo, Madrid, 1981.

zar un cierto grado de desarrollo, todo lo contrario, nos sugieren que cada cual debe adaptarse a su ritmo de aprendizaje y sacarle el mayor provecho a su condición.

El hombre debe convertirse por algunos momentos en observador de sí mismo y ser consciente de sus propias fuerzas, que están detrás de la acción, en este caso diríamos *ocultas*, llegando a descubrir y a diferenciar el ego del verdadero yo. De esta forma, se hace consciente de su propia realidad, evolucionando sobre las vivencias experimentadas con el género humano y con el universo, haciéndose consciente de la realidad externa.

Las logias son laboratorios vivientes, donde existe una interrelación vivencial, donde todos proyectamos y nos retroalimentamos con las experiencias, actitudes y trabajos, pero jamás el ego debe ser el protagonista, porque la ignorancia se vuelve atrevida en su presencia y el conjunto de ambos elimina al hombre verdadero y se vuelve dictatorial. La humildad y el conocimiento se revelan como una fuerza interior enmudeciendo los *ruidos* del ego haciéndose consciente de las palabras del ser interior.

El hombre verdadero pertenece a la esfera del yo –más bien a la del súper yo–, está claro que desde el comienzo de nuestra historia como especie, el yo nunca ha podido existir sin los otros. Estas relaciones han determinado formas y modelos de vida, es decir, han creado modelos culturales que determinarán los patrones de conducta de los hombres en cada sociedad. Cuando los hombres primitivos y comunitarios pasan a formas de organización basadas en las jerarquías, la imposición de la fuerza, el dominio y el poder, es porque se ha perdido la ética y la dignidad humana.

La dignidad y la ética son propias de todo masón, en cuanto son propias de cualquier iniciado u hombre verdadero. La división de la sociedad humana en clases rompe estos conceptos; la ética del amo no puede ser jamás la del esclavo, ni la del señor feudal la del siervo, ni la del burgués la del proletario. Entonces tenemos que la lucha por la existencia ya no será contra las condiciones naturales adversas, sino fundamentalmente contra otros hombres, afirmando el pensamiento de Hobbes, «El hombre es un lobo para el hombre».[211]

En estos casos la ética y la dignidad humana, propias del hombre verdadero, dejarán de ser un valor comunitario. Los imperativos de lucha por la existencia van a generar la creación de un Estado, sistemas jurídicos, códigos morales y religiosos, transformándose la ética y la dignidad humana en un problema individual, perdiendo su vínculo con el entorno, con el mundo externo a la sociedad humana. El modelo occidental, incluyendo en él a los grandes cultos monoteístas y patriarcales, entienden la ética y la dignidad humana como un problema del ser humano con sus semejantes, negando toda posibilidad de que esos dos conceptos se apliquen al resto de los seres vivos, al universo, al cosmos. Entienden la ética y la dignidad humana como un apéndice de la religión, subordinando la conducta y la libertad a sus sistemas de verdades reveladas y leyes divinas, negando la relevancia, valor y hasta existencia de lo iniciático. Es el caso del catolicismo con la masonería o del islamismo con los sufíes. El hombre verdadero sabe que todos somos productos de la historia, sabe que el conocimiento debe ser únicamente para beneficio de la humanidad porque en cada momento estamos escribiendo una página de ella.

Lo que importa ahora es simplemente recordar que el hombre verdadero es también el hombre primordial, el hijo de la Luz, donde éste último se encontraba que formaba parte de la naturaleza en sus orígenes y de la cual se fue apartando según fueron transcurriendo los ciclos terrestres, hasta llegar a convertirse en un hombre caído, en un hombre ordinario. Mientras su estado era de hombre primordial, estaba espiritualmente muchísimo más elevado que en el presente, en el que ha descendido a un estado mucho más material, en una forma corpórea mucho más ordinaria. Antes hablábamos de que el hombre verdadero para convertirse en trascendente tiene que llegar al centro del

---

211. Thomas Hobbes, *Leviatán: o la materia, forma y poder de una república eclesiástica y civil*, Alianza Editorial, Madrid, 1999.

círculo, el destino del hombre es ascender hasta el centro espiritual de Luz. Bien, pues esta caída la podemos interpretar como lo contrario, un alejamiento gradual del centro donde se sitúa el hombre primordial. Por lo tanto, para reascender al estado primordial ha de retroceder en el camino por el que ha descendido. Guénon lo deja muy claro en *La Gran Tríada:*

> Así, sin haber alcanzado todavía el grado supremo que es la meta final de la iniciación y el término de los grandes misterios, el hombre verdadero, habiendo pasado de la circunferencia al centro, del exterior al interior, cumple realmente, con relación al mundo que es el suyo, la función del motor inmóvil, cuya acción de presencia imita, en su dominio, la actividad no-actuante del cielo.[212]

Debemos preguntarnos, ¿cuál es la verdadera naturaleza del hombre y para qué ha nacido? Seguro que alguna vez hemos reflexionado sobre ello y nos decimos ¿es sólo el cuerpo que vemos reflejado en el espejo? Bueno, ése sería el primer plano del hombre, explicaré brevemente esos planos del hombre. Gurdjíeff mostró que la evolución del hombre:

> [...] es el resultado del crecimiento (y desarrollo) interior individual; que tal apertura interior es la meta de todas las religiones, de todos los caminos, [...] pero que requiere un conocimiento directo y preciso, [...] que sólo se puede adquirir con la ayuda de algún guía con experiencia y a través de un prolongado estudio de sí y del trabajo sobre sí mismo.

Al cuaternario o conjunto de los cuatro primeros cuerpos o YOES: físico, vital, emocional y mental, le llamaban PERSONALIDAD, que pro-

---

212. René Guénon, *op. cit.*

viene de la palabra griega *prospora* y significa «máscara», queriendo simbolizar el disfraz, la cobertura con la que se cubre el alma para poder aparecer en el teatro de la vida. El hombre en sí no es la personalidad, ésta sólo se manifiesta a través de sus cuerpos inferiores cuando lo hace físicamente, piensa o siente, y dependiendo de las acciones de esos cuerpos inferiores se forma la personalidad.

El CUERPO FÍSICO es la cáscara que nos envuelve y que cubre otras realidades interiores. Nos enfrentamos a él diariamente frente al espejo y lo tenemos que alimentar, asear y vestir a diario. Es el más difícil de controlar puesto que actúa cuando él quiere y como él quiere.

El CUERPO VITAL es el que nos permite movernos y manifestarnos con las cualidades de los seres vivos gracias a una corriente energética que desarrollamos y que aparte de movernos, también nos faculta para hablar y expresarnos. Es relativamente controlable, la mayoría de las veces hace lo que le mandamos.

El CUERPO EMOCIONAL es el que encierra todos los sentimientos, emociones y pasiones. Muchas veces creemos que lo dominamos y conocemos, pero no es así, en realidad es él el que nos maneja y posee a nosotros, nos hace balancear entre lo más humano y espiritual que poseemos y los sentimientos más terribles de ira e irracionalidad humana. Podríamos decir que es prácticamente imposible de gobernar.

El CUERPO MENTAL es el que nos hace razonar y manejar ideas, es el que nos hace diferentes a los humanos, funciona atendiendo a las demandas personales, podríamos decir que es una mente egoísta, aunque en un sentido positivo porque sólo atiende lo que nos conviene, lo que nos gusta o lo que deseamos. Es posiblemente el más fácil de controlar.

Lo que acabamos de describir es el cuaternario, conocido como cuerpos inferiores. Ahora describiré una tríada que podríamos llamar de cuerpos superiores compuestos por: un cuerpo mental superior, un cuerpo búdico o intuitivo y un cuerpo átmico. Al conjunto en sí se lo conoce como INDIVUALIDAD, formando así una gran unidad que no es indivisa y que no puede dividirse. Representa al ser íntimo o interior, al hombre verdadero o al YO SUPERIOR. De esta forma, el cuaternario define al hombre ordinario o perecedero y la tríada al hombre trascendente o inmortal, porque aquello que permanece es eterno, el problema reside en que esto último se encuentra aún latente y que muy pocos hombres lo alcanzan.

El CUERPO CAUSAL es el primero de los cuerpos superiores, capaz de generosos actos, de concebir grandes ideales, y responde más rápidamente a los impulsos del mundo mental. Por eso, una correcta forma de vivir con pensamientos nobles que pueden actuar sobre el ego termina por desarrollar plenamente la CONSCIENCIA. Este cuerpo tiene mucha más capacidad que los anteriores.

El CUERPO BÚDICO es el que desarrolla la intuición y que no debemos confundir con el instinto o con la inspiración. La intuición es una forma de conocimiento que hace entender aquellos aspectos tan sutiles, de ese otro mundo, que podemos intuir que existen y que no podemos ver. Son reacciones repentinas, como una especie de señal instantánea que capta los sucesos como reacciones emotivas súbitas más que como elaborados pensamientos abstractos.

Desde muy antiguo, los sabios buscaban ver lo que no se ve y consideraban que el ser humano se dividía en distintos cuerpos, unos celestes y otros terrestres. Dice el apóstol Pablo a los corintios «... no nos fijamos en lo que se ve, sino en lo que no se ve, ya que las cosas que se ven son temporales, pero las que no se ven son eternas».[213]

El CUERPO ATMICO podríamos definirlo también como el cuerpo de la voluntad. En él se encuentra la razón y la finalidad por la cual decide encarnarse un ser. Es un cuerpo tan especial y sutil que se lo ha conocido por distintos nombres según la civilización y cultura, para algunas era el espíritu y para otras el alma o la chispa primordial.

---

213. 2 Corintios 4, 18

Estos siete cuerpos tienen influencia los unos sobre los otros aunque parezcan extraños. Muchas veces, un daño físico puede llegar a afectar mentalmente. De la misma forma, un desorden emocional puede afectar físicamente. El hecho de que sean siete cuerpos distintos no quiere decir que estén separados, si analizamos la naturaleza podemos percibir que existe un principio de interpenetración que nos permite comprender el hecho de que diferentes planos no estén separados en el espacio, y que para estudiarlos no tenemos que desplazarnos, tan sólo debemos desarrollar los sentidos para poder conocerlos.

Por lo tanto, para que funcionen esta tríada de cuerpos superiores, no se requiere hacer nada especial, tan sólo es necesario que dominemos el cuaternario inferior y dejar actuar la tríada superior. ¿Cómo conseguir trabajar los cuerpos inferiores?, lo mejor es hacerlo conjuntamente en unión con los demás, es el camino más rápido.

También el budismo descompone al individuo en cinco conglomerados que integran su personalidad o *khandas: rupa,* que es lo físico o corpóreo; *vadana,* que es la sensación o sentimiento; *sanna,* la percepción; *sankarha,* el principio formativo, y *vinnana,* la consciencia. Como en el individuo no existe nada que sea permanente y el cambio es constante, por eso, se dice que cada *khanda* está integrada por un conjunto de elementos en continua fluctuación y que por lo tanto lo absoluto no es aplicable a la existencia del hombre.

Hay una gran heterogeneidad entre el hombre actual y el hombre del futuro, esa diferencia la marca la CONSCIENCIA. El hombre actual se comporta según unas normas religiosas y sociales que le han sido impuestas, el hombre CONSCIENTE analiza y elige cada día de su vida. Sólo se es consciente si se aprende a vivir sacando de cada instante de la vida la intensidad y diversidad que poseen. El hecho de dominar los planos superiores es una disposición que hace que vivamos bajo la unidad, la verdad y el amor.

Si somos capaces de profundizar, tanto en las cosas como en las personas, haciendo que la mente se desplace hacia lo desconocido, buscando la luz que está detrás de lo oculto y de lo irreal, en una palabra, profundizando en el interior, haremos que se desarrolle ese poder.

Rudolf Steiner[214] decía que el objetivo fundamental es el hombre y que cada hombre debe de alcanzar una experiencia mística que le permita llegar a lo divino en sí mismo. A pesar de su concepción teosófica siempre se mantuvo en las ideas occidentales, abandonando cualquier concepción oriental, y creía que el cuerpo constaba solamente de tres etapas: cuerpo, cuerpo astral y espíritu.

Pero para no alargarme en el análisis, ni seguir haciendo referencias a los textos de otras escuelas, terminaré con los fundamentales de la orden masónica. Tan sólo decir que la concepción del hombre que propone la masonería se basa en que debe construirse a sí mismo con base en el trabajo y el estudio, buscando la perfección individual, la cual jamás podrá alcanzarse si no es a través de la iniciación. Sin embargo, esa meta final que es la perfección nunca se alcanzará, es una utopía, porque en lo humano no cabe la perfección, no obstante, el desánimo no puede apoderarse de nosotros, porque hay que tener siempre presente que el pensador y el investigador van de la mano del creador.

## La llave del conocimiento

La educación es fundamental para la adquisición de conocimientos. Lo admitamos o no, el período de nuestra infancia es fundamental para una buena conformación del pensamiento. Cada niño que nace es único y tiene un recorrido que hacer en este mundo, pero también

---

214. Fue el fundador de la antroposofía, de la pedagogía Waldorf, de la agricultura biodinámica, de la medicina antroposófica y de una logia llamada Mystica Aeterna, dentro de la Orden de Memphis y Mizraim, que Steiner dirigió de 1906 hasta alrededor de 1914. Steiner añadió al rito masónico referencias rosacruces y la figura de Christian Rosenkreuz también representó un papel importante en varias de sus conferencias posteriores.

nace con una identidad genética e histórica. Las tradiciones, los usos y costumbres, la familia, las ideologías van a influir profundamente sobre su ser. Por lo tanto, forma parte de un modelo y una historia que según como sea contada va a influir considerablemente en la calidad de los conocimientos que va a adquirir.

La inocencia del niño refleja la verdadera luz, cuya intensidad irá disminuyendo gradualmente en contacto con la realidad humana, aunque nunca llegará a desaparecer del todo gracias al conocimiento, a la sabiduría y a que en nosotros dormita un niño que expresa simbólicamente la vuelta a la inocencia. Así es como el nacimiento y la muerte son el ciclo natural de la vida manifestada. Pero según la Iglesia, no siempre es fácil, porque si hacemos caso a los textos bíblicos estamos malditos, porque consumimos los frutos del árbol del conocimiento del bien y del mal, porque se produjo el juicio y la expulsión del Paraíso y en ese preciso momento, el Infierno se hizo realidad. A quien se manifiesta de esa forma sobre el infierno, deberíamos decirle que no hay que buscarlo en ningún sitio abstracto, el Infierno está en la Tierra, porque lo hemos creado los propios seres humanos.

Sin embargo, no debemos perder la esperanza ya que, más allá de las fuerzas necesarias para la supervivencia, existe algo que hace que en el hombre se manifieste un estado permanente y tranquilizador que garantiza la calidad del origen, a ese estado se lo conoce como conocimiento. Ningún saber debe ser disociado del *conocimiento,* es decir, del árbol de la vida que alumbra con fuerza sin cegar jamás.

Debemos entender que todos los hombres, a pesar de su parecido físico con respecto al otro, no son en absoluto iguales y que hay diferentes tipos o categorías que se manifiestan con distintos signos. Algunos tienen puntos de vista o perspectivas materiales, otros espirituales, realistas o idealistas que los diferencian. En resumen, son todas las caras del pensamiento universal, la manifestación en el espacio, la mente cósmica. El hecho de que el ser humano, según la Biblia, cayera en desgracia fue objeto de la contemplación de los antiguos que sintieron el pensamiento del yo.

Mediante un examen de las dimensiones de conciencia, de la personalidad, de la identidad y del condicionamiento, podríamos llegar a preguntarnos ¿qué es una persona?, algo que sólo podemos saber clarificando el modelo transpersonal de la naturaleza humana. Fritjot Capra establece en *El Tao de la física*[215] los paralelismos que nos ofrecen la física moderna de la imagen de la realidad y la de los místicos orientales, sugiriendo que la visión interior del místico y la experimentación científica pueden aportar formas de visión complementarias para llegar a conseguir un cuadro total de la realidad.

«Conócete a ti mismo y conocerás al universo y a los dioses» es la inscripción que se podía leer en el frontispicio del templo de Delfos.[216] La sabiduría de Occidente comienza, en su vertiente filosófica, con este pensamiento, intentando alejarse de adivinanzas y supersticiones. Esta frase está llena de promesas para el hombre en la búsqueda de la espiritualidad, porque le hace darse cuenta de que el perfecto conocimiento de sí mismo hace que sea igual a un dios, es decir, tener un alma inmortal y alcanzar la sabiduría en la vida aquí en la tierra. Sócrates se dedicó toda su vida mediante la mayéutica a dar a luz esa verdad.[217]

Muchos creerán que esta técnica está anticuada porque actualmente la ciencia, la tecnología y la investigación científica son los principales actores exotéricos del saber. Son los que han hecho progresar en los últimos cincuenta años el conocimiento de la materia y de la organización de la vida, haciéndonos creer y dándonos la impresión de que el hombre domina su destino. Nada más lejos de la realidad. Comúnmente nos mienten y al mismo tiempo nos mentimos, nos da miedo

---

215. F. Capra, *El Tao de la física,* Sirio, Málaga, 2006.
216. Véase *El Banquete* y *Teeteto* de Platón.
217. La mayéutica consiste en la creencia de que existe un conocimiento que se acumula en la conciencia por la tradición y la experiencia de generaciones pasadas. Es una técnica que consiste en interrogar a una persona para hacerla llegar al conocimiento no conceptualizado, se basa en la dialéctica, la cual supone la idea de que la verdad está oculta en la mente de cada ser humano.

sincerarnos con nosotros mismos, seguimos por inercia a nuestros semejantes cual rebaño de ovejas, ¿pero sabemos por qué estamos aquí?, ¿a dónde vamos? Muchas veces hemos oído que nuestro destino es hacer aquello para lo que estamos predestinados, pero ¿a qué estamos predestinados?, tan sólo nos ayudará a saberlo el conocer nuestras potencialidades y nuestras principales debilidades.

«Conócete a ti mismo» es una clara alusión a la búsqueda interna, ¿para qué buscar afuera cuando el gran secreto se halla dentro de nosotros? Conocerse a sí mismo significa prepararse para hacer la propia evolución, conociéndose se puede saber cómo interactuar con los demás, cómo es la verdadera realidad, y ayuda a educarse en la gnosis, que es precisamente autoconocimiento.

Lo que hacemos es reforzar la búsqueda de la personalidad más cercana a la conciencia, conociendo así los propios defectos y limitaciones que nos permitirán desarrollar nuestras habilidades, nuestra verdadera identidad y nuestra libertad. Los místicos o iniciados expresaban que nuestro estado de conciencia habitual es nebuloso e ilusorio y que está muy lejos de ser óptimo. Afirmaban que, lo sepamos o no, estamos prisioneros de nuestra mente porque no hemos sido entrenados. Que el diálogo que se origina en nuestro interior en una deformación ilusoria capaz de agotar toda percepción o realidad *(maya o samsara)*. Que sólo podemos reconducir nuestros procesos de percepción y comprensión a través de una de las vías, bien sea la de la meditación u otras.

Por eso decimos que no somos libres de pensar cualquier cosa o de cualquier manera, ya que el funcionamiento de nuestro pensamiento sólo tiene valor con las leyes cósmicas, porque hay que distinguir entre las ideas que contienen un hecho de la naturaleza o de la mente y las que tienen, por así decirlo, su propia esencia. Los últimos estudios que se han realizado sobre el cerebro humano muestran que éste puede estar involucrado en la cognición religiosa. Por eso, la perspectiva de la conquista de la sabiduría de Dios y la obtención de una vida eterna, que como prestación sólo nos demanda la observación de los demás a través de uno mismo, y la dedicación al estudio de la ciencia, es muy atractiva en el siglo XXI.

Desde un punto de vista racional, esta posición nos lleva a plantear que el espíritu se reduciría a la materia, por lo tanto, llegaríamos a la conclusión de que no habría vida después de la muerte. Todo lo contrario de lo que propone san Agustín al decir que el conocerse a sí mismo enriquece un alma inmaterial y eterna, mientras tratamos de vivir en armonía con lo físico, lo emocional y lo mental. Sin embargo, el doctor Michael A. Persinger[218] ha desatado una polémica fuerte en el mundo científico al haber conseguido mediante una técnica de estimulación magnética transcraneal (TMS) que varios individuos crean haber sentido la presencia de Dios o alguna experiencia mística similar. En unas declaraciones que realizó para una revista científica dice:

> Creo que la experiencia de Dios es el resultado de una estructura intrínseca del cerebro, un proceso probablemente esencial para la supervivencia y la evolución de la raza humana… No me sorprendería si se descubre que Dios es un rasgo del cerebro humano y que hay algo aún más poderoso, algo aún más importante que el concepto de Dios mismo. La ciencia será la clave para su descubrimiento.

Por supuesto, el nuevo conocimiento revelado será muy combatido por todos los adeptos del método científico, ya que lo considerarán como no razonable, lo que contribuirá a alimentar el conflicto entre los partidarios de un desarrollo material ilimitado y los que no quieren jugar a aprendiz de brujos, que naturalmente se verán apoyados por las diferentes Iglesias que lo repudiarán.

---

218. Psicólogo especializado en Neurofisiología Clínica de la Universidad Laurentian, Sudbury, Canadá. Es el más eminente defensor de los ataques en el lóbulo temporal como origen de los más diversos fenómenos inusuales. Persinger Michael A., *Neurophysiological bases of God beliefs*, Praeger, Nueva York, 1987.

Los rosacruces afirmaban que nada se aprende si no es por experiencia, distinguiendo así entre creencia y conocimiento. Durante mucho tiempo la única puerta al conocimiento de nuestro universo y de lo divino fueron los textos sagrados, hasta que la razón reemplazó a la intuición y descalificándolos transformó drásticamente la cosmogonía. Hasta ahora parece que el tiempo ganado, a través de la ciencia y la tecnología, ha servido para aliviar al hombre de las tareas repetitivas y a menudo penosas, pero no ha servido para una mejor comprensión de la vida, al contrario, parece que el aumento de la complejidad social y el acervo colectivo plantean más problemas que soluciones, ya que el hombre sigue apostando por una posición materialista de su destino, dejando el campo libre a los falsos conocimientos, a la falta de escrúpulos y de ética en personas públicas, a veces, donantes de lecciones que desacreditan las verdades ontológicas.

Asegurar como decía el doctor Persinger que Dios es una característica de nuestro cerebro humano o mantener que la mente es solamente material es hablar especulativamente. Encontrar respuestas a las preguntas metafísicas que tienen relación con los dioses, el universo y el autoconocimiento tiene su dificultad incluso si, de forma racional, tal contenido no parece existir.

Deberíamos preguntarnos sobre el misterio de la relación de algo que en nuestra opinión no existe. Pero que si vamos más allá de la percepción podemos imaginar otra cosa, que tal vez sea la verdad de lo que se percibe, haciendo visible lo no dicho, permitiendo al hombre, como sujeto, un enfoque y un nexo subjetivo en relación con su destino y sus preguntas metafísicas.

Algunos hombres están constituidos de forma que les es difícil encontrar el camino del espíritu, podríamos definirlos como materialistas. Son lo que saben, lo que son capaces de conocer, se mueven sobre la alfombra del realismo, y la posición de lo que defienden a veces no es estúpida; se ha escrito mucho muy inteligentemente sobre este tema. Sus argumentos son válidos en el mundo de la vida material, para el mundo material y sus leyes, aunque no van más allá.

Otros hombres están predispuestos para una vida interior donde se manifiesta un principio espiritual. Por supuesto saben, como lo sabe el materialista, que la materia existe externamente, pero aseguran que es una manifestación del elemento espiritual, que es su fundamento. A éstos los conocemos como espiritualistas. Evidentemente, estos hombres no están interesados en el mundo material y sus leyes. Para ellos, todo es representativo del espíritu y disfrutan de ello, porque están plenamente convencidos de que es lo único verdadero, superior y digno; preocuparse por una sola realidad de la materia sería una ilusión que estaría fuera de la fantasía. No cabe duda de que es un punto de vista extremo que lleva a la negación de la vida material, niegan la importancia de la materia y sus leyes, sin embargo, reconocen lo que en realidad es lo más real: el espíritu.

Una tercera concepción es la realista, que piensa que objetivamente todo está ahí, en el universo, como materia o como espíritu, y que no podemos decidir, por las limitaciones de las facultades humanas, qué es lo uno y qué es lo otro. Percibimos el mundo que nos rodea, lo vemos y le aplicamos nuestro pensamiento, pero no tenemos ninguna razón para suponer que se basa en el espíritu y nos atenemos a lo que vemos; sabemos que el mundo que nos rodea está construido sobre la base de átomos materiales. Nuestra sociedad se ha ido impregnando de una visión del mundo basada en el realismo que ha afectado a las actividades científicas, manifestándose en sus diferentes ámbitos: investigación, docencia y divulgación.[219]

La cuarta concepción correspondería al pensamiento idealista. Sin embargo, desde el punto de vista idealista podríamos decir que este mundo real de las apariencias no significa nada y no tiene un significado real si no nace en él algo que la mente humana pueda aportar y que no está contenido en el mundo que nos rodea.

---

219. P. Watzlawick y P. Krieg, *El ojo observador*, Gedisa, Barcelona, 1998.

Fichte dijo: «Todo el universo que se extiende a nuestro alrededor es la condición encarnada en el cumplimiento del deber» y también: «El mundo tiene incorporada la sustancia de su deber». Si creemos que la totalidad del universo es el único Dios y que ese concepto universalista afirma la unidad sustancial de Dios y el mundo, estamos hablando de panteísmo, un sistema filosófico cuyos aspectos son modos de la subsistencia universal única. Lo encontramos en algunos aspectos del hinduismo, del budismo y sobre todo de la antigua filosofía griega, en personajes como Heráclito, Plotino o más cercanos a nuestro tiempo como Giordano Bruno o Spinoza, que lanzó la propuesta filosófica: «Dios o la Naturaleza». El spinozismo, sin embargo, debe ser considerado más bien como un panenteísmo, porque para el filósofo holandés todo está en Dios, al estilo de lo proclamado posteriormente por Krause.[220]

Desde este punto de vista, el mundo debe tener un ideal porque el universo es sólo un medio para las ideas que impregnan todos los fenómenos. Aquellos que lo adoptan reconocen la realidad de los fenómenos del universo, pero no son realistas ya que creen que la vida real debe ir acompañada de un ideal que le da sentido, por lo tanto, son idealistas y el idealismo puede ser entendido como su concepción del universo. Todo ello no tendría ningún propósito ni razón y únicamente se quedarían en ideas fantásticas creadas por los hombres si esas ideas no explicasen la existencia de las cosas reales.

He expuesto cuatro teorías: materialismo, espiritualismo, realismo e idealismo. Cada una de ellas tiene su propósito y significado en su especificidad. Pero acaso ¿podemos decir que los espiritualistas tienen razón? o ¿qué está justificado lo que reclaman los materialistas?

---

220. Karl Christian Friedrich Krause, filósofo alemán creador del panenteísmo. Sus ideas ejercieron una gran influencia tanto en España como en Hispanoamérica a través de la divulgación de sus doctrinas por Julián Sanz del Río y sus discípulos Francisco Giner de los Ríos y Fernando de Castro, quienes las aplicaron en la prestigiosa y renovadora Institución Libre de Enseñanza. En la propia Alemania lo hizo, sobre todo, el pedagogo Friedrich Fröbel.

A la primera pregunta podemos responder que su pensamiento y sus intenciones pueden aportar ideas, pero poco pueden aportar sobre la materia y sus leyes. A la segunda podemos contestar que en cuanto a la materia y sus leyes, sí pueden proporcionar algunos descubrimientos útiles y valiosos, pero si nos centramos en el pensamiento y en las ideas, pueden llegar a decir muchas tonterías. Tanto unos como otros están diametralmente opuestos y pueden proporcionar razones convincentes para hacer que se confirme la concepción realista que tenemos del universo, que no es ni una cosa ni la otra. Sólo podemos añadir, por tanto, que cada uno de los diferentes propósitos se debe a su propio campo.

En tal contexto observamos lógicamente que se crea un hiato entre el progreso material y la felicidad del ser, las causas radican en que el conocimiento puramente científico, que entraría en el concepto de materialismo, es solamente una faceta de la realidad y que al mismo tiempo esconde, con su poder, todas las otras realidades ocultas del inconsciente. Tal situación tiene como consecuencia principal que los conocimientos materiales no tienen una asociación con lo innato, por lo tanto, con el esoterismo, desembocando en certezas que bloquean la evolución espiritual y el aumento de conciencia de la sociedad, convirtiéndose a veces en un generador de conflictos sociales.

Cuando el esoterismo toma el relevo del exoterismo, al integrar al hombre como un componente natural del macrocosmo, se produce la creación del hombre nuevo, que es un componente clave en la solución del problema. ¿Pero cómo conseguirlo?, únicamente puede aflorar a la consciencia a través de la iniciación, bien sea a través de la masonería o de otra vía. En el momento que se produce la creación del hombre nuevo, se revela entonces el sentido de la globalidad y sugiere nuevas posibilidades de investigación, al ampliar ese campo de consciencia, desde la reflexión analítica.

Recordemos que el exoterismo, analógicamente relacionado con el saber adquirido y con el conjunto de bienes morales o culturales, acumulados por tradición (acervo), se interesa de una manera general por los hechos probados y reconocidos por la experimentación científica y, por supuesto, rechaza todo lo que está oculto dentro de la jurisdicción de la imaginación. Mientras que el esoterismo, analógicamente relacionado con la sabiduría y lo innato, prolonga el estudio a otras dimensiones mediante el uso de un lenguaje simbólico y analógico que aporta la observación de una nueva luz más global.

He tratado de encontrar la definición de *conocimiento* en el diccionario de la RAE y en el María Moliner; desgraciadamente sus definiciones distan mucho de estar actualizadas, por lo que he tenido que recurrir a la enciclopedia Larousse. De acuerdo con su exposición, es «un conjunto coherente de conocimientos adquiridos en contacto con la realidad o por el estudio» y la misma editorial define el conocimiento como «el conjunto de los ámbitos donde se ejerce la actividad de aprender». También: «Comprender, conocer las propiedades, las características o los rasgos específicos de algo». Mejor me ha ido con la definición de *sabiduría*. La RAE dice: «Grado más alto del conocimiento. Conocimiento profundo en ciencias, letras o artes»; y el María Moliner: «Conjunto de los conocimientos poseídos por la humanidad. Ciencia, sabencia, saber, sabieza». Aunque ninguno de los dos acaban de definirlo bien, por lo tanto, recurro una vez más a la enciclopedia Larousse, que está más actualizada y dice: *«Ideal superior de vida propuesto por una doctrina moral o filosófica».*

En resumen, vamos a mantener que el *conocimiento* es un planteamiento intelectual y horizontal, vinculado a los ámbitos analíticos y establecidos sobre una realidad observable y mensurable. Mientras que la sabiduría, es un enfoque unitario y fusional del hombre con su medioambiente, sin limitación por la realidad y sin exclusión de las leyes que rigen el área sensible.

El conocer es, pues, la integración coherente de todos los conocimientos adquiridos. ¿Pero entonces, dónde podemos situar a aquellos que no son aparentes, sino que deben existir en alguna parte, ya que nada puede crearse de la nada?

Los diccionarios únicamente hablan del conocimiento al contacto de la realidad y del estudio. ¿Pero entonces, que pasa con los conocimientos iniciáticos? Aquellos que se adquieren fuera de toda realidad razonable, es decir, aquellos que surgen con fuerza en la consciencia del iniciado por un drama simbólico que le aporta las emociones y las herramientas necesarias para la comprensión de un destino, hecho que parece muy difícil de aceptar para algunos.

¿Quiere decir esto (siempre según los diccionarios) que sólo el uso del intelecto es formador de conocimientos y alimenta el saber? ¿Qué pasa entonces con el conocimiento derivado de la revelación, de la redención, del Espíritu Santo, del amor y del Gran Arquitecto del Universo? Erich From nos recuerda que «El *amor* es la única respuesta sensata y satisfactoria al problema de la existencia humana». También María Zambrano nos dice «Creo en la revelación de la filosofía y al que revela no se le pregunta».

Se presenta ante nosotros un mundo sin descubrir, pero para cualquier persona que quiera dedicarse a explorar, lo primero que tiene que hacer es consultar mapas que describan esa tierra incógnita, eso siempre es bueno porque lo utilizaron todos los descubridores.

La inspiración es necesaria para crear. El reconocimiento de la belleza de la obra no siempre es evidente, ya que depende de nuestra propia percepción de la belleza que es, en última instancia, el resultado de la transmutación del saber cuyo nivel depende de la realización del ternario: aprender, entender y experimentar, aplicado a todos los actos previstos. Esta necesidad de claridad y autenticidad es la clave para fortalecer la voluntad de la búsqueda. Para comprender los secretos de la sabiduría no basta con teorizar sobre ellos, si para ver necesitamos ojos y para oír, oídos, para ser sabio uno ha de proceder sabiamente aunque no haya recibido instrucción intelectual, y percibir las cosas del espíritu a través de una percepción espiritual. Siguiendo esa senda, en cada paso que demos en la vida encontraremos un aire más puro, una luz más clara, resumiendo, una nueva vida que según sea el ascenso ensanchará proporcionalmente el horizonte mental.

Este enfoque demuestra claramente la importancia de los estudios intelectuales, pero más allá del placer de realizar una investigación, existe la necesidad fundamental de entender el significado de la vida, aventurándose en nuevos espacios formadores de una exigencia de la verdad. Algo que sólo podemos conseguir si estamos consecuentemente iniciados en una realidad histórica que refleje en potencia nuestra identidad genética y kármica.

El saber y el conocer siempre han interesado a los masones, porque esa sabiduría y conocimiento interfiere normalmente en los ámbitos científicos, culturales y sociológicos de la vida, desafiando, a veces, a la filosofía y a la consciencia. Tanto han interesado que se incluyen de una manera implícita en los propios rituales, al estructurar el proceso iniciático y la forma del lenguaje simbólico.

El masón necesita esa sabiduría y conocimiento para elegir el camino de búsqueda necesario que le llevará a aclarar la herencia de lo innato, el saber del conocimiento y el significado del significando. El brazo más evidente para esclarecer los valores del conocimiento, ocultos en el árbol de la sabiduría, son las iniciaciones masónicas. A estas alturas deberíamos preguntarnos ¿La masonería posee realmente una *vía de conocimiento?* La respuesta es, así es, posee una *gnosis*. Un conocimiento por participación, por identificación. Porque el masón al tomar como modelo a un Maestro, pasa a descubrir a su vez a su propio maestro interior, con esto no quiero decir que este paso sea fácil, comprender la realidad última es una tarea difícil y muy rara de alcanzar. Al final y a pesar de su universalidad, es la prerrogativa de unos pocos.

La física moderna empieza a demostrar que las enseñanzas de los gnósticos tienen un fondo de realidad científica que ellos ya conocían. Decían que del vacío más absoluto se puede crear un protón y un antiprotón, también sabían que rodeando la Tierra, existe un cinturón de antiprotones, que cuando se juntan con un protón se funden en la nada. Se sabe que existieron los gnósticos[221] a través de los escritos de

---

221. El gnosticismo es un conjunto de corrientes sincréticas filosófico-religiosas que llegaron a mimetizarse con el cristianismo en los tres primeros siglos de nuestra era, y que finalmente se convirtieron en un pensamiento declarado herético, después de una etapa de cierto prestigio, entre los intelectuales cristianos.

sus perseguidores, sobre todo por Irineo de Lyon,[222] y por fuentes directas. También tenemos conocimiento de ellos por los escritos herméticos, como el códex de *Askevianus* (Museo Británico), *Brucianus* (Oxford), *Berolinensis* (contenido en el Apócrifo de Juan) o la Biblioteca Copta de *Nag Hammadi*.

Por supuesto que no podemos olvidarnos de los gnósticos seguidores de Valentín, de Cerinto, de Marción, de Simón el Mago o de Mani, y más recientemente, los de la Universidad de Princeton.[223]

El gnosticismo no fue una religión cercana al pueblo y tampoco fue creada bajo la tutela de una Iglesia, con una jerarquía generadora de una ortodoxia. Menos aún se puede decir que tuvieran una sola doctrina al haber existido varios movimientos gnósticos. Ignacio Gómez de Liaño nos aclara algo más sobre ellos:

> Epifanio describe el ideario y los ritos, de carácter orgiástico y espermatodúlico, de unos sectarios alejandrinos a los que llama «gnósticos» y entre los cuales se hallan los «borborianos», los «barbelitas» y otros, pero la doctrina de esos gnósticos sólo coincide en una pequeña parte con la de los barbelognósticos de Ireneo y del Apócrifo de Juan. ¿Por qué los heresiólogos no les dedicaron tanta atención como a los ofitas o, sobre todo, a los valentinianos? La respuesta es fácil, cuando se escribieron, entre el 180 y el 230, los tratados de Ireneo, Tertuliano, Clemente Alejandrino e Hipólito, por citar solamente los más antiguos

---

222. Ireneo de Lyon, *Adversus haereses* (Contra los herejes), Ed. Herederos del Profesor Massimo Bovalini, Roma.
223. El gnosticismo también se viste con el lenguaje científico. Einstein integró de forma brillante un nuevo paradigma que incluía la ciencia y la espiritualidad. Un paradigma que contemplaba un orden implícito en todo (definido más tarde por David Bohm). La teoría de la relatividad y la física cuántica rompieron muchos clichés y empezaron a aparecer seguidores del campo de la física, la química, la astronomía, la matemática, la biología que se preocupaban en retomar la búsqueda de Dios con rigor científico, siguiendo los pasos de Newton y Einstein. Se autodenominaron «los Gnósticos de Princeton», movimiento que desde los años sesenta se establece en las universidades de Estados Unidos de Princeton y Pasadena.

que se han conservado, la única escuela gnóstica que representaba un peligro para la gran Iglesia (la católica) era la valentiniana.[224]

Valga de ejemplo el relato creado por la Iglesia Católica sobre Simón el Mago, descrito en las *Crónicas de Nuremberg*.[225] Dicen que el Mago se hallaba realizando vuelos por el Campo de Marte en un carruaje arrastrado por demonios alados, cuando Pedro pronunció un conjuro y el Mago se estrelló y se rompió los huesos. Lo curioso del caso es que mientras Simón el Mago es una figura histórica que no deja ninguna duda, la de Pedro igual que la de Jesús suscita incertidumbre incluso entre los teólogos católicos. De lo dicho en este relato se desprende, a) la intención de la Iglesia de desprestigiar a los gnósticos y particularmente a Simón al relacionarlo con el diablo; b) que efectivamente existió un enfrentamiento entre el gnóstico Simón el Mago y un sacerdote cristiano llamado Pedro, hecho corroborado por algunos historiadores. Sin embargo, sigue sin poder probarse que ocurriese en Roma, ya que no existen evidencias científicas de que Pedro estuvo en Roma. Los huesos encontrados y estudiados por la arqueóloga Margherita Guarducci, entre 1952-1964, y analizados por el antropólogo Venerando Correnti, dieron pie al libro *La tradición de Pedro en el Vaticano: a la luz de la historia y de la arqueología*,[226] sobre el que el jesuita Edgar R. Smothers escribió: «Una prudente reserva se interpone en el camino de un juicio categórico de autenticidad». En 1953, dos arqueólogos y sacerdotes franciscanos descubrieron la tumba, según ellos, de Pedro en el convento Dominus Flevit de Jerusalén.

---

224. Ignacio Gómez de Liaño, *op. cit.*
225. Libro impreso en 1493 que fue editado en dos versiones: una latina y otra alemana, lo que le permitió que se difundiera ampliamente por toda Europa, la edición alemana iba dirigida a la clase media-alta, que no poseía una educación universitaria; la versión latina se orientaba más a los mercados académicos y teológicos.
226. Margherita Guarducci, *La tradición de Pedro en el Vaticano: a la luz de la historia y de la arqueología*, Tipografía Políglota Vaticana, Ciudad del Vaticano, 1963.

Por lo tanto, definir el gnosticismo es casi imposible, ya que sus fronteras fueron muy amplias, únicamente decir que la característica esencial de la gnosis era la diversidad. H. C. Puech señaló que «…la gnosis es conocer quiénes somos, de dónde venimos o a dónde vamos, por qué fuimos salvados, cuál es nuestro nacimiento y cuál es nuestro renacimiento».[227]

La gnosis, es decir, la *vía del conocimiento,* es solamente la formulación en lenguaje humano de la tradición primordial, ese paso que va de la experiencia a la verdad de la tradición se efectúa en el momento de la iniciación, es un componente esencial sobre el cual el hombre adosa sus comportamientos y se cumple la finalidad deseada por el proceso gnóstico, que es un retorno a la unidad. Es pues un método que incluye una transcendencia, un estilo de vida respetuoso con la diversidad y una coherencia holística de los valores humanos.[228] Significa que el conocimiento está incluido en el saber y que hay que confiar en la intuición para encontrar los caminos que llevan a la verdad, el hombre que sigue su intuición sabe que al final la recompensa está en la felicidad cósmica, que sutilmente se ha vuelto íntima al aceptar con naturaleza la finalidad.

La iniciación es la búsqueda de la verdad por un progreso desde el comienzo de lo heredado y de la tradición. Consiste en un valor de conjunto, una especie de acceso al estado trascendente de la indiferencia. Todos sabemos que por la mezcla de mercurio y azufre no se produce oro, y no se consigue la Gran Obra Alquímica. La riqueza está en la sabiduría, en el conocimiento de lo que fue la historia y lo que podría ser el destino en el universo cuando ambos se ajustan. El objetivo de esa Gran Obra es la transmutación, regeneración y redención individual. El hombre natural es la materia prima que tiene que res-

---

227. Henri-Charles Puech, *En torno a la gnosis I*, Fondo Taurus, Madrid, 1992.
228. El holismo supone que todas las propiedades de un sistema no pueden ser determinadas o explicadas como la suma de sus componentes. Considera que el sistema completo se comporta de un modo distinto que la suma de sus partes.

taurarse en el *atanor* de dicha Gran Obra. El que llega a la meta ya no existe como individuo, es una característica especial del ser, que se fusiona con el Ser Universal y su historia ha terminado. Es como si hubiera encontrado la vida eterna.

Toda esta búsqueda es, sin duda, el esfuerzo del iniciado. Es aventurarse en un sendero oculto, en un medio hostil, húmedo, oscuro y fértil que le lleva a discernir en la belleza del cielo azulado las miríadas de estrellas que son su esencia, formadoras de un saber que él presiente justo y verdadero. Es de ahora en adelante un hombre cósmico, que vive su transcendencia por la aceptación de la dualidad, sabe que el pavimento mosaico es el trampolín para vivir la luz y buscar una enseñanza adaptada a su personalidad. Sabe que si la INICIACIÓN fuera ciencia pura, sería imposible de reconciliar con la idea del AMOR, que es la base de la enseñanza masónica, sabe que la iniciación tiene algo de científico porque lleva el *conocimiento* a la causa de la humanidad, aunque sea oculto por el símbolo.

Esta vivencia iniciática es una referencia genérica que permite construir el Templo Universal; es la llave que da paso al *conocimiento* formando un carisma masónico específico. De esta forma, el masón conoce, en cierto modo, el misterio de la transmutación al ser conocedor de su secreto, al haber visto su tesoro, que es incomunicable por la palabra, porque es una experiencia personal. Lo importante de todo esto es que vive una maestría examinada por los sentimientos y expresada por esa inteligencia del corazón encontrada en el ritual masónico, donde adquiere conciencia de una realidad objetiva, en este caso, la tradición. Éstas serán las primeras piedras sobre las cuales podrán trabajar las herramientas del grado dándole entonces sentido al *conocimiento*.

Parménides presenta su pensamiento como una revelación divina dividida en dos partes: *La vía de la verdad,* con la que niega la existencia de la nada y *la vía de las opiniones de los mortales,* con la que construye una doctrina cosmológica completa. Las primeras palabras de una estrofa de su poema dicen: «Soy lo que soy...» o «el ser...», que en el fondo es de lo que se ocupa su pensamiento, donde se confirma la interrogación crítica del hombre frente a su destino; entender e investigar el origen de este deseo es vivir la condición humana. No debemos olvidar que en cada individuo existe fundamentalmente una necesidad de ser, pero también una necesidad de saber y de conocer.

Volviendo al *conocimiento* y a la gnosis masónica, nos encontramos con que algunas obediencias se basan en una verdad revelada, en el fondo todas las gnosis están basadas en este concepto y ahí está la contradicción. Considerar que la Biblia fue revelada por Dios a Moisés es negar lo que hemos explicado en páginas anteriores. Realmente, la Biblia se empezó a escribir durante el primer cautiverio hebreo en Babilonia. Durante la cautividad en Babilonia tuvieron contacto con una civilización avanzada que hizo surgir en los cautivos la necesidad de disponer de unas raíces y tradiciones propias. Negar este hecho es ignorar que existían textos manuscritos antes de la cautividad y que fue allí donde Esdras, basándose en esos poemas babilónicos, empezó a escribirla realmente. Para ello, puso por escrito leyendas orales difundidas entre las distintas tribus a lo largo de los años, mezcladas con diversas filosofías religiosas que prevalecían en aquellos tiempos y que no eran demasiado bien entendidas por los escribas, lo que ha dado lugar al cajón de sastre del Antiguo Testamento, con sus contradicciones doctrinales, de fechas, de situaciones, etcétera.

Todas las religiones dualistas comparten un concepto fundamental que es el de emanación. Este concepto podríamos describirlo como un acto consciente o inconsciente que parte de la divinidad espiritual en forma de manifestaciones suyas, y que finalmente llevan una existencia independiente. Es lo que los gnósticos llamaban eones. La divinidad y los eones juntos formaban el Pleroma, es decir, un grupo perfecto porque se alcanzaba la plenitud. Según ellos, la creación del mundo fue consecuencia de la curiosidad o deseo de uno de los eones que cayó dentro del Pleroma.[229]

---

229. Steven Runciman, *Los maniqueos de la Edad Media. Un estudio de los herejes dualistas cristianos*, Fondo de Cultura Económica, México D. F., 1989.

Pero no obstante, todas estas gnosis, por otra parte, parten de una premisa, proponiendo que el alma humana se ha deteriorado y que debe volver a su hábitat ontológico primario. De hecho, estas gnosis clásicas tienen varias características en común:

DUALISMO. Las palabras más significativas se pueden agrupar en dos polos opuestos pero no equivalentes: por ejemplo, los dos polos, como en *este caso* (el mundo empírico) y *enfrente* (el mundo trascendental). Este dualismo no es radical, como el dualismo iraní (primero mazdeísta y luego maniqueo), este mundo es un peripato accidental que requiere una explicación.

EL ORIGEN DEL MUNDO Y DEL HOMBRE. Si el mundo y el mal no son principios eternos, que provienen de una fuente única, Dios sería totalmente ajeno a ello. Pero los gnósticos siempre sostuvieron que el universo fue creado por un demiurgo, por un creador perverso y malvado. Siempre se preguntaron por qué el universo es tan imperfecto y su respuesta era porque fue creado por un ser igualmente imperfecto que lo ha hecho a su imagen y semejanza. Algunos de los grupos gnósticos representaban a Yehovah como el eón caído.

LA SALVACIÓN ES LA RESTAURACIÓN DE LA UNIDAD PERDIDA. Su aspecto objetivo es la revelación y su cara subjetiva la gnosis. Entendiendo gnosis como el conocimiento superior por el cual los elegidos se conocen como los que provienen del *Pleroma*, elemento común a muchas doctrinas gnósticas, que se define como la unidad primordial de la que surgen el resto de los elementos que existen, o dicho de otra forma, la Plenitud. Es, pues, un término relevante a la filosofía y a la religión.[230] En el apócrifo de Juan leemos de boca de Jesús: «Soy el recuerdo del Pleroma. Se ha producido una especie de amnesia cósmica. La gente no sabe de dónde procede». Precisamente, siguiendo la senda de los gnósticos, otro grupo posterior también dualista, los

---

230. Ignacio Gómez de Liaño, *op. cit.*

cátaros, no veían a Jesús como el hijo de Dios tal como lo hacían los cristianos, para ellos era una emanación divina producto del Pleroma.

La gnosis no se materializa y su secreto no es el resultado de acceso solamente a un pequeño círculo de iniciados, sino que su verdadero significado está oculto, es esotérico, como en el Evangelio según Tomás, «Éstas son las palabras ocultas que ha dicho Jesús, el inmortal: el que encuentre la interpretación de estas palabras no probará la muerte».

En la escatología gnóstica se establece una intrínseca relación entre los tiempos del fin y la restauración de la Unidad del Pleroma o apocatástasis: la redención.[231] Esta relación pasa por cuatro principios fundamentales: el fin del mundo está intrincadamente vinculado al principio; la humanidad, personificada por *Sophia*, era parte de la colectividad divina o Pleroma; el mundo se origina por la caída en la ignorancia y la deficiencia.

Como consecuencia… la disolución del mundo y la restauración del Pleroma se llevan a cabo gracias a la gnosis.

En cuanto a la ética gnóstica, afirma que lo espiritual no puede depender de una salvación sea de la moral que sea. La salvación del hombre se obtiene por medio de un *supremo conocimiento* (gnosis), que es diferente y superior a la simple fe. Si recogemos el concepto del Evangelio gnóstico de Felipe, dice: «La perla hundida en el barro o untada con bálsamo mantiene el mismo valor para sus propietarios».

Lo que la gnosis masónica tiene de común con las Gnosis clásicas y conocidas es la noción de umbrales intermediarios, de puertas que hay que franquear, y que el ritual afirma ser «extremadamente receloso». Porque umbrales y puertas son tradicionalmente guardados por *Arkontes*,[232] es decir, principios, y estos principios, hay que superarlos.

---

231. Valentín, maestro gnóstico del siglo II.
232. En la *cosmología gnóstica*, Arcontes son una especie de seres inorgánicos que emergieron en el sistema solar antes de la formación de la Tierra. En la antigua Grecia era el magistrado supremo encargado del gobierno.

El hombre ordinario que posee los elementos necesarios para la transformación estructural del mundo, y que trabaja consciente o inconscientemente para la fractura o reconstrucción de la sociedad, asegura la realización del ciclo de vida, entretenido inevitablemente por la dualidad y aunque vive en simbiosis con el acervo, no quiere llamar a la puerta del templo aunque es consciente de que le sería útil. Vive en el blanco o en el negro del pavimento ajedrezado, pero jamás en su intersección, mientras que el verdadero iniciado trabaja siempre en esta línea, haciendo equilibrio con el fin de dominar mejor los impulsos duales y vivir así en la frontera de dos mundos administrados por el juicio.

¿Tal enfoque permitiría, en la actualidad, vivir en paz; tener la llave del conocimiento en su forma más objetiva, haciendo que existiera más inteligibilidad y evitando que desapareciera la felicidad de la condición humana? La pregunta queda abierta a todos, en especial a los masones que demuestran una expansión del conocimiento de sí mismos y un nivel de consciencia hasta el infinito. Por desgracia, reina la injusticia entre los hombres y en cualquier sistema de organización de la sociedad.

Bernard Enginger, un escritor y místico del siglo XX, más conocido como Satprem, decía al hablar de la iniciación:

> ...por eso es tan difícil explicar el camino a alguien que no lo ha intentado: no verá más que su punto de vista de hoy, o mejor dicho, la pérdida de su punto de vista. Y sin embargo, si supiéramos que cada pérdida del propio punto de vista es un progreso, y cómo cambia la vida cuando se pasa de la etapa de la verdad cerrada a la etapa de la verdad abierta. Una verdad que es como la vida misma, demasiado grande para ser capturada por los puntos de vista, porque abarca todos los puntos de vista [...] una verdad lo suficientemente grande para negarse a sí misma y pasar interminablemente a una verdad superior.[233]

---

233. Satprem, *Sri Aurobindo o La aventura de la consciencia*, Instituto de Investigaciones Evolutivas. El nombre espiritual Satprem, significa «el que ama de verdad», se lo puso su maestra Mirra Alfassa, más conocida como La Madre.

En conclusión, el verdadero conocimiento de uno mismo es la clave para todos los masones, independientemente de su camino religioso o filosófico para acceder a una consciencia impuesta (teísmo) o expandida (deísmo y libre albedrío), lo que les permite vivir el misterio de las causas fundamentales y la práctica de la fraternidad activa. Se entiende que la creencia en el GADU –Gran Arquitecto del Universo–, o en cualquier otra forma de energía trascendental, promueve el surgimiento y la exaltación de la imaginación. Ésta puede elevar el nivel espiritual de la consciencia y, por lo tanto, el amor de la vida en todas sus manifestaciones, y especialmente la raza humana.

En las próximas páginas volvemos al Templo de Salomón, en este caso haciendo una comparación con tres edificios importantes para la masonería que, sin ser iguales, mantienen un cierto paralelismo con el Templo.

## Capítulo VI

## El Templo de Jerusalén y Felipe II

Iniciaremos esta comparativa del Templo de Jerusalén con El Real Sitio de San Lorenzo de El Escorial o simplemente, El Escorial, nombre por el que se lo conoce popularmente. El edificio se terminó de construir a finales del siglo XVI, siendo una de las obras más representativas de su época. Para situarlo se hicieron estudios previos de la ubicación, buscando ese lugar mágico. Su emplazamiento fue cuidadosamente escogido por un ejército de personajes variopintos, entre los que se encontraban clérigos, arquitectos, agrimensores, astrólogos y alquimistas, que anduvieron moviéndose por los alrededores de Madrid, sitio donde se encontraba la corte. Todo está construido con unas coordenadas muy precisas que sólo tienen un pequeño error de dieciséis grados respecto a los puntos cardinales. Es un microcosmos, una ciudad de Dios, un templo del sol.

Nace como contraposición al ocio, la caza y los jardines de flores que brindaba Aranjuez.[234] El Escorial debía representar otra cosa; como el estudio, la meditación y el recogimiento, tanto en su diseño, en su

---

234. El Sitio de Aranjuez, durante la Edad Media, era un lugar perteneciente a un maestrazgo llamado la encomienda de los Alpages, perteneciente a la Orden de Santiago. Con la política de los Reyes Católicos de ir controlando las órdenes militares, y al asumir Fernando el Católico la cabeza de dicha orden, la Corona pasó a ser la administradora perpetua de sus posesiones.

arquitectura sagrada y en los secretos geométricos que encierra. Más allá de su obra, el monasterio de El Escorial se convirtió en un símbolo y debía conformar por sus hechuras –35.000 metros cuadrados que constituyen la más importante obra humana de carácter histórico-mágico de la cristiandad– y por su emplazamiento la función de un poderoso talismán. No en vano, se situaba sobre lo que los nativos de la zona conocían como la Boca del Infierno, un centro natural de poder donde se manifestaban desatadas fuerzas telúricas.

Pero en esta maravilla del mundo también habita la contradicción, es cierto que en su diseño se adivinan la influencia astrológica y mágica, pero además es una obra renacentista, regida por criterios racionalistas, funcionando como un gran centro de recepción y difusión del saber.

A lo largo de los años de la construcción no sólo comenzó a elaborarse una mitología en torno al monasterio, que lo consideró como la octava maravilla del mundo o un nuevo *Templum Salomonis*, sino que además el programa fue adquiriendo una complejidad cada vez mayor. No es un simple edificio, sino todo un mundo, con más de 4000 estancias, 2673 ventanas, 1250 puertas, 15 claustros, 11 aljibes, 88 fuentes, 45000 libros impresos, 5000 códices, 1600 cuadros, 540 frescos… Y todo construido en menos de 22 años. Siempre ha existido alrededor del edificio una discusión historiográfica sobre sus orígenes y se han señalado las más diversas influencias. Entre ellas, el propio Templo de Salomón, la arquitectura hospitalaria española e italiana, el templo de Diocleciano en Spalato o el convento de los benedictinos en Catania, aunque la realidad nadie ha podido confirmarla, más adelante lo veremos con mucha más precisión.

Los detractores de España, que han ido sembrando una leyenda negra alrededor de nuestra historia, siempre han mantenido que Felipe II fue un monarca oscuro y ultracatólico, sin embargo, cuando empiezas a investigar sobre el personaje, descubres que la imagen pública que forjó sobre su persona es la de un defensor del catolicismo, pero en su mundo privado pertenecía incondicionalmente a la heterodoxia. Fue un auténtico príncipe del Renacimiento, con una cultura enciclopédica, creador de universidades, de hospitales, coleccionista, gran bibliófilo, estudioso de la filosofía neoplatónica y de la mística de Raymundo Lulio. No es de extrañar que se entendiera bien, en estas materias, con Juan de Herrera, ya que les movían las mismas aficiones y por ello concibieron el grandioso concepto arquitectónico de El Escorial.

El Renacimiento supone un cambio de mentalidad, que viene dado por un amplio movimiento cultural que se produce en la Europa Occidental, que retomando los elementos de la cultura clásica, simboliza la reactivación del conocimiento y el progreso tras siglos de dominio del dogmatismo derivado de la Edad Media. De hecho, el Renacentismo rompe con la tradición artística de esa época a la que califica de estilo bárbaro. Esta nueva etapa planteó una nueva forma de ver el mundo y al ser humano, sustituyendo el teocentrismo medieval por el antropocentrismo. Este pensamiento se ve ejemplarmente representado en la figura de Felipe II y su corte, síntesis del gusto manierista, que también se manifiesta en otras cortes europeas. Desgraciadamente, para muchos historiadores de esa época únicamente quedó lo negativo, el contrarreformismo español.

Es evidente que este contrarreformismo nos lleva a un cierto atraso con referencia a Europa, pero no es, como veremos más adelante, a causa de lo que Allen Debus[235] sostiene al decir que existía un retraso en comparación con Europa, porque las teorías de Paracelso empezaron a defenderse hacia 1700, cuando fuera de la Península habían pasado de moda. Insisto en que más adelante veremos cómo en la época felipista, Paracelso fue uno de los legados de Felipe II. Lo corrobora también López Piñero con su espléndido trabajo.[236]

---

235. Debus Allen, *The chemical philosophy. Paracelsian science and medicine in the sixteenth and seventeenth centuries*, Science History Publications II, pp. 306 y ss. Nueva York, 1977.
236. José María López Piñero, *Ciencia y técnica en la sociedad española de los siglos XVI y XVII*, Editorial Labor, Cerdanyola (Barcelona), 1979.

No sólo quedaron en El Escorial como una evidencia los libros sobre las teorías de Paracelso, existió además lo relacionado con la institucionalización de las prácticas experimentales que allí se desarrollaron, basadas en el ejercicio de la química paracelsista, configurándose así una de las dependencias más importantes del monasterio, «el laboratorio de investigación», en aquella época denominado botica, que se convertirá en uno de los centros de saber más significativos de Europa.

Existen también en España otros testimonios que datan de 1585, como fue una escuela paracelsista, en el Estudi General de Valencia, encabezada por el cirujano valenciano Llorenç Coçar. Es el único autor que editó un texto claramente paracelsista en la España de 1589, se trata de *Dialogus veros medicinae fontes indicans,* donde habla de una nueva medicina apoyada en la filosofía, la astronomía, la alquimia y la virtud del médico. Su contenido fue el preludio de una serie de obras claramente asociadas al pensamiento de Teofrasto Paracelso desarrollado en su libro *Das buch Paragranum.*

Hay un detalle interesante, revelado por José Pardo Tomás,[237] que desmiente a Allen Debus y que está relacionado con Coçar y el entonces inquisidor general español, el cardenal Gaspar de Quiroga y Sandoval, cuando en 1589, el cirujano fue designado por Felipe II como protomédico y sobrevisitador real del reino de Valencia, con el fin de controlar la práctica médica en la región. Parece ser que el eclesiástico propuso a Coçar para médico del Santo Oficio de Valencia, al final no pasó de proposición, pero demuestra que en esa época las autoridades inquisitoriales no castigaron el paracelsismo y aunque, como hemos visto anteriormente, alguna vez se ha comentado lo contrario, Paracelso no fue considerado oficialmente un peligro religioso en la España del siglo XVI. Lo cierto es que dejaron a los que defendían esas ideas que expusieran sus pensamientos en la muy católica España. Tenemos ejemplos como fue el caso del cardenal y político español Antonio

---

237. José Pardo Tomás es miembro del Consejo Superior de Investigaciones Científicas.

Perrenot; el de Ernesto de Wittelsbach (Ernesto de Baviera), que comandó durante la guerra de Colonia las tropas castellanas y bávaras, o el del alquimista, historiador y poeta Richard Stanihurst, que trabajó en el gran laboratorio de alquimia en El Escorial.

Sin embargo, es cierto que Felipe II tuvo profundas creencias cristianas, pero fueron siempre de la mano de los místicos españoles, a los que conoció y comprendió. Que Felipe II era un católico convencido nadie lo pone en duda, que la religión del rey era la de los súbditos tampoco. Pero eso ocurría en toda Europa, en la Inglaterra anglicana, en la Holanda calvinista o en la Alemania luterana, la persecución de los herejes existía en todas partes. Claro que los protagonistas cambiaban según el lugar. Lo cierto era que Felipe II favoreció a algunos perseguidos, liberó de la cárcel a Juan de la Cruz, protegió a Teresa de Jesús y favoreció a Ignacio de Loyola. Y no se puede negar que lo que practicaba Felipe II y su Círculo de El Escorial, que más adelante describiremos, se conoce actualmente como esoterismo cristiano.

Nos puede parecer sorprendente que ese rey que siempre nos han pintado, dentro de la leyenda de la España negra, como paladín de la católica cristiandad y martillo de herejes, estuviera dentro del pensamiento heterodoxo practicando la alquimia y el esoterismo, algo que siempre se ha relacionado en su tiempo con la magia y la brujería. Lo cierto era que mientras la Iglesia ultramontana española condenaba la libertad de pensamiento del pueblo, que muchos pagaron con la hoguera, en El Escorial el rey, que mostrará a lo largo de su reinado una constante dicotomía, y que a pesar de poseer una sólida formación científica le atraía por igual lo visible que lo oculto, lo católico que lo mágico, la belleza de Tiziano o la alucinante obra del Bosco,[238] decía:

---

238. El rey Felipe II de España compró muchas de sus obras después de la muerte del pintor; como resultado, el Museo del Prado de Madrid posee hoy en día varias de sus obras más famosas.

Es verdad que aunque yo soy incrédulo destas cosas, que désta no lo estoy tanto, aunque no es malo serlo, porque si no saliese no se sintiera tanto; pero de lo que hasta agora se ha visto y a vos os parece, así de la obra como de las personas, no estoy tan incrédulo como lo estuviera si esto no fuera así.[239]

Hay que reconocer que tan extrañas aficiones no eran lo normal en un rey, y mucho menos en un rey de su época. Pero Felipe II se aficionó, en su más tierna infancia, cuando era un joven príncipe, de la mano de su padre Carlos I de España. Al emperador le gustaba rodearse de magos y alquimistas como Cornelio Agrippa o el doctor Diego Bertrán, también de erasmistas como Juan de Valdés o Francisco Sánchez de las Brozas. El propio Erasmo le sirvió de consejero y de él dijo Carlos I: «Gracias a ti solo la cristiandad ha llegado a resultados que ni emperadores, ni papas, ni príncipes, ni universidades, ni sabios habrían podido alcanzar». También John Dee, el inspirador del rosacrucismo, pasó por su corte en Bruselas y realizó para el rey Felipe II varias cartas astrales, por ello fue obsequiado con un espectacular espejo de obsidiana traído de México, conservado hoy en el British Museum; aunque la carta astral más famosa es la del médico Matías Haco, conocida como el *Prognosticón*, que le servía al rey Prudente como libro de cabecera. El doctor Francisco Alonso-Fernández[240] nos dice referente a ello:

> Algunas de las más importantes decisiones políticas y personales del rey fueron tomadas con la guía de la predicción, del horóscopo o de la carta astrológica, un pequeño libro conservado en la biblioteca escurialense y conocido como el *Prognosticón*. Felipe II fue poseído

---

239. Carta del 4 de febrero de 1567 de Felipe II a su secretario Pedro de Hoyo, Archivo Rodríguez Marín, CCHS-CSIC, Madrid, Box 85/2.
240. Catedrático emérito de la Universidad Complutense de Madrid, académico de la Real Academia Nacional de Medicina, director del Instituto de Psiquiatras de Lengua Española y presidente de la Asociación Europea de Psiquiatría Social.

desde el nacimiento hasta la muerte por el pensamiento mágico-primitivo, tan magníficamente estudiado por el antropólogo Lévy-Bruhl. Por ello vivía su fecha de nacimiento en primavera (21 de mayo de 1527) no con el signo de festividad abierta a la creatividad, como ocurre con la numerosa cohorte de talentos creadores alumbrados en esta época del año, sino con la marca dorada propia de la predestinación o del designio divino.

No sólo se interesó por la astrología, también lo hizo por la astronomía, que se manifestó en El Escorial en cuatro vertientes: la decorativa, la bibliográfica, la coleccionista y la de la investigación pura. La primera de ellas corre a mano del pintor Pellegrino Tibaldi, *Il Pellegrini*, y de la mente de Arias Montano, creando la bóveda del Salón de los Impresos de la biblioteca del monasterio, que junto con la literatura, son los dos exponentes básicos del pensamiento humanista que ellos desarrollaban. Ilustran los cuatro pilares del conocimiento tal como se concebía entonces y que se sintetizan en: filosofía, arte, ciencia y mística, que al mismo tiempo son las disciplinas que mejor representan a las artes y las ciencias del Renacimiento.

La astronomía como último saber del *quadrivium*, que se estudia en el 2.º grado de la masonería, se nos muestra en el centro, rodeada de elementos que la auxilian o de sus máximos conocedores como Alfonso X el Sabio o Ptolomeo, ¿podríamos interpretarlo como ese centro del círculo del que hablamos anteriormente? La segunda estuvo a cargo casi exclusivamente de Arias Montano, en un intento de redescubrir la literatura clásica que nos lleva a intentar descifrar los significados ocultos en las formas producidas por el hombre y sus conexiones con la hermenéutica. En este caso la teológica, desarrollada para defender la comprensión reformista de la Biblia, sin olvidarnos de la hermenéutica filológica que apoyaba los intentos humanistas. Por lo tanto, el programa iconográfico comienza por la filosofía o saber humano y concluye con la teología o saber divino, representando en su conjunto uno de los más ambiciosos ejemplos de humanismo.

Felipe II sostuvo y formó parte de un círculo humanista, astronómico, esotérico y alquímico en su palacio-templo de El Escorial. El grupo estaba integrado por Arias Montano, Juan de Herrera, Pellegrino Tibaldi, Giovanni Vincenzo Forte, Diego de Santiago, Juan Páez de Castro, Rodrigo Zamorano, Diego Hurtado de Mendoza y Richard Stanihurst. Los historiadores han interpretado la política felipista basándose exclusivamente en el desarrollo científico y creando grandes debates historiográficos sobre ello, aunque desde el punto de vista cultural, todo lo dicho anteriormente adquiere otra dimensión y debemos analizar las características del esoterismo español en lo que lo concierne.

En conclusión, un hombre renacentista como Felipe II tenía necesidad de preguntarse acerca de las causas del funcionamiento del universo y de conocer sus leyes, buscando lo propio de la intelectualidad de su época, que la ciencia y el desarrollo moral, ético y espiritual marchasen en perfecto equilibrio. Era capaz de ser humilde y admirar lo grandioso del universo que le rodeaba y compararlo con lo limitado de sus capacidades y de su propia existencia. Nunca se conformó con ser un simple espectador de la obra divina y se convirtió en un admirador activo de ésta.

Cada uno de los personajes que constituían el Círculo de El Escorial aporta parte a ese microcosmos que intenta crear Felipe II, aunque él siempre se mantuvo fiel a la Iglesia Católica. Lo cierto era que ese círculo, como los que lo componían eran sabios, siempre fue indiferente a cualquier confesión religiosa concreta, sea luteranismo sea catolicismo. Por lo tanto, se convirtió en uno de los grupos humanistas más importantes de España antes de la aparición de la masonería especulativa, que llegaría a España en 1728. Uno de esos grandes personajes, tal vez, el que más influyó en el pensamiento de Felipe II, fue Benito Arias Montano, que nació en el momento que los escritos gnósticos y herméticos procedentes de Oriente empezaban a conocerse en Occidente.

Hagamos un alto para explicar este tema tan importante para desarrollos posteriores. Por una parte, fueron los cristianos que huían de la invasión turca los que introdujeron esos pensamientos que rápidamente fueron traducidos por Marsilio Ficino, un apasionado de las obras de Platón que logró reintroducirlo de nuevo en el catolicismo. Su padre adoptivo, Cosme de Medici, fue el inductor de que dejara de traducir a Platón y se concentrara en traducir a Hermes Trimegisto, posiblemente porque Cosme quería poderlo leer antes de morir, Ficino dio a su traducción el título de *Pimander*, palabra que deriva del griego *Poimandres* y se supone que era la mente universal que había revelado a Hermes la sabiduría hermética.

No debemos olvidarnos de la otra parte, representada por los judíos expulsados de la Península que al establecerse en Europa, y sobre todo en Italia, transmitieron las enseñanzas de la cábala; las síntesis de esas tres partes fueron recogidas por Johannes Reuchlin, Francesco Giorgi Veneto y, sobre todo, por Pico della Mirandola, que al igual que Ficino estaba seducido por la hermética y consiguió unir el hermetismo con el cabalismo, dando nacimiento en el cristianismo a una corriente hermética, teñida de influencias hebraicas y neoplatónicas, que se llamó cábala cristiana o cábala renacentista.[241] Era un nuevo estilo que quería crear una corriente sincretista entre cristianismo y judaísmo, una imagen interna de una realidad externa. Aunque España estaba descartada de todos estos movimientos, primero por manifestar una profunda aversión al mundo hebraico, y segundo por el dominio que tenía la Iglesia Católica, utilizando el miedo al Santo Oficio y los procesos de la Inquisición. A pesar de todo eso, existieron varios grupos ideológicos en los que fueron apareciendo, como hemos dicho anteriormente, figuras como la de Arias Montano y otras tan extraordinarias como él, que representaban la búsqueda de Dios en el hombre, reconociendo el sentido más original por la Palabra y las Escrituras.

---

241. Todo el sistema cabalístico hebreo se sustenta sobre la doctrina del resplandor infinito conocido como En Soph, que según el judaísmo no fue el que creó el universo, sino que emanó de él. Del En Soph o Absoluto brotaron nueve rayos que son los sephirots o facetas divinas.

Sin embargo, aunque actualmente en la historia de España, el nombre de Arias Montano podemos decir que goza de un gran prestigio, sólo lo hace como el representante más grande de la Contrarreforma, pero no nos dice cuál era su pensamiento, ni lo que realizó y ni el porqué de que el contenido de sus libros haya sido ignorado. ¿Tal vez por miedo a descubrir que su pensamiento no era tan contrarreformista como se pretende?, posiblemente. Su extensa obra escrita en latín, al cabo de tan sólo ocho años desde su publicación, fue prohibida y puesta en el Índice Canónico Vaticanista, y después de esa primera edición nunca fue reeditada y nunca fue traducida, cayendo un velo de silencio sobre ella.

Otra gran obra que aportó Benito Arias Montano, en este caso física, fue la biblioteca de El Escorial, gracias a él llegó a albergar, en 1568, unos 1050 volúmenes, y en 1576, recogió 4576 más, en total en esa época llegó a acoger unos 10.000 ejemplares debido a la relación que mantenía Montano con Christopher *Plantin*. Esa colección puesta al servicio de la comunidad científica, con buenas traducciones –hay que tener en cuenta que Arias Montano dominaba diez idiomas–, enriquecerá el trabajo de los estudiosos de la filosofía, la mística y la literatura. Los libros que van llegando a El Escorial no se someten a la censura de la Inquisición, eso hace que el monasterio se convierta en el mayor centro de libros heréticos de España. La lista de obras de ocultismo y hermenéutica es tan extensa que Arias Montano crea distintas secciones dedicadas a la astrología, la astronomía, la adivinación, la alquimia, al arte de la memoria, etcétera. Esos libros imposibles de encontrar en cualquier otra biblioteca de su tiempo hacen que los monjes pudieran estudiar con toda libertad. Además, un gran número de intelectuales españoles obtenían libros prohibidos a través de la conexión Platin-Arias Montano, creando una escuela por donde se difundía las ideas de la Familia Charitatis,[242] acogiendo a nombres

---

242. La Familia Charitatis o Familia del Amor, fundada en Holanda hacia 1540 por Hendrik Niclaes, lo que en esencia defendían era que el ser humano debe escuchar la voz de

como fray José de Sigüenza o fray Luis de León, que junto con otros humanistas llegaron a crear una sucursal en Salamanca.

No pretendo en estas páginas hacer un estudio de Arias Montano, precisamente se han escrito varias biografías sobre él, unas como español ilustre, otras como hebraísta, como biólogo, como contemporáneo de Cervantes, pero ninguna nos muestra su pensamiento, tan sólo algunas pinceladas. Esta pequeña exposición la he realizado recogiendo esas pinceladas de algunos textos reproducidos por contemporáneos suyos y de algunos pequeños retazos de otros escritos, donde se encuentra el carácter iniciático del personaje. Buena prueba de ello es la Biblia Políglota, uno de sus mejores frutos, su traducción en diversas lenguas, literal y no interpretativa, creaba un conflicto en detrimento de la Vulgata. Hay que tener en cuenta que vivía, como tantos otros, en una España cerrada y opuesta a todo lo iniciático y esotérico. Sin embargo, en aquella época existían dos núcleos, uno en El Escorial y otro que se formó en la Universidad de Alcalá de Henares, que en ese período era un importante centro de conocimiento, donde sus miembros estaban formados e informados y, sin ninguna duda, contribuyeron al apogeo del hermetismo en Europa. Pero no debemos asombrarnos, porque en toda la España de Carlos I y especialmente en Alcalá estaban muy presentes las ideas de Erasmo de Rotterdam y esto influyó sobre el pensamiento de Arias Montano. El historiador Antonio Márquez ha dicho: «Ningún grupo ideológico tuvo tantos conflictos con la Inquisición como los humanistas».

El hecho es que tras su viaje a Amberes, Arias Montano, al conocer la política represiva del duque de Alba en los Países Bajos, fue abandonando su actitud proespañola que tenía a su llegada. Su evolución religiosa, intelectual y espiritual le llevó a formar parte de la sociedad secreta de matiz religioso conocida por Familia Charitatis (Familia del

---

Dios en la interioridad de su propio corazón y unirse directamente al Creador. Los familistas hacían que la perfección religiosa consistiera en el amor mutuo, colocando la caridad por encima de la fe.

Amor), donde Plantin, que fue el editor de la Biblia Políglota, formaba parte de ella así como la mayor parte de los intelectuales con los que Arias se relacionó en Amberes. El hecho de pertenecer al catolicismo, al protestantismo o al judaísmo era totalmente indiferente, su ideal de vida radicaba en el estudio intelectual y el cultivo de la espiritualidad interior. Frances A. Yates escribió al respecto:

> ... en los Países Bajos se organizó la Familia del Amor, fue una sociedad secreta de indudable existencia real. También sabemos que muchas personas muy conocidas eran, secretamente, miembros de esta secta o sociedad, que permitía a sus miembros que aparentaran formar parte de alguna iglesia y mientras secretamente estaban afiliados a la Familia. Estas actitudes de la Familia del Amor se parecen algo a las de la masonería. Sabemos que entre los editores muchos eran secretamente miembros de esta Familia, y que por ejemplo, Plantino, el gran impresor de Amberes; no solamente era miembro de esta secta, sino que le hizo propaganda con entusiasmo por medio de la publicación de las obras de quienes le tenían simpatía.[243]

Todos los que formaban parte de la Familia del Amor bebieron de las fuentes neoplatónicas, pitagóricas, cabalísticas y de la teología de Dionisio Aeropagita. También formaban parte del grupo los hermanos Le Fèvre de la Boderie, discípulos del cabalista cristiano Postel, y colaboradores de Montano en la edición de la Biblia Políglota. A ellos se debe la traducción *De Harmonia Mundi*[244] del franciscano Francesco Giorgi (Francesco Zorzi), otro miembro que se sabe con certeza que estaba afiliado a la Familia. Debo decir que esa obra junto a la de Reuchlin *De Arte Cabalística* y a la de Agrippa *De Oculta Filosofía* son

---

243. Frances A. Yates, *El illuminismo rosacruz*, Siruela, Madrid, 2008, p. 273.
244. *De Harmonia Mundi*, está escrita de modo musical y se encuentra dividida en cantos, subdividida en tonos y capítulos independientes entre sí pero que vibran por resonancia.

las que mayor influencia tendrán sobre los cabalistas herméticos de toda Europa. Georgi se la dedica a otro miembro de la Familia, a Josquin des Prés, considerado uno de los más famosos compositores europeos de la época y figura central de la escuela musical flamenca. En esa dedicatoria afirma la existencia de un proyecto de construcción que sería el modelo del universo, realizado por un Gran Arquitecto. Frances A. Yates vuelve a decirnos: «… el lector que emprende la lectura de este enorme volumen, se encuentra inmediatamente familiarizado con la idea del Gran Arquitecto del Universo».[245]

La Familia Charitatis también se interesaba por las enseñanzas de la escuela pitagórica y filosofaban sobre la arquitectura a través de las matemáticas, del número, el peso o la medida que controlan la Creación y el Templo de Salomón. Se podría decir que este tipo de sociedades fueron los precursores de la masonería especulativa del siglo XVIII al crear una escuela de pensamiento.

Esa actitud ha de servir de reflexión al ser humano actual. Haciéndonos sentir la necesidad de revisar determinadas concepciones y de preguntarnos si no hemos llegado a un momento de grandes avances tecnológicos y científicos, pero que simultáneamente hay mucha pobreza interior, que nos hace sentirnos desorientados y desamparados, poniendo en riesgo la existencia propia de la vida en este pequeño rincón del universo.

Como dijera Mario Rosso de Luna, masón y escritor teosófico español: «Quisiera escribir en una lengua ignota cuya clave sólo los buenos poseyesen, no esos pobres que saben más para ser más perversos, olvidando que virtud y ciencia son esencialmente una misma cosa».

Volviendo al monasterio de El Escorial, hay que decir que la semejanza con el Templo de Salomón ha sido tratada por los cronistas del siglo XVI y XVII y por los historiadores modernos, que no sólo han visto la influencia del prototipo bíblico en su trazado, sino también su signi-

---

245. F. Yates, *La filosofía oculta*, Fondo de Cultura Económica, Madrid, 1982, p. 62.

ficado simbólico. Pero como asegura Javier Morales Vallejo: «Para comprender El Escorial hay que meterse en la cabeza y el corazón del rey».[246]

Rápidamente se establece la relación entre El Escorial y el Templo de Salomón, aunque a decir verdad no son causa y efecto el uno del otro, ni imagen y reflejo. El Escorial está concebido en ese tipo de arquitectura divinizada que se sucede desde el Arca de Noé al Templo de Salomón, pasando por el Tabernáculo y terminando en la capilla Rosslyn, modelos a imitar y sobrepasar. Por lo tanto, negar que existiera relación como lo hace Taylor[247] queda en entredicho por el propio Arias Montano —ideólogo de lo que sería la octava maravilla—, por su sucesor el jerónimo padre Sigüenza y más tarde por los jesuitas Juan Bautista Villalpando y el padre Prado. Lo cierto es que sin ser una réplica del Templo de Salomón, El Escorial comparte una misma idea de armonía universal relacionada con concepciones habidas anteriormente en las mentes de Francesco Giorgi (F. Zorzi) o de Phlibert de l'Orme, heredadas por Juan Bautista Toledo y Juan de Herrera.

Y como no podía ser menos, los arquitectos Juan Bautista de Toledo y Juan de Herrera, así como Felipe II, estuvieron influidos por el pensamiento mágico del Renacimiento, recogido de la cábala, donde la Divinidad se revela al hombre a través de la palabra y el número. La palabra (el verbo) explica la relación del todo con el todo y el número determina las estructuras inamovibles de la creación, las leyes de la naturaleza y sus esquemas fijos, y la sabiduría del universo. Por medio del número, el Creador se comunica con el hombre y éste, a su vez, con el Creador mediante la palabra, conceptos que servían al rey para llegar a la instauración de la *Universitas Christiana*.

Podemos llegar a la conclusión de que el interés que tenía Felipe II, así como los arquitectos que lo rodeaban, por el esoterismo y el herme-

---

246. Javier Morales Vallejo, *El símbolo hecho piedra*, Editorial Áltera, Madrid, 2008.
247. René Taylor, *Hermetism and Mystical Architecture in the Society of Jesus dans Baroque Art. The Jesuit Contribution*, editorial R. Wittkowwer&I.B Jaffe, Nueva York 1972, pp. 63-97.

tismo, nos lleva a creer que El Escorial es un edificio hermético, al ser una de esas ideas-revelaciones, de moda en aquella época. El hecho de que Juan de Herrera fuera el constructor, quien concebía la arquitectura como un proceso mágico, hace que intervenga con sus propias técnicas de edificación, incluyendo también disciplinas como la astrología, la alquimia y la cábala. Es en esa dirección donde debemos buscar, más allá de la versión oficial, porque en la visión interna del artista, considerada como un destello de la divinidad, emula el famoso Templo de Salomón, prototipo del templo por excelencia. Fernando Checa, uno de los mayores expertos del Renacimiento español y de Felipe II, expone:

> Es en este contexto de desmesuradas aspiraciones en torno al significado del edificio donde se sitúa la polémica acerca del sentido salomónico del monasterio [...]. Pues, como en el monumento de Jerusalén, en el levantado en las cercanías de Madrid se pretendió crear una arquitectura perfecta, una estructura santa que sacralizara, desde el punto de vista cristiano, alguno de los dogmas intocables de la estética vitruviana [...]

Pero desde nuestro punto de vista no nos interesa tanto el seguir los pasos de esta discusión, sino simplemente el señalar que ésta –es decir, la relación o no de El Escorial con el Templo de Jerusalén– ha influido en la imagen y en las interpretaciones historiográficas del monasterio a lo largo de los siglos.[248] Aunque sobre la idea de comparar el Templo de Jerusalén con el monasterio de El Escorial se ha fantaseado mucho, sí es cierto que desde los últimos años de su vida, Felipe II patrocinaba una empresa editorial como la llevada a cabo por los padres Prado y Villalpando en Roma.[249]

---

248. Bouza, F. y Checa, F. (coords.), *El Escorial, biografía de una época. La historia*, véase «Fortuna e infortunios de un edificio», p. 348, MEC, Madrid, 1986.
249. Victor Nieto y Alfredo J. Morales, *Arquitectura del Renacimiento en España, 1488-1599*, véase parte tercera: «El estilo clásico, 1564-1599», Cátedra, Madrid, 1986.

La primera vez que aparece la alusión salomónica al rey Felipe II es en el libro de Gregorio López Madera, *Excelencias de la Monarchía y Reyno de España*, editado por Diego Fernández de Córdova en 1597. Fernando Checa sigue:

> El rey de la Biblia es considerado como el personaje sabio por excelencia y es continuamente comparado con Felipe II. Según López Madera fue Salomón quien dijo que el rey justiciero y sabio debía estar armado [...] de igual manera, el cuadro de Lucas de Heere que representa a Felipe II como Salomón es el mejor ejemplo que poseemos de esta idea del rey como Sabio y Justiciero [...]. Si un rasgo caracteriza su protección de las artes es el de cristianización de la Antigüedad y la sabiduría del pasado. Así fue percibido ya por sus contemporáneos, quienes comenzaron a calificarle al final de su reinado de nuevo Salomón [...]. El tema sucesorio se convierte en uno de los favoritos de estas entradas; y su ejemplificación a través de la historia de David y Salomón es de las más frecuentes.

Como hemos dicho anteriormente, la educación recibida por el rey, heredada de los gustos paternales en edificaciones precedentes como los Alcázares de Madrid y de Toledo o el palacio de Cobos en Valladolid, la combinó con el estudio de la gramática, lenguas clásicas, dialéctica y retórica. Más tarde fue el estudio de las matemáticas, filosofía, arquitectura, arte y música lo que marcó su carácter gracias al círculo que formaban sus maestros Juan de Zúñiga; el cardenal Silíceo (Juan Martínez Guijarro); el erasmista catalán Juan Calvete de Estrella; el también erasmista y humanista Honorato Juan o el cronista, literato y persona clave a la hora de valorar la difusión del erasmismo en España, Bernabé de Busto. A sus quince años, Felipe II ya leía obras de Durero como *De urbibus, arcibus, castellisque condendis,* o libros de Vitruvio y de Serlio.[250]

---

250. M. Gómez Moreno, *Las Águilas del Renacimiento español*, Madrid 1941, reed. Xarait, Madrid, 1983. Véase F. Chueca Goitia en *Andrés de Vandelvira*, Blass S.A., Madrid, 1954 y *Andrés de Vandelvira: arquitecto*, Instituto de Estudios Giennenses, Jaén, 1971.

Al hilo de todo esto, en 1552, Villalpando le dedica la traducción del tercer y cuarto libro de arquitectura de Sebastiano Serlio.[251] Su interés por la arquitectura no cesó y, en 1555, envió a Gaspar de la Vega a recorrer Francia y Flandes para estudiar el Louvre, Saint Germain, Fontainebleau, Amboise –ciudad donde, en 1519, había muerto Leonardo da Vinci– y Chambord.

El Escorial siempre suscitó controversia. Desde la misma época de su construcción y desde mediados del siglo pasado ha sido uno de los temas que han suscitado los más intensos debates sobre la idea que inspiró su arquitectura y sobre todo su significación. La explicación más admitida, como hemos dicho anteriormente, es que El Escorial se habría levantado como un nuevo Templo de Jerusalén, aunque no es aceptada por todos. John H. Elliot, hispanista y premio Príncipe de Asturias, dice que «… no es seguro que el mismo Herrera hubiera concebido El Escorial como una versión moderna del Templo de Salomón». Pero es imposible que las estatuas de Salomón y de David se pusieran en la fachada de la basílica sin la intención de subrayar el paralelismo existente entre ambos edificios. Juan de Herrera se enfrentó con Arias Montano sobre el modelo de edificación del monasterio, y mientras Juan Bautista Villalpando defendió la idea de construir El Escorial como una recreación exacta del Templo de Salomón, José de Sigüenza negó las vinculaciones existentes entre el templo salomónico y el monasterio.

Existen, al menos, tres explicaciones para esta relación. Primero están los que creen que tras las lecturas de Felipe II sobre arquitectura e historia, recogió el esquema arquitectónico del Templo de Jerusalén a través de los escritos de Flavio Josefo y lo quiso reedificar. En segundo lugar los que creen que su religiosidad le llevó a tomar como modelo el templo bíblico como Casa de Dios. Aunque como, hemos visto en las últimas décadas –tras investigar más y ver las personalidades intelectuales que le rodeaban– se ha abandonado la visión de El Esco-

---

251. S. Serlio, *Tercer y Quarto libro de Arquitectura*, ed. de F. de Villalpando, Toledo, 1552.

rial como exponente de una rígida mentalidad contrarreformista del rey. A partir de ahí se ha sugerido la influencia, en el programa arquitectónico, de corrientes tan heterodoxas para la época como la Familia Charitatis o el pensamiento de Raymundo Lulio. Por último, están, los que buscan orígenes mágicos en su diseño, imbuidos por las ideas esotéricas que desde el siglo XIX han impregnado al Templo de Salomón, algo que para ellos queda confirmado tras la indagación del llamémoslo «lado oscuro» de Felipe II, Juan de Herrera y otros miembros del Círculo de El Escorial.

Creo que la decisión que tomó el rey de construir en España un nuevo Templo de Salomón, a mediados de siglo XVI se encuentra fundamentada en los comentarios que realizó Alfonso Fernández de Madrigal,[252] más conocido como el Tostado. Escribió quince grandes volúmenes comentando varios libros de la Biblia, obra que fue comprada en 1545 para el príncipe Felipe y donde hacía eruditos comentarios al Paralipómenos (Crónicas), realizando una interpretación teológica del Templo de Salomón. Sin embargo, no sólo fue esta obra la que seguramente inspiró al futuro rey, dependió de otro libro que Calvete de Estrella adquirió, en esas mismas fechas, escrito por Francisco de Monzón y publicado en Lisboa con el título del *Espejo del perfecto príncipe cristiano*. En él desarrolla la tesis de que el templo jerosolimitano representa un ejemplo para los reyes del cristianismo, mostrando a Juan III de Portugal como el nuevo Salomón, al construir el monasterio jerónimo de Belén, y a Lisboa como la nueva Jerusalén. No cabe la menor duda de que el libro debió de impresionar al joven Felipe ya que proporciona un perfil del gobernante cristiano que pudo ejercer gran influencia en el monarca español.

---

252. Obispo, escritor y teólogo español, reconocido como el más importante teólogo español de su época, sus originales y atrevidas interpretaciones acerca de ciertas cuestiones doctrinales y su enorme fama le valieron la enemistad de muchos, en *Defensorium trium conclusionum* sostuvo la superioridad de los concilios sobre el papa, lo que le valió la acusación del inquisidor Juan de Torquemada, pero en la Curia se ganó la admiración del papa Eugenio IV, por lo que fue absuelto de todos los cargos presentados.

Aunque la idea partiera de esos escritos, seguimos sin saber el origen arquitectónico de su planta, que parece estar basada en las descripciones de la Biblia y del escritor judeorromano Flavio Josefo. Luis Moya apuntó que el proyecto de El Escorial se basaba en dos principios que se mantendrían hasta finalizarse la obra: la imitación y mejora del Templo de Salomón y el estilo «grecorromano», o sea, el manierismo.[253]

Ya hemos dicho que existen tres posiciones sobre la construcción: los que quieren justificar, como lo hace algún arquitecto contemporáneo, que El Escorial es una construcción más, basada en la moda que recorría Europa sobre el templismo; que su construcción se fundamentaba principalmente en modelos históricos, y que su estructura actual justificaba la evolución definitiva del diseño por unas necesidades materiales como el soleamiento de las habitaciones de los monjes, lo que hizo colocar el templo al norte del monasterio. También se ha expuesto que la idea debió ser modificada por las crecientes necesidades del convento y las funciones que Felipe II quiso que albergara el edificio (panteón, basílica, convento, colegio, biblioteca y palacio), por lo que hubo que duplicar las dimensiones iniciales del proyecto. Finalmente, según Chueca, se duplicaría el mismo esquema del convento al otro lado de la iglesia por pura simetría renacentista.

Otros, como lo hace Juan Rafael de Cuadra, aseguran que si se compara el plano del edificio con el del templo que Herodes construyó sobre las ruinas del antiguo Templo de Salomón, vemos que el esquema es muy similar y las medidas también lo son. El edificio constaba, de la misma forma que El Escorial, de un gran patio para los sacerdotes con el templo en su centro –el templete de los Evangelistas

---

253. El manierismo es un estilo artístico que predominó en Italia desde el final del Alto Renacimiento (ca. 1530) hasta los comienzos del período Barroco, hacia el año 1600. Se originó en Venecia, gracias a los mercaderes, y en Roma, gracias a los papas Julio II y León X y finalmente se extendió hasta España, Europa central y Europa del norte. Se trataba de una reacción anticlásica que cuestionaba la validez del ideal de belleza defendido en el Alto Renacimiento.

en El Escorial–, separados por una crujía con una escalera de otros cuatro patios menores formando una cruz. Esta forma se debe a Juan de Herrera, que hizo un diseño en parrilla, cerrando la fachada principal con una *falsa fachada* perteneciente a la biblioteca y eliminando seis de las torres originales. Con las estatuas de David y Salomón en la entrada de la basílica que recuerdan un paralelismo con Carlos I y Felipe II, además de las seis efigies de los reyes de Israel, que fueron colocadas en la fachada por idea de Arias Montano, que convenció al rey para hacer de la basílica la expresión del nuevo Templo de Salomón. Se refuerza esa idea de mayor sabiduría y prudencia, con los dos frescos sobre Salomón. Uno pintado en el centro de las bóvedas de la biblioteca representando la discusión con la reina de Saba, de Pellegrino Tibaldi, y el otro en la celda del prior, personificando la pelea de las dos madres por el hijo, obra de Francisco de Urbino.

Agustín Bustamante en su libro *La octava maravilla de mundo* comenta:

> Hay un dato incontestable que establece un vínculo entre Felipe II y su monasterio de San Lorenzo el Real y Salomón y su Templo de Jerusalén: los seis reyes de la basílica [...] desde luego, las figuras no estarían en tan importantísimo lugar si el rey Prudente no hubiese decidido que se hiciese y colocaran allí. Constatamos el hecho, pero se nos escapan sus razones profundas, ya que no hemos encontrado información sobre el mismo [...]. La idea de establecer explícitamente un vínculo entre la basílica de El Escorial y el Templo de Salomón ha de ser posterior a la traza de la fachada de Juan de Herrera. Ello nos lleva a considerar que tal concepción deberá surgir desde 1577. No existe, en toda la documentación conocida por nosotros, la menor referencia a este punto. Lo cual nos induce a pensar que tal noción no arrancó ni del rey, ni del círculo de la Corte, ni del «estudio» de arquitectura dirigido por Juan de Herrera, ni del círculo escurialense, ya de la congregación, ya del prior y el convento. La nueva idea procedía de Arias Montano [...] La fundación de Felipe II no era la imitación del Templo de Salomón, ni

mucho menos pretendía superarlo. No existe una relación causa-efecto entre el desaparecido edificio bíblico y la obra española. Lo que une a las dos fábricas es la idea de lo perfecto, captada en la imitación de la naturaleza […]. San Lorenzo el Real de El Escorial no era *otro* templo, sino un edificio *como* el Templo de Salomón […].[254]

Era lo mismo que opinaba el jesuita Juan Bautista Villalpando, que en el fondo trataba de dotar de un espíritu bíblico a las ideas humanistas, considerando el Templo de Salomón como modelo de toda la arquitectura romana posterior. Esa idea hizo que creara una explicación atrayente que conjugaba lo pagano y lo bíblico en la arquitectura: «Dios creó el estilo clásico para su Templo de Jerusalén y desde allí el estilo divino irradió a Grecia y a Roma». Tanto él como Prado, al intentar reconstruir dicho templo, se extienden en una descripción exhaustiva del edificio, recreándolo en sus menores detalles según su obra *In Ezechielem explanationes et apparatus urbis, ac templi hierosolytami,* nombre que adquiere del primero de los tres tomos de que se compone la edición realizada, entre los años 1595-1606, en tamaño gran folio y editada en Roma. La muerte de Jerónimo de Prado, escriturista y exégeta, hizo que los dos últimos tomos sólo fueran firmados por Juan Bautista Villalpando.

El concepto de los dos autores, con sus diferencias, evidentemente, originó una recreación del templo vinculándolo a la astrología y creando así un microcosmos perfecto con el simbolismo numérico presente en la Biblia. En su obra elaboran planimetrías de los cimientos, de los alzados, de los cortes arquitectónicos, de la decoración interior, de los objetos de culto que contenía el santuario desaparecido según la visión de Ezequiel. Pero ¿cómo podía saber Villalpando cómo era el Templo de Salomón? Lo sabía porque había visto algo muy similar, ya que la planta del Templo de Salomón se asemeja enormemente a la de

---

254. Agustín Bustamante García, *La octava maravilla del mundo*, (estudio histórico sobre El Escorial de Felipe II), pp. 636-647, Alpuerto, Madrid, 1994.

El Escorial. Al tomar El Escorial como modelo, está honrando a su maestro Juan de Herrera, porque estaba vinculado con sus ideas, y Villalpando estaba convencido de que al haber sido el templo judío un diseño del mismo Dios, el conocimiento del edificio permitiría deducir las reglas de la arquitectura perfecta.

Ya hemos visto que no es seguro que el mismo Juan de Herrera concibiese El Escorial como una versión moderna del Templo de Salomón, el tema había sido ampliamente debatido, entre otras cosas, porque los intelectuales renacentistas ya habían acatado los cinco órdenes de perfección del estilo clásico, creados al menos cinco siglos después del Templo de Salomón. Pero es difícil que una obra magna como el monasterio escape a la comparación, y entonces surgió la polémica entre los puristas. Se da el caso de dos defensores de las sencillas dimensiones ofrecidas por la Biblia, como hizo el gran historiador contemporáneo de El Escorial, fray José de Sigüenza, que dedica el último capítulo de su *Historia de la Orden de San Jerónimo* a la comparación de los dos edificios, y lo mismo ocurre con Arias Montano, que defendió su tesis en el *Apparatus de la Biblia Regia* (o Políglota de Amberes) de 1572. Es evidente que el Templo de Salomón se convirtió en punto de referencia obligado para El Escorial, eso sí, cubriéndolo de significado y simbología, que en este caso resultaba apropiada puesto que Felipe II era comparado en sus características de inteligente y prudente con el propio Salomón. Ésta era la imagen que se trasmitía tanto en lo nacional como en lo internacional, y no cabe ninguna duda de que para la primera generación de españoles que convivió con el edificio, era verdaderamente el Templo del Salomón español.[255]

A este significado religioso suplementario, que trata el clasicismo como vitruvianismo sagrado, Juan de Herrera le dio otro sentido eminentemente ideológico y cosmológico más que mágico, para ello desarrolló un sistema de composición cúbica que plasmó en su tratado

---

255. Bouza F. y Checa F. (coords), *op. cit.* véase Elliott, John H., *El Escorial, símbolo de un rey y de una época*, p. 15.

*Discurso sobre la figura cúbica,* donde sus especulaciones filosóficas sobre el cubo, como regla perfecta y medida de todo lo que es moral y natural, es también un principio de construcción formal; que además de su carácter técnico posee uno simbólico por su unidad y su proporcionalidad.

También los masones consideran el cubo el símbolo de la perfecta armonía, por las seis caras que lo componen y que deben tallar con las herramientas del arte real, es una representación del cosmos por sus cuatro caras orientadas a los puntos cardinales, el nadir y el zenit. Euclides consideraba el número 6 uno de los perfectos[256] al equivaler a la suma de sus divisores. Las tres dimensiones que lo constituyen: material, moral y espiritual, simbolizan el ideal de perfección humana, el Templo de Jerusalén y la Ciudad Celeste. Veamos el pensamiento de Juan de Herrera:

> En la mayor concordancia hay mayor reposo, donde hay más reposo hay más igualdad, donde hay mayor igualdad hay mayor perfección, […] porque, aunque es sobre las fuerzas de la naturaleza inferior unirse con el superior con quien no tiene proporción, el superior ha de levantar y dar la mano al inferior para ser exaltado sobre sí mismo. Y así, el acto en que una potencia comunica a la otra se llama de unión, en la graduación de la cuales consiste todo lo que hay que saber. […] La plenitud en las cosas quiere que se hinchen y abracen los extremos en todas las cosas, porque de negallo se seguirá la destrucción total de toda la armonía y correspondencia plenitudinal de toda la naturaleza. […] Porque armonía dice orden y concierto, y plenitud dice totalidad.

Herrera consideraba la arquitectura como un *arte* y como una *ciencia,* superior a las matemáticas, a las que consideraba un instrumento.

---

256. Así, 6 es un número perfecto porque sus divisores propios son 1, 2 y 3; y 6 = 1 + 2 + 3, descubrió que los cuatro primeros números perfectos vienen dados por la fórmula $2^{n-1}x(2^n - 1)$, de lo que deduce que $n = 2$: $2^1 \times (2^2 - 1) = 6$.

Como podemos deducir de sus palabras: «Con la arquitectura impongo una forma a la materia, es una forma de ordenar el cubo» y éste, como señalaron fray Lucas Paccioli y Baptista Alberti, es la base de toda proporción y perfección. Por lo tanto, lo que hacía Juan de Herrera era dar un *Ordo ab Chaos*[257] a la materia que esperaba salir de su estado natural.

Aunque este pensamiento no se refiera a un punto de vista práctico en el arte de construir, podemos suponer que sus especulaciones filosóficas influyeron enormemente sobre su obra artística, sólo tenemos que fijarnos en el cubo terrestre pintado en el fresco de *La Gloria* de Luca Cambiaso sobre la bóveda del coro de El Escorial. Herrera aplicó a su obra los principios lulianos para descubrir las categorías aristotélicas en la plenitud cúbica, considerando la existencia de la dualidad del lugar por esencia o por accidente, dándole así un nuevo valor al tratamiento de las superficies, de las masas, de la luz, asumiendo la regla vitruviana del orden, de unidad, de concordancia y proporción. Esta transformación sólo se justificaba al integrar la totalidad del universo natural, moral o artificial en su fundamento cosmológico metafísico. José Luis Abellán escribía en un artículo publicado en el periódico *El País:*

> Esta consideración del edificio como microcosmos presuponía una idea previa a la construcción y que esa idea tenía que condicionar la elaboración del diseño. El contenido de esa idea es muy posible que fuera el Templo de Jerusalén, y así lo confirma el historiador por antonomasia del edificio, el famoso fray José de Sigüenza, quien se refiere a El Escorial como «otro Templo de Salomón, al que nuestro patrón y fundador quiso imitar en esta obra». Esta interpretación se confirma si consideramos que Felipe II fue visto en su época como el segundo Salomón.[258]

---

257. Lema principal de los masones del grado 33.º, que intentan dar una forma al individuo y a la sociedad.
258. «La concepción esotérica de San Lorenzo de El Escorial», en *El País*, p. 25, Madrid, 26 de julio de 1993. Abellán ha presidido hasta el año 2009 el Ateneo Científico, Literario

Por último, están los que defienden la teoría del significado oculto y que creen que Felipe II buscaba la construcción del edificio perfecto, esto ha dado lugar a elucubraciones como las de René Taylor[259] sobre la geometría oculta del monasterio. Se apoya, sobre todo, en que su construcción se basa en figuras sencillas como el cuadrado, el círculo o el triángulo. Algunos van más allá y ven en el origen salomónico un eslabón más de la larga cadena de edificios ocultistas que se inicia con las pirámides, sigue con el Templo de Salomón construido por Hiram, las construcciones de los templarios y las construcciones masónicas. Lo cierto es que las connotaciones esotéricas de El Escorial con el Templo de Salomón no aparecieron hasta dos siglos después con la llegada de la masonería, que interpreta su filosofía oculta. Sin embargo no se puede decir, como aseguran algunos, que parece difícil el origen mágico y ocultista, dada la inflexible religiosidad de Felipe II. Como hemos podido ver a lo largo de estas líneas externamente (exotéricamente), Felipe II mantenía una postura muy difícil, presionado por la Iglesia Católica y la Inquisición, a la que no podía oponerse al considerar que evitaban la amenaza del luteranismo en España, cohesionando y conservando el gobierno de un espacio geopolítico determinado, desde lo político y lo religioso. Por lo tanto, políticamente le tocaba mantener su posición en Europa, pero internamente (esotéricamente) con su grupo escurialense mantenía lo que le dictaba su propio pensamiento.

Siempre se ha considerado que el interés del rey Prudente por la alquimia se debía a que lo único que le preocupaba era conseguir oro y alargar su enferma vida lo máximo posible. Pero eso no es del todo cierto.

---

      y Artístico de Madrid y ha sido profesor y conferenciante en numerosas universidades de Europa y América. Su obra más importante es la *Historia crítica del pensamiento español* (7 volúmenes, 1979-1991), en la que sintetiza la evolución de las ideas y de la filosofía en España desde la época romana, y también destacan sus estudios sobre el erasmismo.

259. René Taylor, *Arquitectura y magia*, Siruela, Madrid, 1992.

Entendemos por alquimia no sólo los trabajos que conducen a provocar la transmutación de los metales, la búsqueda del elixir, de la piedra filosofal o de prácticas muy directamente relacionadas con ella como la destilación, metalurgia o elaboración de medicamentos tanto de origen vegetal como mineral, sino también otras inquietudes de tipo filosófico y moral. Por todo ello, creo que sería una visión exclusivamente materialista y simplista si no se busca la riqueza del alma. En este amplísimo campo, es cierto que Felipe II impulsó fundamentalmente las investigaciones en la extracción y tratamiento de metales y en la elaboración de nuevas medicinas, haciendo venir a España mineros y metalúrgicos alemanes, alquimistas y destiladores principalmente flamencos e italianos, aunque también hubo algunos españoles destacados.

Sin embargo, no era lo único que buscaba Felipe II. El rey nunca olvidó las otras inquietudes, primero porque hemos visto que su formación y su ideología le condujeron a ser un adepto del arte sagrado, y en segundo lugar porque al construir un laboratorio de destilación en El Escorial, que se convirtió en el más importante de Europa, posibilitaba la entrada de las nuevas corrientes filosóficas y científicas como las de Paracelso. Otro dato que viene a reforzar ese algo más que lo material es la falta de explicación del porqué siempre estuvo rodeado de colaboradores no sólo vinculados a la alquimia, sino que, al mismo tiempo, eran erasmistas, como Juan de Zúñiga, Francisco Ibarra, Pedro del Hoyo, Ruy Gómez de Silva o Mateo Váquez Leca. Aún se explica menos la presencia en la corte madrileña de distintos y diversos personajes venidos de Flandes, que trabajaban para el monarca en muy variados oficios, como Francisco de Hobelque o Antonio Canegieter, aunque también hay que decir que le proporcionó trabajo a algunos alquimistas como Juste de Fraye, destinados a obtener oro artificial.[260]

---

260. Javier Puerto, *La leyenda verde: Naturaleza, sanidad y ciencia en la corte de Felipe II (1527-1598)*, Junta de Castilla y León, Salamanca, 2003. Javier Puerto *et alter, Los hijos de Hermes. Alquimia y espagírica en la terapéutica española moderna*, Corona Borealis (El Observatorio), Madrid, 2001.

No debemos olvidar tampoco su devoción por Raymundo Lulio, al que leyó ampliamente aunque su filosofía había sido condenada por la Inquisición aragonesa en el siglo xv. Muchos de los libros existentes en la biblioteca de El Escorial pertenecientes a Lulio tienen anotaciones de la mano de Felipe II, que llegó a interceder ante el papa para restablecer su reputación y solicitar su canonización.[261]

Otro de los profesores de secretos invitados a la corte fue el boloñés Leonardo Fioravanti, que era uno de los raros discípulos de Paracelso. Escribió varias obras de cirugía y contribuyó a la creación de ciertas medicinas, incluyendo el «bálsamo Fioravanti» utilizado para contrarrestar el envenenamiento del arsénico. Pero el más famoso de todos y que llevó más en secreto su trabajo fue sin lugar a dudas Richard Stanihurst, dublinés afincado en Lieja e historiador de Irlanda.

Era un personaje de una gran cultura adquirida en Oxford, sobre todo en literatura clásica y filosofía aristotélica, platónica y neoplatónica, que al dominar varios idiomas pudo ser el traductor de las obras de Virgilio. Pero su llegada a la corte española, en 1592, se debió a su reputación de buen médico, tenía la orden de instruir a los boticarios en la preparación de algunos medicamentos, entre ellos al padre Francisco Bonilla posiblemente el mejor boticario que tuvo el monasterio. No era el típico monje autodidacta, todo lo contrario, era un boticario preparado y examinado según la época, que entendía su oficio como una ayuda sobre todo a los que más lo necesitaban, según él, la *alchimia* era: «… un nuevo sacramento de socorro a los pobres».

Stanihurst siempre reconoció que el trabajo de los alquimistas en El Escorial tenía un doble objetivo: la preparación de medicamentos para el hombre y la transmutación de los metales. Aunque, como ya hemos dicho, los documentos existentes son muy escasos y todo indica que su

---

261. D. Goodman, *Poder y penuria. Gobierno, tecnología y ciencia en la España de Felipe II*, Alianza Editorial, Madrid, 1990.

estancia fue mantenida con cierta discreción. En dos cartas[262] enviadas los días 2 y 16 de agosto de 1593, el propio Stanihurst confirma la naturaleza de sus experimentos, indicando que está instalado en el laboratorio de destilados del monasterio y que el propio rey está muy interesado por la preparación de algunos medicamentos químicos, considerándose su labor como alto secreto.

Durante el tiempo que estuvo en El Escorial, escribió un pequeño memorial titulado *El toque de alquimia*,[263] que desgraciadamente ha tenido poca fortuna entre los historiadores españoles. No hay constancia de que tuviera difusión fuera de las paredes de El Escorial y, de hecho, la faceta de alquimista de Richard Stanihurst es la menos conocida y estudiada. La obra se la dedicó a Felipe II y actualmente la única copia que se conserva es la versión original,[264] redactada por el autor y compulsada por la firma del rey, lo que da prueba de su autenticidad. En su manuscrito trata de generalidades sobre alquimia, dedica un especial apartado a la transmutación de los metales y en él hace una defensa de la técnica de destilación y de algunos de los principios paracelsistas. Si lo miramos con perspectiva, vemos que lo importante es que en su tratado apologético de la alquimia, Stanihurst citó como fuentes de autoridad a Raymundo Lulio, y para defender sus prácticas de las críticas de los «ignorantes», citó al alquimista inglés George Ripley de esta forma:

> Y assi consideró bien este punto el mismo Ripleo, respondiendo a los ignorantes lectores que culpaban los philosophos porque escrivian tan oscuramente, dize estas palabras: Los ignorantes culpan a los philoso-

---

262. Actualmente conservadas en el archivo del Colegio de Ingleses de Valladolid (Royal College of St. Alban).
263. Stanihurst, Richard «El toque de Alquimia». En: Tausiet Carles, María. *Un toque de alquimia: un método casi infalible dedicado a Felipe II por Richard Stanyhurst,* La ciencia en el Monasterio del Escorial: actas del Simposio, cord. Francisco Javier Campos y Fernández de Sevilla, Madrid, septiembre, 1993.
264. Sólo se conoce una única copia conservada en la Biblioteca Nacional de Madrid.

phos, mas ellos deben ser culpados, que no siendo letrados, tratan de philosophia.

Para finalizar, tan sólo decir que los escritos de Villalpando y la construcción de El Escorial no fueron ignorados en Europa. Ludovico Capellus publicó una obra que incluía la descripción del templo hecha por Villalpando, además de escritos de Flavio Josefo y de Maimonides; tituló el libro *Templi Hierosolmitani triplex delinatio,* a pesar de eso en el continente se prestó más atención a los trabajos del rabino holandés de origen hispano-portugués Jacob Jehuda León, que medio siglo después de la construcción de El Escorial hizo sus propios estudios y llegó a sus propias conclusiones. Dibujó los planos y construyó una maqueta del templo que tuvo una resonancia extraordinaria.

Jacob Jehuda publicó en español una breve aunque completa descripción titulada *Retrato del Templo de Selomoh.* (Middelburg, 1642), que fue traducida al holandés en ese mismo año, al francés en 1643, y por él mismo al hebreo en 1650, con el título *Tabnit Hekal.* Posteriormente, Johann Saubert de Helmstadt escribió una traducción latina en 1655. Viajó a Londres invitado por el rey Carlos II en 1670 y se entrevistó con *sir* Christopher Wren, arquitecto de la reconstrucción de Londres después del Gran Incendio, y luego de la catedral de St. Paul que, según el testimonio de Wren, también representaba al Templo de Salomón. Podemos contar la anécdota de que al ser un dibujante hábil realizó el escudo de armas de la Gran Logia de los Masones de Inglaterra con el lema *Santidad al Señor.*

A pesar de lo escrito anteriormente, fueron muchos los gobernantes de otros países que no pudieron dejar de mirar a España en la magnífica obra acometida y quisieron hacer complejos similares con iglesias o palacios. Después de esa época ya no han continuado las reconstrucciones del Templo de Salomón a tamaño natural, por los costes extraordinarios que ello supone, y nos hemos tenido que conformar con maquetas o con publicaciones detalladas con magníficos grabados. Aunque el Templo demolido definitivamente en el año 586 a. C. se ha convertido en una leyenda para todas las religiones monoteístas: la judaica, la cristiana o la islámica.

No obstante, a continuación veremos que han sido muchos los arquitectos a lo largo de la historia que en mayor o menor medida se han interesado por el Templo de Salomón, creando una gran literatura.

El matemático y profesor de arquitectura alemán Nikolaus Goldmann fue autor de la *Introducción completa a la arquitectura civil*, donde el Templo se proponía como patrón de perfección para medir y regular todas las ramas de la arquitectura. Sus notas y diseños habían sido utilizados dos años antes en Leipzig por el editor de aquel libro, el teólogo y arquitecto Leonhard Christoph Sturm, que en su obra *Sciagraphia Templi Hierosolymitani*, presenta dos propuestas: el Templo de Herodes y el de Ezequiel. Tenemos también la obra de Abraham ben Jacob, *Amsterdam Haggadah* de 1695, donde la imagen del Templo, con el sol atardeciendo tras el Templo —conservado actualmente en la New York Public Gallery— ha sido copiada hasta la saciedad en los Haggadah judíos, desde la antigüedad hasta el día de hoy. Es interesante destacar la hábil lateralidad centralizada del teólogo luterano holandés Johannes Lund en *Die Alten Juedischen Heilightuemer*, donde la fuerte influencia de las bellas estampas de Villalpando se contrapone a las más exactas descripciones de los rabinos. El arquitecto austríaco Johann Bernhard Fischer von Erlach concibió el *Entwurff einer historischen Architektur*, en 1721, en él se hacía eco de la reconstrucción de Villalpando, de la que incluye una planta y una perspectiva. El hijo del gran arquitecto británico Christopher Wren escribió *Life and works of sir Christopher Wren from the Parentalia or Memoirs by his son*, su padre se interesó por el Templo de Salomón, pero no creía que su calidad estuviera causada por su inspiración divina, aunque muestra su admiración por el elegante orden corintio de Villalpando, al que define como una *«fine romantick Piece»*. Nicholas Hawkmoor, discípulo de Wren, también realizó un estudio en *The Wisdom of Solomon* (La sabiduría de Salomón), es probable que, entre otras, la Christ Church en Spitalfields se construyera siguiendo la reconstrucción del Templo de

Salomón de Arias Montano. Isaac Newton aportó su conocimiento del hebreo en un serio estudio del Templo de Salomón y Ezequiel, en *Chronology of the Anctient Kingdoms Amended,* de 1728, presentando su propia versión, en especial con el ajuste de módulos y corrección de medidas. Johann Jacob Scheuchzer es el autor de *Physica Sacra,* publicado entre 1731-1735, una monumental obra que alcanzó gran reconocimiento en su tiempo, en la que se dedica una documentación muy completa al Templo, incluyendo las reconstrucciones de Villalpando, Lund y Sturm. John Wood escribió *The Origin of Building,* esta discutible tesis es una manifestación tardía de la vieja idea de Villalpando de eliminar de la arquitectura clásica toda asociación pagana, a fin de justificar su uso en el cristianismo. Hilario Santos Alonso es posiblemente el único español que trata del tema en su *Historia verdadera y sagrada del rey Salomón, y fábrica del gran Templo de Jerusalén. Sacada de la Sagrada Escritura, según Calmet, Villalpando y otros insignes expositores,* esta obra es muy interesante, ya que no abundan precisamente los tratados salomónicos en la España de la ilustración borbónica. En esa época, el edificio de Felipe II se trataba exclusivamente desde el punto de vista arquitectónico, despojándolo de toda tradición simbólica o dinástica.

De lo que no hay duda es de que desde la mitad del siglo XIX hasta la actualidad, únicamente la masonería parece interesarse por el Templo. De hecho, la mayoría de los autores que acabamos de citar eran masones. A partir de siglo XVIII y con la llegada de la masonería especulativa, la lectura del Templo se transforma en espiritual y esotérica, encontrándose explicaciones simbólicas que van más allá de la intención filológica y científica de Arias Montano o de Villalpando. Cualquier edificio medieval ha sido construido por arquitectos y constructores que también iban más allá del simple concepto materialista y que dejaron escritas en la piedra sus enseñanzas. Ya hemos visto el grupo que tuvo alguna o múltiples implicaciones en la construcción de El Escorial, sus raíces y su pensamiento, ¿cómo podemos dejar de pensar, con esas bases, que no tuvieran intenciones esotéricas al realizar la edificación? De la misma manera que se ha construido una tradición iconográfica basada en las columnas de Jakin y Boaz, o una magnífica leyenda del papel desarrollado del maestro Hiram Abi en la construcción del Templo de Salomón, también el monasterio de El Escorial se convierte con su paralelismo, según la tradición constructora de la masonería, en uno de los edificios importantes por su contenido exotérico y esotérico, transformando a Salomón en el mayor mago de todos los tiempos.

## El Templo del Rito Escocés de Washington

Las réplicas del Templo de Salomón siguieron proliferando en Europa durante algún tiempo. Un buen ejemplo de ello es el modelo construido por Gerhard Schott y publicado por el doctor F. Chrysander en la edición del mediodía *Hamburgischer Correspondent* del 4 de febrero de 1890. Según contaba, la obra de arte fue construida para ser utilizada en la ópera *La destrucción de Jerusalén*. No debemos olvidar que el compositor del libreto era Christian Heinrich Postel, el poeta principal de Hamburgo y un gran dramaturgo. Chrysander detalla que la realización del Templo era una obra de maestría arquitectónica, con un fiel reflejo de las decoraciones y que la ópera se manifestaba con todo su personal, sacrificios y ceremonial. Lo último que se sabe de este templo a escala es que, después de muchas vueltas, estaba en posesión de la Real Sociedad de Anticuarios (Köelniglich säcbsischen Alterthums-Verein).

Pero no sólo fue Europa la que siguió con la construcción de templos, más tarde en el siglo XIX esta corriente se trasladó a Estados Unidos, donde siguieron siendo los masones los que continuaron construyendo templos, no como el de Salomón, por supuesto, pero tomaron diversas formas según los arquitectos, aunque todos relacionados con el orientalismo, de una forma u otra, y con el Gran Arquitecto del Universo.

Hablar de la reconstrucción del Templo de Salomón en el Nuevo Mundo ha sido otra utopía que no se ha dejado prosperar. El destino fue una tierra prometida al otro lado del Atlántico, pero con los años hemos visto que esa tierra se ha convertido en lo mismo que Europa o en algo mucho peor. Allí se han estrellado las ideas que, desde Platón a Giordano Bruno, pasando por Pico della Mirandola, Tomás Moro, Tomaso Campanella, Francis Bacon o Valentín de Andræ, han querido conseguir un mundo mejor. Más tarde seguirían Jean-Jacques Rousseau, Saint Simon, Charles Fourier, Robert Owen o William Penn.

Únicamente pretendían una utopía, por ejemplo: construir un mundo mejor fuera de la corrompida, materialista e intransigente Europa. Ésa fue la visión de William Penn, un cuáquero inglés al que el rey Carlos II de Inglaterra le debía una fuerte suma y como pago le concedió un vasto territorio en Norteamérica. Creó su sueño entre los ríos del Nuevo Mundo como un Jardín del Edén. Llamó a la región Sylvania (bosque o selva en latín), y creó un gobierno que garantizaba unos derechos que en Europa todavía tardarían en llegar. Separó y limitó los poderes políticos, estipuló la libertad de culto, la ausencia del ejército, la convivencia pacífica con los indígenas americanos en Shackamaxon —actual barrio de Kensington en Filadelfia—, a los que permitió entrar y convivir en los territorios de colonos, buscó la igualdad social y la equidad material en el mayor respeto posible a las libertades civiles, reivindicó la dignidad de la mujer y su participación activa en la vida pública, todo ello con gran influencia de la ética antiautoritaria del cuaquerismo. Es curioso que ya acuñase el concepto de pueblo verde y que el trazado urbanístico fuera en parrilla, estableciendo un poblado al que llamó Filadelfia —que significa «amor fraternal»—. En el siglo XVIII, Filadelfia creció hasta convertirse en la segunda ciudad de habla inglesa del mundo, después de Londres, allí se consagró la primera logia masónica del continente americano a la que llamaron San John n.º 1. No cabe duda de que la cultura local de esa ciudad era intensamente masónica.

Pero sigamos con el Templo de Salomón y con algo consustancial a él y a los masones, la geometría que nos lleva a la arquitectura. Es una disciplina que sigue ocupando un lugar de honor en muchos de los rituales masónicos donde se hacen continuas referencias a Euclides y especialmente a Pitágoras. Para la masonería, la letra G tiene un significado especial y se la identifica con la geometría, y con el Gran Arquitecto del Universo, al que también se llama Gran Geómetra. Las vinculaciones de Pitágoras y también de Euclides con el antiguo Egipto son bien conocidas a través de todos los historiadores clásicos desde Cicerón a Clemente de Alejandría. Esta relación casi mística, o sin tan casi, se confirma porque Plutarco sostiene que Pitágoras fue iniciado por el sacerdote egipcio Enufis de Heliópolis, eso fascinó a los estudiosos del Renacimiento y la Ilustración, que se convencieron de que la ciencia y el saber sagrado de los egipcios llegó a la civilización occidental a través de la geometría pitagórica. Si esta creencia tuvo su importancia en Europa, más aún la tuvo al otro lado del Atlántico.

Han sido cientos de templos los construidos en Estados Unidos, algunos todavía perviven y otros han tenido menos suerte y los terremotos o la especulación han hecho que desaparezcan o cambien su fisonomía. No obstante, la muestra a visitar es amplia, describiré algunos de ellos muy sucintamente, sobre todo los que tienen que ver con una construcción neoclásica o egipcia, para centrarme posteriormente, en el Templo de Washington, donde reside actualmente el Supremo Consejo (Madre) del Rito Escocés Antiguo y Aceptado.

Iniciaré un periplo por edificios masónicos como el de Omaha, Nebraska, un edificio de estilo neoclásico que se empezó a construir en 1912, y que abarca unos 47.000 metros cuadrados. En la inauguración, en noviembre de 1914, el cuadro que inmortalizó la escena muestra la imagen de 168 hombres posando para esta ocasión especial, donde todos menos seis eran masones escoceses.

También está el edificio de Mobile (Alabama), que representa a uno de los templos de Karnak y es el único ejemplo en pie del estilo egipcio. Fue diseñado por George Rogers Bigelow, un arquitecto local que era el responsable del proyecto y durante ese período y de muchos otros de los edificios de la ciudad. La piedra angular fue colocada el 30 de noviembre de 1921, y fue terminado en 1922, mostrando varias formas donde se puede apreciar el antiguo Egipto en toda su arquitectura.

Otro de los grandes templos es la catedral del Rito Escocés en Indianápolis, un edificio histórico diseñado por el arquitecto George F. Schreiber, que se encuentra en el centro mismo de la ciudad. La catedral es el edificio masónico más grande construido, y está considerado por muchos como el mejor ejemplo de arquitectura neogótica, de Estados Unidos. La torre principal cuenta con una campana de 54 carillones y se eleva 212 pies (65 m) por encima de Indianápolis. La entrada principal, conocida como la Sala del Sol, es un cubo de 33 pies (10 m), que como vemos respeta las medidas del Debir del Templo de Salomón. Esa entrada cuenta además con dos símbolos masónicos y los signos del Zodíaco.

El Scottish Rite Masonic Center en Miami es también un espléndido ejemplo de la arquitectura egipcia. Es un edificio imponente que cubre la mayor parte de cinco grandes parcelas con vista al río Miami por un lado y al parque Lummus por otro, con dos entradas. El aumento a tres pisos de altura con cuatro columnas dóricas en uno de los lados está bellamente decorado y la masa en forma de zigurat del tejado coronada por una cúpula es bastante sorprendente cuando se ve desde el río. Un amplio tramo de escalones conduce a un pórtico con cuatro grandes columnas montadas majestuosamente en la parte superior del edificio, a través del cual la entrada principal se abre a un amplio vestíbulo de entrada y a un gran salón. Se inició su construcción por John B. Orr, el 21 de julio de 1922, que construyó el edificio sin fines de lucro. El Gran Maestro, Fred W. de Laneym, grado 32.°, puso la primera piedra el 6 de octubre de 1922, y para septiembre de 1923 el nuevo templo estaba edificado, aunque no se inauguró hasta el 12 de marzo de 1924, cuando John W. Cowles, grado 33.°, era el Soberano Gran Comendador del Rito Escocés Antiguo y Aceptado en la Jurisdicción Sur.

Esto es una pequeñísima muestra de los templos masónicos, pero desde la independencia de Estados Unidos, existen muchísimos edificios construidos o mandados construir por masones. Uno de los que más empeño puso en las edificaciones fue Thomas Jefferson, que ya en 1792 colocó un anuncio en un periódico de Filadelfia para convocar un concurso de arquitectura para la construcción del Capitolio. El anuncio contiene normas y requisitos como el tamaño y número de habitaciones y demás. El filósofo y masón Jefferson, un hombre de formación clásica al igual que muchos de los fundadores de EE. UU., vio en el diseño del edificio un reflejo del templo del Sol, del Partenón y del Panteón de Roma, una resurrección del simbolismo de la democracia y de la filosofía. Jefferson, Washington y el comité tenían la idea de que el nuevo edificio del Capitolio debía simbolizar un templo de la libertad en un sentido secular. Las entradas son en su mayoría renacentistas, están basadas en Andrea Palladio, considerado un autor del manierismo y cuyas obras han influido de manera importante en la arquitectura del Neoclasicismo. Sin embargo, las entradas mantienen el modelo grecorromano, que era más del agrado de Washington, de Jefferson y del comité.

Pero de todos ellos, el edificio más importante ha sido el construido por John Russell Pope, entre 1911 y 1915, en la ciudad de Washington y que se ha hecho famoso, sobre todo, gracias a la novela *El último símbolo* de Dan Brown.[265]

Precisamente inicia el libro con una ceremonia de iniciación en ese mismo templo, ahora bien, la historia está escrita con la licencia que se permite cualquier novelista, por lo tanto, de una forma misteriosa y sensacionalista. En el ritual que describe se utiliza una calavera como si fuera una copa y vino como si fuera sangre, algo que no pertenece a ninguna iniciación en ninguno de los ritos masónicos. Las novelas de Dan Brown, que creo son una lectura con buenas vibraciones, no hay que olvidar que son obras de ficción y que no son historia real. No obstante, en cuanto a lo que relata del templo sí que se corresponde con la realidad, como veremos más adelante.

---

265. Dan Brown, *El último símbolo*, Planeta, Barcelona, 2010.

No debemos olvidar de que los conspiracionistas ven signos masónicos en toda la ciudad de Washington e incluso llegan a comparar la estatua de Washington –desnudo de medio cuerpo, con la mano derecha señalando al cielo y en la izquierda una espada– con la imagen reproducida hasta la saciedad del Baphomet creado por Alfonse Constant (Eliphas Levi) y reproducido, en 1854, en su obra *Dogma y ritual de alta magia*. Únicamente una mente enferma puede hacer una comparativa de las dos imágenes y creer que es real todo lo descrito por Dan Brown, ya que mucho de lo escrito es fruto de su imaginación o coincidencias buscadas expresamente, como la fecha de la publicación de su novela *El símbolo perdido* el 15-9-09, que si lo sumamos coincide con el número 33, cifra clave que forma parte del universo masónico y actualmente motivo para el deleite de todos los conspiracionistas que empiezan a contemplar Washington bajo un prisma de oculta premeditación.

En el siglo XIX y XX, la arquitectura pública americana expresó un refinado sentido por el misterio y la inteligencia, combinando calidades de la antigüedad que van desde Egipto a la antigua Grecia, pero sobre todo se deja notar mucho más la predilección por la arquitectura caldeo-egipcia que la derivada del continente Europeo.

Tanto es así que para inmortalizar al primer presidente de América, George Washington, que en aquel entonces también era el principal masón de EE. UU., se hizo importar desde Egipto un altísimo obelisco. No deja de ser curioso que mientras en Europa las tradiciones herméticas del Renacimiento ya iban olvidando la sabiduría egipcia y todo lo derivado de ella, en Washington se colocó cuidadosamente de acuerdo con los principios ocultos antiguos un enorme obelisco, situándolo en una plaza frente a la enorme cúpula del Capitolio, al estilo del existente en la plaza de San Pedro en el Vaticano y con la misma disposición del existente en la plaza de la Concordia de París, o en la ciudad de Astana, que a pesar de ser una obra moderna tiene un significado masónico sin lugar a dudas. Como dijimos en el primer capítulo cuando hablábamos de los menhires, tienen un gran potencial alquímico y de energía espiritual, además son muchas las teorías que asocian a formas tales como pirámides, cúpulas y arcos el poder de almacenar, extraer o difundir la energía de su entorno.

Curiosamente, es a través del interés científico que tenía la Ilustración por lo que vuelve a haber un renacimiento, y desde una visión más moderna surge de nuevo la afición por la antigua religión esotérica y las leyendas alegóricas. Como hemos dicho anteriormente, la masonería, en consecuencia, ha sido la que más ha ayudado al renacimiento del antiguo Egipto, o sea, del hermetismo en la modernidad. Fue a partir de que las tropas napoleónicas encuentran la Piedra Rosetta –un pilar de basalto con inscripciones que sirvió para poder descifrar los jeroglíficos egipcios a Jean François Champollion, considerado como el fundador de la egiptología moderna–, cuando se dio lugar a que los rasgos egipcios figurasen en el diseño de las logias masónicas continentales, sobre todo en Francia y en la Europa Central, evidenciándose con menos frecuencia en la masonería británica. La influencia egipcia en la masonería francesa de la época napoleónica, obviamente relacionada con la campaña de Egipto del emperador, coincide con el desarrollo del Rito Escocés Antiguo y Aceptado en América, concebida en términos duales como un híbrido de las innovaciones masónicas, tanto británicas como continentales.

Champollion quedó totalmente deslumbrado por Egipto y escribía lo siguiente acerca de esta civilización antigua:

> En Europa no somos más que liliputienses y ningún otro pueblo, ni antiguo ni moderno, ha desarrollado el arte de la arquitectura a una escala tan sublime, tan inmensa y tan grandiosa como los egipcios [...]. Lo repito una vez más [...] el antiguo Egipto enseñó las artes a Grecia y ésta les dio una forma más sublime, pero, sin Egipto, es probable que Grecia no se hubiese convertido en el hogar de las artes.[266]

---

266. Jean Lacouture, *Champollion: Une vie de lumières*, Grasset, París, 1989.

Según James Stevens Curl, profesor y destacado miembro de la Real Academia Irlandesa, existe una traza y persistencia de los motivos egipcios en el diseño de la arquitectura grecorromana, que se vuelven a encontrar en la medieval, renacentista, barroca, y en los períodos neoclásicos, terminándose su rastro en el siglo XIX y volviendo las manifestaciones egipcias en el siglo XX a causa del descubrimiento de la tumba de Tutankamon, y los diversos aspectos egiptanizantes de las tendencias en el estilo *Art Déco*. Lo más sorprendente de todo es que el autor sostiene que el cristianismo le debe mucho a la cultura del Nilo hasta el Jordán. El profesor de la Universidad de Cambridge Cornell Martin Bernal es de una opinión parecida y comenta que «en efecto, la admiración masónica de Egipto sobrevivió a la caída del país aunque el gusto entre los académicos prefirió la primacía de la antigua Grecia y Roma».[267]

Muchos han sido los que han considerado Egipto una tierra sagrada, donde los dioses vivieron en otros tiempos y allí enseñaron a los hombres la ciencia divina y sagrada, revelándoles el secreto de la inmortalidad a aquellos que se lo merecían. Entre ellos los escritores griegos que viajaron hasta esas tierras o que vivieron en ellas, como Solón, Platón, Pitágoras, Diodoro Sículo, Heródoto o Proclo *Diádokhos* (el sucesor), que elogiaban la sabiduría de los egipcios y sobre todo, el conocimiento del cielo y el movimiento de los astros.

Anteriormente hemos dicho que fueron las logias continentales las que mejor asumieron la decoración egipcia; hay que decir que el ritual del grado 31.º del Rito Escocés Antiguo y Aceptado, que representa un tribunal de justicia, refleja un discreto homenaje a la civilización egipcia. Posteriormente, en Edimburgo (Escocia) apareció en 1901 lo

---

267. Bernal Martin, *Atenea negra: las raíces afroasiáticas de la civilización clásica. La invención de la antigua Grecia*, 1785-1985. Crítica, Barcelona, 1993. Bernal, doctor por Cambridge, es un académico que sostiene que el origen de la antigua civilización griega hunde sus raíces en el antiguo Egipto y en la cultura semítica. Esta teoría la ha bautizado como el modelo antiguo revisado.

que actualmente se conoce masónicamente como el Supremo Gran Capítulo del Real Arco, ahí la decoración egipcia se utilizó de forma magnífica, lo cierto era que la intelectualidad continental, que incluía a casi todos los grandes pensadores de la Ilustración, veían sus logias como templos egipcios, y a veces ellos mismos se veían como sacerdotes egipcios. Sólo debemos fijarnos en la *Flauta mágica* de Mozart escrita en 1791, que está plagada de referencias masónicas y egipcias. Posteriormente Verdi, en 1869, al escribir *Aida,* también hace referencias y representa otra fase de la perspectiva europea en Egipto.

Sin embargo, durante la dominación del romanticismo, desde 1790 hasta 1890, hubo una hostilidad generalizada hacia Egipto, que en muchos casos quedaba relegado a las notas al pie de página. También ocurrió en la masonería, donde únicamente fueron algunos egiptófilos masónicos de la época de la Ilustración los que decidieron mirar al Nilo. Parece ser que a partir de ahí y con la implantación del Rito Egipcio por parte de Alessandro Cagliostro, repudiado a partes iguales por católicos y masones, hubo un alejamiento de las decoraciones al estilo egipcio. Henry W. Coil habla con simpatía de Alessandro Cagliostro:

> Los escritores masónicos no desisten aún de darle patadas al león muerto denunciando a Cagliostro por presentar el Rito Egipcio como masónico, pero no dejan claro que lo que él hizo se había hecho decenas, quizás cientos de veces, en el continente Europeo, por los fabricantes de grados.[268]

Pero para Mackey, no cabe duda alguna de que lo que presentaba Cagliostro no era masónico:

---

268. Henry W. Coil, *Enciclopedia masónica Coil*, Macoy Publishing, Nueva York, 1961. *Véase también,* Henry R. Evans, *Cagliostro y su Rito Egipcio de la francmasonería*, Revista de la Nueva Era, México, 1919.

De todos los charlatanes masónicos que florecieron en el siglo XVIII, el conde Cagliostro era el más importante, si tenemos en cuenta el ingenio de sus planes de engaño, el amplio campo de sus operaciones a través de casi todos los países de Europa, o el carácter distinguido y señorial de muchos de aquéllos cuya credulidad les hizo sus víctimas.[269]

La vida de Cagliostro ha sido tratada en muchísimas obras disponibles, unas a favor y otras en contra. Lo difícil es encontrar los auténticos rituales de la masonería egipcia, por cierto que coincidiendo con Coil, no creo que Cagliostro haya sido un charlatán mayor que otros de su época. Es cierto que los puristas de la masonería tratan este sistema de fraude, aunque la pregunta es ¿eran verdaderos rituales capaces de iniciar?, ¿eran realmente mágicos? Sobre la cuestión de la iniciación es probable que no se pueda contestar, pero sobre si eran mágicos seguramente es mucho más fácil de responder, si seguimos la vida de su creador.

Lo cierto era que en el mundo cultural occidental, las relaciones eran tensas, compitiendo y creándose una gran rivalidad entre los partidarios de la antigua Grecia y los del Egipto dinástico, que hizo que con la llegada del romanticismo las pirámides estuvieran menos de moda. El poeta Percy Bysshe Shelley, refiriéndose a Egipto, escribió dos textos alternativos a los clásicos griegos que hablan de Prometeo y de Adonis, uno lo publicó en 1817, *Ozymandias,*[270] el otro, titulado *En*

---

269. Albert C. Mackey, *An Encyclopedia of Freemasonry (1878)*, reeditada por Nabu Press, Charleston, 2010.
270. Ozymandias, nombre griego para el faraón egipcio Ramsés II (1304-1237 a.C.). El nombre fue recogido de la inscripción en el pedestal de su estatua existente en el Ramesseum, en el otro lado del río Nilo enfrente de Luxor que dice: «Como Rey de Reyes que soy, User-Maat-Ra (Ramsés II). Si alguien quiere saber lo grande que soy y donde estoy, que superen una de mis obras». El nombre de Osimandias se debe a que cuando Diodoro Sículo escribía su obra hizo una mala transcripción del nombre. Diodoro Sículo, *Biblioteca histórica, Obra completa*, Editorial Gredos, Madrid, 2001-2012. Traducción de Juan José Torres Esbarranch.

*el Nilo,* lo hizo sobre 1822. También Robert Hays dedicó una amplia colección de dibujos y acuarelas que forman parte de una obra completa llamada *The Hay Manuscripts,* que poseen, por sí solos, un gran interés egiptológico. Pero no todos sentían pasión por Egipto, John Keats hizo una famosa oda que va sobre una *urna griega* y no sobre una momia egipcia.[271]

Es posible que también el hecho económico tuviera repercusión en esa competencia cultural, ya que Egipto, en el año 1830, había desarrollado una capacidad industrial en la fabricación de tejidos por encima de las otras naciones, con la excepción de Inglaterra.

En este contexto arrollador de la formación de amplios gustos culturales y el descubrimiento de continuaciones metafóricas que une a los antiguos constructores con las modernas logias masónicas, entró en escena John Russell Pope y la construcción de la Casa Templo del Supremo Consejo del grado 33.º.

Como decía, el templo del Rito Escocés Antiguo y Aceptado en Washington está situado en calle 16 del Distrito de Columbia, en el número 1733, no muy lejos de la antigua Embajada Española, y actualmente alberga el cuartel general del Rito Masónico Escocés para la Jurisdicción Sur de Estados Unidos, donde la masonería escocesa cuenta, solamente en ese país, con un censo estimado en más de 2 millones de miembros. Este Supremo Consejo está considerado como la madre de todos los Supremos Consejos del mundo, que aceptan de alguna forma su autoridad informal.

Su entrada está guardada por dos enormes esfinges, la de la derecha representa la sabiduría, tiene el rostro sereno y los ojos medio cerrados; la de la izquierda representa el poder y sus ojos están abiertos y en alerta. Cada una pesa más de 17 toneladas, y a lo largo del edificio nos vamos encontrando con otras simbologías relacionadas con la masonería y con los números, como son las 33 columnas jónicas estriadas que

---

271. John Keats, *Oda a una urna griega*, Ediciones Canarias, La Laguna, 1997.

nos traen a la memoria la antigua Grecia. Sin embargo, en esa arquitectura creada por el genio de Pope se mezcla el clasicismo con el antiguo Egipto, y mientras otros conocidos monumentos clásicos, como el dedicado a Jefferson o la Galería de Arte Nacional, terminan en una cúpula esférica, el templo del Rito Escocés Antiguo y Aceptado lo hace con una pirámide escalonada o zigurat. El templo fue en su día considerado como uno de los edificios más hermosos del mundo, al imitar el Mausoleo de Halicarnaso, construido en honor de Mausolo, rey de Caria, donde el arquitecto no sólo utilizó la simetría clásica, sino también la proporción equilibrada de las masas mixtas junto a detalles incongruentes de Platón y de los faraones.

En él se mezclan líneas y ornamentaciones egipcias y griegas, confundiéndose. Cabe preguntarse si deberíamos parafrasear al escritor cristiano Tertuliano: ¿lo que hace Atenas y Jerusalén tiene que ver con Memphis?, seguro que sí. En el interior, los jeroglíficos egipcios adornan un atrio. El edificio tiene muros de tres metros de grueso que sirven de tumba al Soberano Gran Comendador Albert Pike y a otros más, al estilo de las pirámides egipcias. También hay una gran espiral de bronce flanqueada por serpientes –simbología propia de los caballeros Kadosh–, un gran trono de madera, con dosel de terciopelo morado. Pero es en un santuario en el segundo piso llamado el cuarto templo, donde hombres de todo el mundo –Soberanos Grandes Comendadores– se reúnen a puerta cerrada, cada dos años. Estas reuniones se han realizado durante siglos, la selección ha incluido desde George Washington y los firmantes de la Declaración de la Independencia, a Theodore Roosevelt, Gerald Ford y otros trece presidentes americanos más.

En el templo construido por John Russell Pope transcienden a través del tiempo las diferencias genéticas, artísticas y religiosas, porque los masones americanos también son responsables de la fusión de las diversidades culturales que se encuentran en el templo, creando con ello una estructura importante en la capital de Estados Unidos. Este impulso que demostraron al identificarse con Egipto y con Grecia simultáneamente no era del todo popular, esta asociación que representaba la dura realidad de la vida, por un lado la incertidumbre, lo oscuro que estaba representado por Egipto, contrastaba con la luz que vivía Grecia a través de sus juegos y dramas. El hecho de que la masonería del Rito Escocés Antiguo y Aceptado pudiera enfrentarse a dos mundos, a menudo contradictorios, era un hecho notable.

Volviendo a citar a Martin Bernal, que dedica una enhorabuena a la valentía que tuvieron los masones escoceses en EE. UU. diciendo: «… con algún grado de desaprobación, los masones han mantenido (una admiración por Egipto) hasta el día de hoy, (que debe ser considerada) como una anomalía en un mundo donde la historia *verdadera* siempre es vista como una iniciativa de los griegos».[272]

Uno no puede llegar a Washington y dejar pasar la fascinación inescrutable de las esfinges de la casa del templo del Rito Escocés Antiguo y Aceptado. Donde una vez dentro, se descubren las sombras y rastros de otras maravillas antiguas de Egipto al mismo tiempo que nos encontramos la dicotomía entre dos civilizaciones de la antigüedad que a menudo se mantienen separadas, y que si utilizamos un símil simbólico sería el drama romántico de Antonio (el occidental) y Cleopatra (la oriental).

Si nos adentramos en el templo, lo primero que encontramos es el atrio, tal vez sea el componente egipcio más audaz del edificio, su espacio invita a darnos la bienvenida con sus primeras notas de luz que parece darnos la vida. Nos da una visión de majestuosidad del diseño y arquitectura del templo. La iluminación es deliberadamente tenue, típica de los interiores de Egipto. Está compuesto por ocho columnas dóricas hechas con granito negro de Windsor y esmaltadas al carbón que le dan a la sala un ambiente pesado, común a todas las estructuras sagradas egipcias. Las paredes internas son de un color tierra intenso y los frisos en el borde del techo no están policromados como lo reque-

---

272. Bernal Martin, *op. cit.*

rirían si fueran griegos; las paredes externas son de piedra caliza y alcanzan hasta la bóveda del techo. En el centro de la sala se encuentra una mesa central de mármol de Carrara, sostenida por cuatro águilas sentadas sobre sus patas, en un lateral una inscripción que también nos da la bienvenida *salve frater*. La mesa está centrada sobre un mármol verde de Tavernelle, color que representa la tierra húmeda y fértil del Nilo. Siguiendo el recorrido nos encontramos a medio camino con un punto oculto de luz natural en la pared curva del atrio donde se encuentra el busto del que fue Soberano Gran Comendador del Supremo Consejo de la Jurisdicción Sur, Albert Pike. Cuando la luz natural brilla cae sobre la escalera central que conduce a la sala del Templo Ritualístico y donde dos estatuas egipcias de granito negro guardan el paso. Esas estatuas egipcias representan dioses sentados y están consideradas como la representación de la persona fallecida a la que se quiere venerar, llevan una inscripción que dice: «Establecido para la Gloria de Dios y dedicado a la enseñanza de la sabiduría de los hombres que trabajan para hacer una nación fuerte».

Esta escalera, de la que ya hemos hablado en páginas anteriores cuando nos referíamos al grado 30.º, significa simbólicamente que al ascender se realiza un cambio primordial en el lugar ascendente de la Creación. En el rellano de la escalera, dos lámparas de alabastro y bronce coronadas por tres bellos y serenos rostros egipcios nos esperan, a partir de ese momento cambia la arquitectura y la parte superior del templo nos recuerda a la Roma imperial, por sus columnas jónicas.

El Templo Ritualístico es un placer para la vista y para el espíritu, el sonido jubiloso del órgano mezclado con la luz que entra por los ventanales, otro símbolo de la búsqueda de la luz, guardados cada uno por un par de columnas jónicas de granito verde, lacadas en negro con base y capiteles de bronce, están como continuidad de las paredes que se elevan hacia lo alto y que en vez de cerrar la sala lo que hacen es ampliarla más. El mobiliario está hecho con nogal ruso. El suelo de mármol pulido representa diminutos cubos delimitados por una línea también de mármol, en este caso blanca, y con letras embutidas de bronce. En el centro, como en todos los templos de los altos grados del Rito Escocés, está el altar. En este caso hecho con mármol negro y con caracteres hebreos en oro que dicen: DIOS DIJO, HÁGASE LA LUZ, Y SE HIZO LA LUZ.

Otra de las salas dignas de mención es la Cámara Ejecutiva del Supremo Consejo. La sala tiene 33 asientos, uno para cada uno de los 33 miembros del Supremo, con grado 33.º, llamados Soberanos Grandes Inspectores Generales. El Soberano Gran Comendador está bajo un dosel y los muebles, como los anteriores, son de madera de nogal. El techo está decorado con taracea de oro, mientras que las paredes son de yeso maravillosamente marmolado, y acentuadas con pinturas de vides.

Por último, encontramos los pilares de la caridad que, aparte de embellecer, son el nicho guardado por los Soberanos Grandes Comendadores Albert Pike y John Henry Cowles, uno a cada lado. Allí es donde se reconocen las contribuciones de todos los hermanos pertenecientes a las diferentes fundaciones del Rito Escocés Antiguo y Aceptado por su generosa labor de beneficencia. Encima del busto de Pike hay una placa que sintetiza todo el pensamiento masónico «LO QUE HAYAMOS HECHO SÓLO POR NOSOTROS MUERE CON NOSOTROS. LO QUE HAYAMOS HECHO POR LOS DEMÁS Y POR EL MUNDO PERDURA Y ES INMORTAL».

También hay que destacar su magnífica biblioteca y el Pasillo del Honor, donde se encuentran personalidades de Estados Unidos que han sido miembros del Supremo Consejo del Grado 33.º. Hasta aquí este breve recorrido por el templo del Rito Escocés Antiguo y Aceptado.

En el próximo capítulo entraremos a analizar una de las joyas más raras y extrañas construidas en el siglo XV, que como los demás templos tienen mucho que ver, aunque no se le parezca en nada, con el Templo de Salomón y con el hombre.

## La capilla Rosslyn, un pedazo de masonería escocesa

Como hemos dicho en repetidas ocasiones, no existe ningún Templo de Salomón desde el año 70 d. C., pero los investigadores históricos han ido conservando el diagrama de los cimientos de las ruinas del famoso Templo y al superponerlo sobre el diagrama de otros templos actuales, se comprueba el parecido que existe entre ellos. Si realizamos ese ejercicio con la capilla de Rosslyn llegaremos a la conclusión de que, arquitectónicamente hablando, es una copia cuidadosamente realizada. Además, tiene emplazadas en el mismo sitio las dos columnas que son de suma importancia en la historia del Templo de Jerusalén. Ahora bien, como dije antes cuando me refería a El Escorial, son edificios que tienen muchas similitudes con dicho Templo, pero no son externamente réplicas exactas de él aunque cumplen el mismo fin espiritualmente.

La capilla Rosslyn está situada en la verde campiña de Escocia, cerca de Edimburgo, y hasta la publicación del libro *El código Da Vinci* de Dan Brown, tan sólo era conocida para unos cuantos historiadores y estudiosos. Sin embargo, todo esto cambió y se convirtió en un verdadero lugar de peregrinación, y en los últimos años, se ha visto envuelta en una nube de mentiras y de misterios. Esta joya de la arquitectura gótica del siglo XV está resurgiendo poco a poco del olvido en el cual se encontraba desde hacía siglos, gracias también a las especulaciones de misterio alrededor de Rennes-le-Château.[273] La opinión pública interesada por esos temas ha girado su cabeza hacia esa capilla inconclusa, construida de piedra, bellamente diseñada, donde se mezclan escul-

---

273. Desde finales de los años setenta del siglo XX, y a raíz de la publicación de un libro de Gerard de Sède, *El oro de Rennes,* Plaza&Janés, Barcelona, 1967, este pueblo ha recibido gran cantidad de turismo, asociado casi siempre a lo paranormal y lo esotérico, debido a una leyenda moderna sobre el antiguo párroco Bérenger Saunière. A comienzos del siglo XXI, y gracias al éxito del libro de Dan Brown, *El código Da Vinci*, Planeta, Barcelona, 2010, ese interés no ha hecho sino aumentar, ya que el argumento de esta novela tiene numerosas conexiones con la leyenda del párroco de Rennes.

turas paganas y cristianas que transmiten un mensaje a través de unos arcanos abiertos a la interpretación parecidos a los de la masonería. ¿Pero esa obra es únicamente la creación de una gran imaginación o una verdadera morada que guarda los secretos de templarios y francmasones?

Lo cierto es que desde hace una década los autores de varios libros insisten en que la capilla tiene un secreto. ¿Qué secreto? Algunos han afirmado que se trata del grial, otros de la cabeza de Jesús, otros dicen que pergaminos secretos que describen tesoros importantes. Parece, pues, que la capilla Rosslyn ha actuado como un imán para aglutinar todo tipo de secretos. La realidad es que hay muchos libros que promueven la fama de la capilla, pero no su «comprensión».

Se han dicho muchas tonterías sobre la capilla Rosslyn... Que es uno de los siete chacras de la Tierra; que allí se establecen conexiones con los ovnis de Roswell (EE. UU.), porque la colina que está enfrente de Roswell se llama Rosslyn. Decir todo esto no es escribir con seriedad, es crear confusión, la Rosslyn Reservation dista unos 150 km de Roswell y ambas están en el estado de Nuevo México, EE. UU. Se han dicho tantas tonterías sobre la Capilla Rosslyn... que nos hemos olvidado de hablar de los verdaderos tesoros de ese monumental edificio y se demuestra, una vez más, que la realidad es más interesante que la ficción.

No hay lugar a duda que la capilla Rosslyn se promociona como uno de los lugares más misteriosos de Escocia, y debo confesar que la atmósfera que se crea es algo para ser experimentado. Alrededor de ella se han creado teorías místicas, que la capilla, sin duda, ha potenciado con el clímax que allí se crea. Uno se siente ciertamente elevado mientras la recorre y de una forma soñadora puede imaginarse que brota una energía desde sus piedras. Esta ilusión meramente personal, sin ninguna base científica, también las ha tenido otras personas según sus declaraciones durante los trabajos de investigación, tal vez, debida a la escasez de luz y a la multitud de extrañas esculturas de las que hablaremos posteriormente.

Sin embargo, tampoco hay que ver secretos ocultos que se esconden dentro de cada grieta o de cada piedra, como hacen los escritores sensacionalistas que se regodean en lo que pretenden mostrar en sus libros. Hay que tener en cuenta que el misterio más grande es el don de la vida misma, y esto es lo que la capilla celebra, el mal terrible que suponía vivir en el mundo medieval y la generosidad vista en el Antiguo Testamento, recreando así el drama de la vida y de la muerte.

Para ser justos, debemos decir que no todos los escritores han especulado sobre Rosslyn, algunos han encontrado allí una verdadera inspiración, como Robert Burns o William Wordsworth, que le dedicaron emotivos versos, mientras que *sir* Walter Scott no sólo le dedicó un poema inolvidable *El canto del último trovador* (1805),[274] sino que además, en su novela sobre los caballeros templarios *El talismán* (1871),[275] utiliza el interior de la iglesia de Rosslyn para describir la encantadora capilla de la ermita de Engaddi. También ha sido inspiración de pintores como David Roberts o fotógrafos como Hill y Adamson.

La capilla Rosslyn ha sido descrita, por todos ellos, como algo único y por lo tanto debe ser visto con toda seriedad, independientemente de la arquitectura. Éste es el enfoque que pretendemos darle en las próximas líneas, señalando las intrigas que allí hubo y por qué se convirtió en pieza central de la masonería escocesa. Veremos también por qué se construyó. No entraremos en dónde fue construida, sólo diremos que se incorporó a un paisaje que se remonta a tiempos prehistóricos con un alto contenido esotérico, que es muy interesante pero demasiado complejo para detallar aquí. Veamos ahora cómo fue concebida.

La capilla fue construida por un descendiente de los caballeros normandos llamado William Saint Clair o Sinclair, príncipe de Orkney, primer conde de Caithness y 11.º barón de Rosslyn, a mediados del

---

274. Walter Scott, *El canto del último trovador,* Juan Oliveres editor, Barcelona, 1843. Reeditado en español por Kessinger Publishing en 2010.
275. Walter Scott, *El talismán*, Imprenta de Antonio Bergnes, Barcelona, 1838. Reeditado por editorial Iberia, Barcelona, en 1958.

siglo XV. Fue fundada como una colegiata[276] y formaba parte de un proyecto a gran escala en una estructura cruciforme que nunca se completó. La idea de construir una colegiata era una forma de obtener los mismos beneficios espirituales que un gran monasterio, pero con un coste mucho menor y sin la necesidad de una gran comunidad de monjes. La colegiata de San Mateo, que así se llama la capilla Rosslyn, estaba destinada a ser un edificio mucho más grande. El edificio que se puede ver hoy es en realidad una parte del proyecto inicial, el coro formaba una construcción mayor cruciforme con una torre en su centro y estaba destinada a querer dar importancia a una población que no podía ser sede episcopal.

Cuando los visitantes se acercan allí, imaginan o descubren muchas cosas, pero de lo que no se dan cuenta es de que hay tres capillas Rosslyn. La primera de ellas se encuentra dentro de Roslin, de la que queda un muro de piedra curvo conocido como «rounds» que se asemeja a un panal de miel. La segunda está en el cementerio y de ella sólo quedan dos contrafuertes. La tercera capilla es la que fue erigida entre 1440 y 1490 por William Saint Clair, en una colina con vistas a sus predecesoras, en la que sus paredes y columnas parecen esconder un conocimiento ancestral transmitido generación tras generación.

Otra de las razones por la que William Saint Clair acometió un proyecto tan ambicioso, como era la edificación de una colegiata en lugar de una simple capilla, fue la reconstrucción de su castillo, destruido en 1447 por un incendio. Alrededor de estas dos obras cristalizará un pueblo, Roslin, que pronto se transformará, por una carta de Jacobo II, en burgo de baronía. Es en este contexto en el que William Saint Clair construirá la capilla Rosslyn involucrándose tanto en el proyecto que no dudó en dibujarla él mismo.

---

276. También se denomina así al templo en que hay (o hubo en su tiempo) una comunidad de canónigos regulares de san Agustín presidida por un abad. Las comunidades de canónigos regulares de san Agustín están en el origen de diversas órdenes religiosas como los dominicos o los premonstratenses.

Emprender un trabajo que duró casi cincuenta años crea necesariamente el establecimiento de una importante logística como la creación de una nueva comunidad. Los materiales y los trabajadores fueron traídos de todas partes, llegando lo mejor de la masonería operativa escocesa y europea. No era lo normal emprender una obra de esas características fuera de las grandes ciudades que ya poseían sus hombres de oficio y tenían estructuras para dar cabida a un flujo de población adicional, sin embargo, el pueblo de Roslin fue creado por y para masones, además de otros numerosos artesanos. Resultaba evidente que mientras un nutrido grupo de oficios varios estuvieran presente en Roslin, los masones serían los mayoritarios.

La actividad de la aldea tenía que ser muy importante, como lo precisa fray Richard Augustine Hay: «... el lugar se convirtió en muy prospero, fue la ciudad principal en todo Lothian, a excepción de Edimburgo y Haddington, y se hizo muy popular por la gran concurrencia de todos los rangos y grados que recurrieron al príncipe en su palacio o castillo, por su gran Corte. [...] tenía mercado todos los sábados e incluso organizó una feria anual de san Simón».

Durante su construcción falleció su fundador, William Saint Clair, 11.º barón de Rosslyn, que fue enterrado en la sección del coro que quedó sin terminar, su hijo no quiso continuar la obra. Se dice que bien fue por haberse quedado sin dinero, bien por haber perdido el interés o quizás simplemente porque la moda de la construcción de colegiatas había terminado. Hay que tener en cuenta que se construyeron en Escocia cerca de cuarenta iglesias colegiales entre los reinados de Jacobo I y Jacobo IV (1406-1513) y su importancia como proyecto se deberá siempre tanto a la riqueza como a la personalidad de su fundador.

La realidad es otra. Durante su vida, William Saint Clair dividió sus estados entre sus tres hijos mayores: William, de su primer matrimonio, y Oliver y otro William, de su segundo. Con mucho, las mejores porciones del estado fueron a parar a Oliver, ya que su hijo mayor, conocido como William el Derrochador «fue desheredado». En efecto, solamente recibió de su padre la baronía de Newburgh en Aberdeenshire. Tanto Roslin como Pentland, las tierras más prestigiosas, fueron heredadas por Oliver. Pero William el Derrochador reclamó a su hermano la baronía de Rosslyn, que terminó con un acuerdo contractual entre ellos. El acuerdo confirmaba el derecho de Oliver a los estados en Roslin, dándole a cambio otras tierras a William, que al final fue declarado, por la Ley del Parlamento, jefe de los Saint Clairs con el título de barón Saint Clair, quedando como un barón sin tierra. Ése fue el motivo real por el que Oliver, heredero de las tierras, no continuara la terminación de la capilla Rosslyn.

Desgraciadamente, la capilla no se mantuvo en uso durante los largos cambios de la actividad secular de la Reforma religiosa de 1560.[277] Al final tuvo que dimitir el rector, se cerró la capilla para el culto público. Se obligó a la familia Saint Clair a derribar los altares y desechar los santos tallados de la antigua fe católica, de acuerdo con la reforma y el pensamiento puritano. No fue hasta 1861 cuando la capilla Rosslyn se abrió de nuevo para el culto público, y continúa en la actualidad como una iglesia perteneciente a la Tradición Escocesa Espiscopaliana, que a pesar de la cantidad de turistas que acuden, todavía funciona y en la que se realizan trabajos litúrgicos.

¿Pero quiénes eran los Saint Clair? El primer Saint Clair que llegó a Escocia por primera vez en 1057 se llamaba también William Saint Clair, 1.er barón de Rosslyn. El nombre de William o de Henry ha sido muy común en la familia, produciendo a veces algún tipo de confusión en algunos escritores. Este primer Saint Clair llegó acompañando a la princesa sajona Margaret desde Hungría, donde había nacido. Estaba prometida al rey Malcom III de Escocia, se convirtió

---

277. La Reforma escocesa fue la ruptura formal de Escocia con la Iglesia Católica Romana en 1560, y los eventos relacionados con ella. Fue parte de la más amplia Reforma protestante de Europa; y en el caso de Escocia culminó eclesiásticamente en el restablecimiento de la Iglesia en la línea de la teología Reformada, y políticamente en el triunfo de la influencia inglesa sobre la francesa.

así en Margarita de Escocia. William Saint Clair el Decente decidirá quedarse al lado de Malcom III y morirá defendiendo la frontera de Escocia contra un ataque inglés, por este hecho, su familia recibirá las tierras de Roslin, en 1070, de manos del rey. A éste le sucederá una cadena de varios Saint Clair que siempre tuvieron una relevancia en Escocia.

Roslin y sus alrededores siempre han desempeñado un papel importante en la historia escocesa por constituir su castillo una pieza clave en las guerras de independencia. En 1296, los británicos invadieron una parte de Escocia y el rey Eduardo I designó a John de Segrave para gobernar el terreno ocupado. Para conquistar el resto del país, Segrave convence al rey de que lo mejor sería un matrimonio con Margaret Ramsey de Dalhousie, sin embargo, estaba comprometida con Henry Saint Clair, 6.º barón de Rosslyn. La historia termina con la invasión de la tierra de los Saint Clair, en 1303, por John de Segrave acompañado del ejército inglés, produciéndose la batalla de Roslin Glen, donde una pequeña fuerza de 8000 caballeros escoceses derrotó, en 24 horas, al ejército inglés compuesto por 30.000 hombres. Henry Saint Clair, que después de esa batalla fue apodado el Patriota, será el compañero de armas de William Wallace y de Robert Bruce en las guerras de independencia de Escocia. Incluso llegará a ser uno de los firmantes de la Declaración de Arbroath, la declaración de la independencia escocesa.

La principal fuente de documentación que tenemos de los detalles de la vida de la familia Saint Clair y de casi todo lo que sabemos acerca de la construcción de la capilla Rosslyn, se remonta a los registros históricos escritos por fray Richard Augustine Hay.[278] Su gran interés en la vida era asegurarse de que las cartas de la familia y sus contenidos fueran conservados. Lo hizo mediante copias de las cartas, y como se le consideraba un miembro de la familia Saint Clair, tuvo siempre acceso

---

278. Fray Richard A. Hay, *The Genealogy of the Saintclaires of Rosslyn,* Thomas G. Stevenson, Edimburgo, 1835.

privilegiado a los documentos privados y a otros que también eran importantes. Su investigación es crucial, ya que muchos de los documentos originales usados para el escrito desaparecieron poco después. Ninguna de estas cartas originales han sobrevivido, algunas eran tan viejas y estaban tan dañadas, por un largo uso, que tuvieron que ser copiadas y recopiadas. Por lo tanto, los manuscritos de fray Richard Augustine Hay, conservados en la Biblioteca Nacional de Escocia, son la principal fuente para la historia de los Saint Clair y de la capilla Rosslyn. Esto es lo que el padre Hay, dice del fundador de la capilla:

> Al príncipe William, la edad le hacía sufrir, llegó a considerar los años que había pasado, y cómo utilizar sus últimos días (hay que tener en cuenta que William tenía en ese momento alrededor de cuarenta años). Por eso, al final de su vida, con el fin de que parezca agradecido a Dios por los beneficios que había recibido de él, llegó a la idea de construir una casa al servicio de Dios, la obra más curiosa, y con el fin de que pueda ser realizada en la más grande gloria y esplendor trajo artistas de todas las regiones y de todos los reinos extranjeros, y se aseguró de tener gran número de albañiles, carpinteros, herreros, terraplenadores y talladores de piedras... Se inició la fundación de su obra en el año del Señor 1446, y hasta el final, el trabajo era el más fino, comenzó por dibujar sobre planchas de madera para trazar, de origen oriental. Luego se los dio a tallar a los carpinteros que siguieron los dibujos, las esculturas se las dio a los masones para hacerlas servir como modelo, para que pudieran hacerlas aparecer como tal en la piedra, y porque se encontró con que los masones no tenían lugar adecuado para quedarse... les hizo construir la ciudad de Roslin, que es la que ahora existe, y se entregó a cada uno una casa y tierras. Recompensó a los masones de acuerdo con su grado, por lo que al maestro masón, le dio 40 libras de salario anual, y a otros 10 libras...

No sólo eso era importante, sino que el fundador de la capilla, 1.er conde de Caithness, príncipe de Orkney (hasta 1470) y 11.º barón de

Rosslyn, fue el primer Gran Maestro de la masonería escocesa en 1441 por designación de Jacobo II, un título hereditario que otro William Saint Clair descendiente del anterior hará valer en 1601 y en 1628, con la aprobación de William Schaw,[279] autor de los Estatutos de Schaw.

Si bien es cierto que no existe ninguna evidencia de la nominación de 1441, excepto alguna referencia escrita, hay que reconocer que ocurre lo contrario con la nominación de 1601, de la que gracias a fray Hay los masones reconocen, 160 años después, la maestría a su descendiente:

*Sea notorio a todos los hombres por la presente, por nuestros diáconos, maestros, hombres libres masones en el país de Escocia, con el consentimiento expreso y aceptación de William Schaw, Maestro de Trabajos, que nuestro lord Soberano ha sido probado durante siglos entre nosotros, que los lores de Rosslyn han sido patrones y protectores nuestros y de nuestros privilegios, así es como nuestros predecesores los han obedecido y aceptado como patrones y protectores...*

Algunos años más tarde, con motivo de que el anterior documento había desaparecido en un incendio, los masones le vuelven a renovar el reconocimiento:

*Que sea conocido a todo el mundo por la presente, que nosotros, los diáconos, maestros, hombres libres masones y herreros, en el reino de Escocia, como durante tiempo ha sido respetado entre nosotros y nues-*

---

279. William Schaw (c.1550-1602) es de crucial importancia en el proceso de la transición de la masonería operativa a la moderna francmasonería. Las razones son simples, en 1583, existían en toda Escocia logias de albañiles que no tenían normas ni procedimientos y Schaw se hizo responsable de ellas coordinándolas en una gran confederación de logias. Además, al escribir los famosos Estatutos Schaw de 1598 y 1599, se sentaron reglas específicas y normativas para todas las logias escocesas.

> *tros predecesores, que los lores de Rosslyn siempre fueron patrones y protectores nuestros y de nuestros privilegios, y que nuestros predecesores los obedecieron, respetaron y reconocieron como patrones y protectores, que había cartas de protección y otros derechos concedidos por los progenitores y certificaciones, la más noble la de Su Majestad, como otros muchos de los lores de Rosslyn, y dado que su documento se consumió y se quemó entre las llamas cuando el fuego del castillo de Roslin...*[280]

Éste no es el único William. Hubo otro William Saint Clair, 16.º barón de Rosslyn, que se convertirá en el primer Gran Maestro de la Gran Logia de Escocia en 1736-1737.

Los Saint Clair prosperaron en Escocia, siempre cerca del poder real, dando también obispos y arzobispos a la Iglesia de Escocia. ¿Pero qué relación tuvieron con los templarios? Otras de las grandes amalgamas producidas por la especulación ha sido asegurar la posible participación templaria en la construcción de la capilla. Las pruebas de que se dispone son muy escasas y las fechas no concuerdan, como mostraremos más adelante.

La relación entre un Rosslyn y los templarios se remontaría a los tiempos de la primera cruzada. Todo parte de Henry Saint Clair, 2.º barón de Rosslyn, que efectivamente participó en la primera cruzada en Tierra Santa y en la caída de Jerusalén en 1096, algunos escritores aseguran que junto al fundador del Temple, Hugues de Payns, aunque eso es imposible ya que el fundador del Temple efectuó su primer viaje a Tierra Santa junto al conde de Champagne en 1104-1107. Por supuesto, los defensores de la teoría templaria de Rosslyn se apresuraron a decir que fue nombrado caballero del templo, precisando incluso que fue en Balantrodoch en 1129. Desafortunadamente, nuestro Henry Saint Clair, nació en 1060 y murió en 1110. O sea, ocho años

---

280. Robert L. D. Cooper, *The Rosslyn Hoax* (El engaño Rosslyn), Lewis Masonic, Londres, 2006.

antes de la creación de la Orden del Temple y diecinueve años antes de su iniciación…

Otro de los argumentos que desmienten la pertenencia de Henry Saint Clair a la Orden del Temple la mantiene Michael Turnbull al decir que «… nunca podría haber sido caballero templario, ya que su riqueza y el matrimonio rompían dos de los tres votos templarios –la pobreza y la castidad–.[281] Sin embargo, sí que pudo ser caballero del Temple William Saint Clair, obispo de Dunkeld y hermano de Henry Saint Clair. William pertenecía a lo que Eduardo II de Inglaterra denominó como obispos nacionalistas, participó en varias batallas y mostró gran valentía en 1317 cuando repelió la invasión de los ingleses que habían desembarcado en la costa de Fife, mientras el rey Robert Bruce estaba en Irlanda. A partir de entonces, el rey se refirió a William como «el obispo batallador».

Aunque haya dudas de si fueron o no templarios, podemos decir sin lugar a equivocarnos que los príncipes de Orkney y barones de Rosslyn estuvieron involucrados con la Orden de los Caballeros Templarios, que fue disuelta por la fuerza, en 1307, pero que siguió de una forma u otra adoptando distintos nombre según los países.

Tal vez el que más próximo estuvo fue *sir* William Saint Clair, el hijo de Henry, 7.º barón de Rosslyn, del que se dice que fue preceptor de la orden y hombre cercano a Robert I Bruce. El rey, poco antes de morir, dijo a sus más fieles que su deseo era que su corazón reposara en el Santo Sepulcro de Jerusalén, entre ellos se encontraban *sir* James Douglas, *sir* William Saint Clair de Rosslyn, *sir* John Saint Clair de Rosslyn, los hermanos *sir* Robert Logan de Restalrig y *sir* Walter Logan, *sir* Kenneth Moir, *sir* William Borthwick, *sir* Alan Cathcart, *sir* Robert de Glen y los dos únicos que regresaron vivos a Escocia, *sir* William Keith de Galston y *sir* Simon Lockhart. Los once caballeros y veintidós oficiales (33) emprendieron el viaje, pasaron por España,

---

281. Michael T. R. B. Turnbull, *Rosslyn Chapel Revealed*, Sutton Publishing, Stroud/Gloucestershire, RU, 2009.

con el corazón dentro de una caja de plata, y se unieron al rey Alfonso XI de Castilla en su lucha contra el rey musulmán Muhammed IV de Granada, donde perecieron todos ellos en la batalla de Teba el 25 de agosto de 1330, a excepción de los dos señalados anteriormente. Los moros quedaron tan impresionados por la valentía de los caballeros escoceses que permitieron a los sobrevivientes recoger el corazón de Bruce y a los muertos en la batalla, para darles sepultura de vuelta a casa.

El rey Robert I Bruce, que fue el que acogió y protegió a los templarios en su refugio en Escocia, es considerado como una figura de respeto y gran relevancia para algunas obediencias masónicas, que vinculan el origen de la francmasonería con la supervivencia de los caballeros templarios. Hasta el momento, dicha hipótesis no se ha podido demostrar históricamente, aunque crónicas medievales tanto escocesas como inglesas afirman que 432 templarios participaron con Robert Bruce en la batalla de Bannockburn, en la que también participó Henry Saint Clair, 7.º barón de Rosslyn, y su dos hijos, William y John, que murieron en la batalla de Teba.

A pesar de lo escrito por Robert Lomas y Christopher Knight[282] o por Dan Brown,[283] cuesta mucho creer sus tesis, puesto que no aportan ninguna evidencia a excepción de sus conjeturas. Hay que tener en cuenta que los templarios han sido utilizados para enmarañar muchas leyendas de significado místico. Lo cierto es que los Saint Clair, aunque no exista la certeza de que fueran caballeros templarios, podemos asegurar que sí *fueron cruzados* que participaron en la conquista de Tierra Santa. Referente a la lápida de talla moderna que existe en la capilla y que dice contener el cuerpo de *sir* William Saint Clair de Rosslyn, como caballero templario, no queda demostrado cuál de ellos es el que está enterrado y que tuviera algo que ver con la Orden del Temple.

---

282. Lomas R. y Knight C., *La clave masónica*, Martínez Roca, Barcelona, 2002.
283. *Op. cit.*

Cuenta la leyenda que los caballeros templarios excavaron bajo las ruinas del Templo de Salomón y encontraron tesoros de incalculable valor y antiguos pergaminos. Si aceptamos la hipótesis, se supone que los templarios estaban en posesión del santo grial, un fragmento de la santa cruz y el arca de la Alianza. La suposición que hace la mayoría es que todo está en la cripta, pero ésta contiene en realidad restos de los antepasados de los Saint Clair, enterrados con su armadura completa como era la costumbre. Podemos afirmar esto, sencillamente, por los escáneres no agresivos que se han efectuado desde fuera de la capilla, que si bien detectan metales y cavernas, no han dado hasta la fecha con nada que pueda sostener lo anterior. Eso sí, se ha encontrado un túnel larguísimo y profundo, con un trazado complejo que termina conectando la capilla Rosslyn con el castillo.

Lo que Knight y Lomas plantean de que William Saint Clair, conocedor de que los manuscritos supuestamente recuperados por los templarios en el Templo de Salomón habían sido llevados a Escocia, construyó Rosslyn para custodiarlos y establecer una Nueva Jerusalén, es únicamente una hipótesis que suscita muchas incógnitas. Esto, naturalmente, supondría admitir que los templarios no viajaron a Tierra Santa para defender a los peregrinos, sino con otro propósito, algo difícil de creer *a priori*.

Pero, no obstante, surgen dudas y preguntas, ¿por qué Balduino I de Jerusalén les entregó las llaves del Templo –que en 1119 ya era la mezquita de Al-Aqsa–, cuándo solamente eran nueve caballeros y no un gran ejército? ¿Por qué no se movieron de allí casi en siete años, ni crecieron hasta el 1125, año en el que se les sumó el conde de Champagne? Si ya existían los caballeros hospitalarios, que cumplían la misión de proteger a los peregrinos y eran un ejército, ¿qué podían proteger nueve hombres en una carretera de casi ochenta kilómetros de largo? La verdad no se sabe, pero bien pudo ocurrir que en la retirada se llevaran objetos que ellos creían importantes, y surge la pregunta ¿podrían los templarios haber transmitido los secretos al barón Saint Clair y a sus descendientes, quienes ocultaron estos secretos en la capilla Rosslyn?, parece ser que así fue. Autores como Baigent, Leigh y Lincoln así lo afirman, también muchas de las leyendas masónicas del siglo XIX confirman que fue lo que ocurrió cuando los templarios se exiliaron a Escocia y establecieron su cuartel general en Ballantrodoch, muy cerca de la capilla Rosslyn. ¿Fueron los Saint Clair un eslabón entre los templarios y los masones? La respuesta parece ser que ésa fue la realidad.

Visto todo lo anterior, no tenemos la evidencia de que hubiese una clara conexión documentada entre los caballeros templarios y el fundador de la capilla Rosslyn, William Saint Clair, sin embargo, hay indicios suficientes para sugerir que este tipo de conexión tiene que haber existido. ¿Demasiado bueno para ser verdad? Cierto, existen grandes contradicciones en toda esta historia, y a pesar de que algunos templarios se escondieron en Escocia, tanto Ballontrodoch como la capilla Rosslyn no eran un refugio seguro para ellos. En el momento de la caída bajo el dominio inglés, muchos caballeros fueron arrestados y existen documentos donde los Saint Clair estaban presentes en el juicio que se siguió contra ellos en Edimburgo, en 1309, después de que el papa Clemente V prohibiera oficialmente la orden. Por otra parte, y como contraposición, ya hemos mencionado a otro William Saint Clair que cabalgó junto a los templarios en la batalla de Bannockburn y dio su vida en Al-Andalus.

¿Difícil llegar a una conclusión? No, creo más bien que es fácil. Cuando uno se queda mirando la capilla Rosslyn lo primero que se le viene a la cabeza es preguntarse si es un edificio masónico. Si la respuesta es afirmativa, entonces y sólo entonces se pueden también ver las vinculaciones que tenían esos masones con los caballeros templarios y a su vez con el Templo de Salomón.

El trazado de Rosslyn tiene una cámara exterior y un santuario interior, ambas estructuras tienen doce pilares comunes en las secciones interiores y dos grandes columnas profusamente elaboradas como los pilares descritos en el 1.er grado de la masonería y que se conocen como Jakin y Boaz. Pero este tipo de distribución existe en muchos templos de la antigüedad.

Los que más insisten en que la capilla Rosslyn se basa en el Templo de Salomón son los autores Robert Lomas y Christopher Knight; su enfoque principal lo sitúan en la pared oeste del edificio, que está inacabada, y creen que William Saint Clair quiso que se pareciera a la pared del Templo, hoy conocido como muro de las lamentaciones. Afirman que ese muro no formaba parte de una iglesia más grande porque la pared no es un soporte de peso y nunca se podría haber apoyado en ella una estructura más amplia. Pero hemos visto anteriormente que existen dibujos de la capilla que la diseñan como mucho más grande, el plano de la planta baja de la capilla parece estar basado en la catedral de Glasgow, y el interior de Rosslyn está plagado de simbología pagana. Su propio nombre es un enigma, al no escribirse como el pueblo donde fue construida, que se llama Roslin, pero William Saint Clair decidió llamarla Rosslyn ¿podría ser porque en gaélico significa, «conocimiento de generaciones»?, según Tessa Ransford, experta en lengua gaélica escocesa y directora de la Biblioteca de Poesía Escocesa de Edimburgo. Todo es posible en un edificio que alberga tantos secretos.

Ya hemos dicho que sus exquisitas tallas son de las mejores de Europa y representan escenas difíciles de encontrar en capillas del siglo xv, por eso se ha convertido en una especie de meca para los interesados en los misterios de la vida. Es cierto que ha habido un montón de conjeturas sobre el significado místico de la capilla, el lugar sin duda tiene muchos enigmas y leyendas que vamos a ir desentrañando a lo largo de estas páginas de una forma lo más razonada posible.

Lo primero que llama la atención es la falta de reliquias cristianas, y si hay alguna, ha sido colocada muy posteriormente, por los feligreses, en las últimas décadas. En cambio, nos encontramos con varios cientos de estatuas a lo largo de la capilla, que representan a los hombres verdes. El hombre verde es una antigua estatua pagana, de origen celta, representada por la cabeza de un hombre rodeada por hojas que salen de su boca. Son el símbolo de la primavera, de una nueva vida y del renacimiento. Según el creer popular representan la fertilidad y su relación con la naturaleza. Lo cierto es que Rosslyn tiene muchos hombres verdes alrededor de sus paredes, que comienzan en el este, con caras jóvenes que simbolizan la primavera, que siguen por el sur y el oeste, con caras envejecidas cuando nos acercamos al otoño, y se terminan en el norte, donde las caras son esqueletos representando al invierno. La capilla ha sido descrita como un «jardín de piedra», que si le quitamos la capa moderna insertada después del siglo XIX, terminará con que algunos fieles dispuestos a asistir a misa, al final decidirán no hacerlo, diciendo que el sitio no es un lugar cristiano.

Otras decoraciones como ángeles tocando la gaita, máscaras de la muerte o dragones que rodean la enredadera que decora el Pilar del Aprendiz, símbolo bien conocido en la mitología, donde el árbol –*el pilar con la enredadera*– se conecta con la Tierra y el Inframundo, representado por *los dragones en su base* y que es utilizado por los ángeles –mensajeros– para subir y descender de los Cielos. Cerca de esta columna del Aprendiz que luego describiremos, se encuentra un ángel aunque cabeza abajo y atado con cuerdas –es el *ángel caído*– conocido como Shemhazai. La leyenda de este ángel, poco conocida y relacionada con la constelación de Orión de los egipcios, no deja de ser singular. Se dice que formaba parte de un grupo de ángeles que bajaron a la Tierra y copularon con mujeres mortales, dando origen a una raza de gigantes conocida como los Nephilim,[284] tras la amenaza de los Elhoines, Shemhazai se arrepintió y volvió al Cielo situándose en el firmamento meridional, entre el Cielo y la Tierra –cabeza abajo y con los pies hacia arriba–, donde permanece colgado hasta nuestros días, quedando representado por la estrella Sirio.

Además, en la capilla hay una serie de ángeles con el cuerpo repleto de plumas y colocados en extrañas posturas y gestos. Estas figuras han sido calificadas como *ángeles masónicos*, que estarían representando diferentes posturas de ritos de la masonería. Todas estas figuras bastante

---

284. Los Nephilim son, en la Biblia y otros escritos religiosos judíos y cristianos, un pueblo de gigantes o titanes que se mencionan en el Génesis 6:4 y en el Libro de los Números 13:33.

extrañas, difíciles de encontrar en las iglesias de Escocia, no era tan raro hallarlas en Francia ni para los arquitectos medievales, ni para la mano de obra que erigió la capilla. Algunos de sus diseños han sobrevivido gracias a la pericia del Maestro masón francés Villard de Honnecourt (c. 1175-1240).

Existe un capitel que ha hecho correr mucha tinta en el mundo masónico, está situado en el exterior de la capilla en la primera ventana del sudoeste. Es la talla masónica más evidente. Se trata de una escultura de dos hombres arrodillados en medio de dos pilares, uno de ellos está con los ojos vendados y tiene una cuerda alrededor del cuello. El segundo hombre se encuentra detrás del primero, sosteniendo la cuerda y tiene una cruz a lo largo de su camisa al estilo de las capas templarias. Todo masón podría decir a primera vista que esta escultura representa el 1.er grado de iniciación en la masonería, el grado de Aprendiz. Actualmente la escultura es difícil de descifrar, a causa de haber sufrido mucho más que otras la erosión del tiempo y que fue la más mutilada.

Esta indescifrabilidad producida por la erosión y el daño creado por la turba de Edimburgo es lo que llevó a Francis R. St. Clair-Erskine, 4.º conde de Rosslyn[285] a «mejorar» la capilla en la década de 1860 y a sustituir un invento masónico de mampostería, que consistía en tallas esculpidas que cubrían la típica unión de las piezas de piedra en posición vertical con las piedras horizontales de apoyo, por un estilo más prerrafaelista al revestir la capilla Rosslyn con el entonces popular e imaginativo medievalismo victoriano, tal vez esa escultura sea la única que se salvó, gracias a su deterioro. A la vista del capitel, asalta la pregunta para un masón del siglo XXI: ¿se trata de una iniciación de un masón en 1450, o más bien esta escena hizo que nuestros predecesores inspirasen a los masones especulativos de 1717?

---

285. Después de 1778, año de la muerte de *sir* William St. Clair, barón de Rosslyn, sin descendencia, los herederos que ya no pertenecían a la familia Saint-Clair pasaron de ser una baronía a un condado.

Otra de las piezas que se encuentra dentro de la capilla y que es tema de escritura y discusión, sin lugar a dudas, es el Pilar del Aprendiz. Cuenta la leyenda que al maestro masón que estaba realizando las tallas de las tres columnas Aprendiz, Compañero y Maestro le faltó inspiración en la realización de la primera. El maestro se fue a buscarla a Roma y cuando regresó se encontró que su aprendiz había realizado una exquisita obra con la columna. Enfurecido por los celos, atacó al aprendiz hiriéndole de muerte. Existe una escultura dentro de la capilla que muestra a un joven con un corte en la frente, puede ser la representación del aprendiz o que la talla fuera dañada, accidental o intencionadamente, cuando los altares fueron destruidos o cuando la capilla fue atacada por la turba puritanista[286] procedente de Edimburgo. Las cabezas del maestro, del aprendiz herido y de su madre, se hallan talladas a media altura, bajo la base de estatuas. Si esto es un mito o una historia real no se conoce, puede que esté basada en aspectos ritualísticos masónicos o en la leyenda de Hiram Abi, lo cierto es que la consagración del edificio se retrasó porque durante su construcción había ocurrido un hecho violento. Ya hemos visto que sobre la capilla circulan muchas teorías, pero la más sorprendente, si cabe, es la del antropólogo Keith Laidler,[287] que afirma que bajo el Pilar del Aprendiz se encuentra la cabeza momificada de Cristo, evidentemente, traída por los templarios y trasladada desde Jerusalén a Escocia. Basa su teoría en una inscripción que tiene dicho pilar «*Here beneath this pillar lies the head of God*» (Tras este pilar se encuentra la cabeza de Dios).

No es de extrañar entonces que hace unas décadas, una mujer se encadenase al pilar, asegurando que no cesaría en su empeño hasta que

---

286. El puritanismo fue una parte radical del protestantismo, tuvo su origen en la edad de la Reforma en Inglaterra durante el reinado de Isabel I, el dogma central del puritanismo era la autoridad suprema de Dios sobre los asuntos humanos. Para algunos, tal autoridad se expresaba hasta el grado de la predestinación enseñada por Jean Calvin *(Calvinus)*.
287. Keith Laidler, *La cabeza de Dios: El Tesoro oculto de los templarios,* Editorial EDL, Madrid, 2007.

no fuera cortado y revelado lo que contenía dentro, y en otra ocasión entró una persona con una piqueta con la intención de demolerlo, por suerte fue detenido justo a tiempo. Teorías como las de Laidler hacen que personas influenciables intenten actos que les encantan a los medios de comunicación, pero que restan credibilidad a los hechos reales.

Pero sigamos nuestro recorrido por la capilla. Junto al Pilar del Aprendiz hay otros dos, el del Maestro y el del Compañero, ambos bellamente decorados. Sin embargo, el del Aprendiz está rodeado por viñedos en su parte superior y por ocho dragones o serpientes aladas en su base. Este pilar representa el Árbol de la Vida, los dragones se han comido los frutos de las vides y permiten que el árbol crezca con pureza.

El árbol relacionado con el eje del mundo y su correlación con la vida, por emerger de la tierra y tender hacia el cielo, nos inclina a hacerle partícipe de las relaciones entre lo humano y lo divino, lo que significa que todo se mueve alrededor de ese *Axis Mundi*, dualidad cuerpo-espíritu. Buda alcanzó la iluminación sentado debajo del árbol Bodhi porque allí recibía la fuerza del cosmos, al ser el símbolo de la vida, como queda evidenciado por su dos tipos de hojas, una la caduca, que le recuerda al hombre el ciclo de la muerte, y otra, la perenne, que señala la inmortalidad de la vida.

Aunque muchos libros se han escrito sobre la capilla Rosslyn, ninguno ha explicado con claridad la importancia de los tres pilares que se encuentran relacionados con la masonería y sus tres grados: Aprendiz, Compañero y Maestro. Cada uno tiene su ritual de iniciación, y desde su inicio la capilla fue elegida por los masones como lugar para sus iniciaciones. Simplemente existe una anomalía. Todo el mundo espera que el Pilar del Maestro sea el más espléndido, el más decorado, el más exuberante, sin embargo en Rosslyn el más decorado es el del Aprendiz. Cabe preguntarse si esta historia es sólo un mito, y que la construcción del pilar fue así desde su inicio, en ese caso, ¿qué pretendía transmitir el constructor cuando ordenó que la columna de Aprendiz se tallara de esa forma? Hablan sencillamente de la ascensión de grados y del despojo de los ornamentos según se va llegando al grado 33.º.

Resalta también la inscripción que hay en la capilla escrita en latín, que la podemos apreciar elevando la vista al este, justo donde el arquitrabe une el Pilar del Aprendiz con la bóveda se lee: «el vino es fuerte, el rey lo es más, las mujeres son más fuertes, pero la verdad conquista a todos», junto a esta bóveda está el pilar muy ornamentado del Aprendiz y al otro lado el pilar liso. Es curioso que sólo haya una sola inscripción en la capilla y que tenga que ver con una cita de la Biblia, nada especial, si no fuera porque está directamente relacionada con Zorobabel, el constructor del segundo Templo de Jerusalén. Zorobabel es una figura importante en la masonería, y como hemos mencionado en páginas anteriores, consiguió la libertad de los judíos de la cautividad y reconstruyó el Templo de Salomón, foco central de la masonería, en general, y que según Brydon[288] esta frase se vincula con el grado masónico de Arco Real.

Para terminar, debo decir que el último descubrimiento ha sido una partitura musical, escondida durante 500 años en los misteriosos signos grabados en los cubos de la capilla Rosslyn. Es una secuencia de 213 cubos que sobresalen de los pilares y arcos con un patrón simétrico. Los investigadores de este hecho han sido Thomas Mitchell y su hijo Stuart, el padre fue decodificador criptográfico de las Fuerzas Aéreas, y el hijo, es maestro de música en Edimburgo. Terminan de formar el equipo con otros dos músicos, Merrick Richard y John Reid.

Los investigadores han llegado a la conclusión que esas partituras musicales responden a figuras cúbicas creadas por las vibraciones de grandes diapasones musicales, según los modelos de los llamados patrones Chladni. Son unas formas geométricas que se desarrollan cuando una placa cubierta de polvo vibra en frecuencias específicas. Con la partitura en la mano, los Mitchell produjeron una pieza musical a

---

288. Robert Brydon, *Rosslyn and the Western Mystery Tradition*, Rosslyn Chapel Trust, Roslin, 2003.

la que llamaron *Rosslyn Motet* –el *motete*[289] de Rosslyn–. En unas declaraciones, Stuart Mitchell afirmó: «Lo que estamos haciendo es un "sistema de afinación geométrico" que se llama Cymatics.[290] Su presencia dentro de la naturaleza es una poderosa representación de un sistema musical-sonido, inherente a la estructura del espacio y el tiempo. Por lo tanto, la capilla, siendo un lugar sagrado a la naturaleza, comparte con el mundo la misma música y la síntesis funcional dentro de la naturaleza».

En pocas palabras, como hemos visto, se han elaborado muchas hipótesis sobre Rosslyn, sus diseñadores se esforzaron mucho para dejarnos una riqueza simbólica y un conocimiento con la esperanza de que nosotros, como especie, pudiéramos beneficiarnos de sus efectos. La Capilla Rosslyn como todas las catedrales construidas por los masones en Europa, es una verdadera enciclopedia de símbolos herméticos para el buen observador perspicaz.

---

289. El motete es una breve composición musical de tema religioso que se suele cantar en las iglesias.
290. *Cymatics* es un término genérico inventado por el médico suizo Hans Jenny, para nombrar el campo de la ciencia en el estudio de los fenómenos modales. El origen deriva de la palabra griega *Kuma,* que significa «ola» u «onda» y de esa forma se describen los efectos periódicos que tiene el sonido y la vibración de la materia. El efecto no es nuevo, Galileo Galilei en *Diálogo sobre los dos máximos sistemas del mundo* (1632), Alianza Editorial, Madrid, 1995, ya describe cómo registró como un cuerpo oscilante muestra patrones regulares si el sonido es silbante.

# Bibliografía

Allegro, J. M.: *Le Champignon sacre et la Croix*. Albin Michel, París, 1971.

Asimov, I.: *Historia y cronología de la ciencia y los descubrimientos*. Ariel, Barcelona, 2007.

Bayard, J. P.: *El secreto de las catedrales*. Tikal, 1995, Madrid.

Bernal, M.: *Atenea negra: las raíces afroasiáticas de la civilización clásica. La invención de la antigua Grecia, 1785-1985*. Crítica, Barcelona, 1993.

Bouza, F. y checa, F. (coord.): *El Escorial, biografía de una época. La historia*. MEC, Madrid, 1986.

Bovati, P.: *Quando le fondamenta sono demolite, che cosa fa il giusto? La giustizia in situazione di ingiustizia*, RStB 14, Roma, 2002.

—: *Ristabilire la giustizia. Procedure, vocabolario, orientamenti*, AnBib 110, Roma, 1986.

Brown, D.: *El código da Vinci*, Planeta, Barcelona, 2010.

—: *El último símbolo*, Planeta Internacional, Barcelona, 2010.

Bryant, J.: *New System or an Analysis of Ancient Mythology*. Kessinger Publishing, Montana, EE. UU., 2003.

Brydon, R.: *Rosslyn and the Western Mystery Tradition*. Rosslyn Chapel Trust, Roslin, 2003.

Bustamante García, A.: *La octava maravilla del mundo, (estudio histórico sobre El Escorial de Felipe II)*. Alpuerto, Madrid, 1994.

Capra, F.: *El tao de la física*. Sirio, Málaga, 2006.

Casio, D. (Cassius Dio): *Historia romana*. Gredos, Madrid, 2004.

CHAMPOLLION, J. L.: *Une vie de lumières.* Grasset, París, 1989.
CHARPENTIER, E.: *Para leer el Nuevo Testamento.* Verbo Divino, Estella, 1981.
CHUECA GOITIA, F.: *Andrés de Vandelvira.* Blass S.A., Madrid, 1954.
—: *Andrés de Vandelvira: arquitecto.* Instituto de Estudios Gienenses, Jaén, 1971.
CICERÓN: *Las Leyes.* Gredos, Madrid, 2009.
—: *Sobre la naturaleza de los dioses.* Gredos, Madrid, 2001.
CLEMENTE DE ALEJANDRÍA, *Stromata.* Ed. Ciudad Nueva, Madrid, 2003.
CLYMER, Dr. R. S.: *Mysteries of Osiris or Ancient Egyptian Initiation.* Philosophical Publishing, Quakertown, PA, 1951.
COIL HENRY, W.: *Enciclopedia masónica Coil,* Macoy Pablishing, Nueva York, 1961.
COOPER, R. L. D.: *The Rosslyn Hoax,* Lewis Masonic, Londres, 2006.
CUMONT, F.: *Les Mystères de Mithra.* Editions d'Aujourd'hui, París, 1985.
—: *Textes et Monuments figurés relatifs aux mysteres de Mithra.* H. Lamertin, Bruxelles, 1896.
DAVY, M.-M.: *La Montagne et sa symbolique.* Albin Michel, París, 1996.
DE CESÁREA, E.: *La préparation évangélique.* Ed. du Cerf, Paris, 1980.
DE CLARAVAL, B.: *Obras completas: Cartas (Tomo VII),* Biblioteca de Autores Cristianos, Madrid, 2003.
DE IRENEO, L.: *Adversus haereses (contra los herejes).* Versión española editada por el Episcopado Mexicano, Mexico, 2000.
DE LA CRUZ, S. J.: *Obras completas.* Alianza Editorial, Madrid, 1991.
DE MONTAIGNE, M.: *Los ensayos.* El Acantilado, Barcelona, 2007.
DE NERVAL, G.: *Viaje al Oriente.* Valdemar, Madrid, 1988.
DE SÈDE, G.: *El oro de Rennes.* Plaza & Janés, Barcelona, 1967.
DEBUS, A.: *The chemical philosophy. Paracelsian science and medicine in the sixteenth and seventeenth centuries.* Science History Publications II, Nueva York, 1977.
DIODORO, S.: *Biblioteca Histórica. Obra completa.* Gredos, Madrid, 2001-2012. Traducción de Juan José Torres Esbarranch.

DION, F.: *Las órdenes esotéricas y su trabajo.* Luis Cárcamo, Madrid, 1981.
DR. BUCK: *Masonería mística.* Blavatsky Editorial, México, 2005.
EINSTEIN, A.: *The principe of relativity.* Dover, Nueva York, 1959.
EPICTETO: *Disertaciones por Arriano.* Gredos, Madrid, 1993.
ESTRABÓN: *Obra completa, Geografía.* Gredos, Madrid, 2001.
EVANS, H. R.: *Cagliostro y su Rito Egipcio de la francmasonería.* Revista de la Nueva Era, México, 1919.
FAULKNER, R. O.: *The Ancient Egyptian Pyramid Texts.* Oxford University Press, Oxford, 1969.
FILÓN DE ALEJANDRÍA: *Obras completas.* Trotta, Madrid, 2009.
FLAVIO, J.: *Antigüedades judías.* Akal, Madrid, 2002.
—: *La guerra de los judíos.* Gredos, Madrid, 1997.
FORT NEWTON, J.: *Los arquitectos.* Diana, México, 1976.
FREKE, T. y GANDY, P.: *Los misterios de Jesús. El origen oculto de la religión cristiana.* Grijalbo, Barcelona, 2000.
GALILEO GALILEI: *Diálogo sobre los dos máximos sistemas del mundo.* Alianza Editorial, Madrid, 1995.
GÓMEZ DE LIAÑO, I.: *El círculo de la sabiduría.* Siruela, Madrid, 1998.
GÓMEZ MORENO, M.: *Las águilas del Renacimiento español.* Madrid, 1941, reed. Xarait, Madrid, 1983.
GOODMAN, D.: *Poder y penuria. Gobierno, tecnología y ciencia en la España de Felipe II.* Alianza Editorial, Madrid, 1990.
GUÉNON, R.: *Símbolos fundamentales de la ciencia sagrada.* Edudeba, Buenos Aires, 1969.
—: *Apercepciones sobre la iniciación.* Ediciones C. S., Buenos Aires, 1993.
—: *Etudes sur la Franc-Maçonnerie et le Compagnonnage.* Ed. Traditionnelles, París, 1992.
—: *La gran tríada.* Paídos Ibérica, Barcelona, 2005.
—: «Pierre bruta et pierre taillé», *Études Traditionnelles.* París, 1949.
HAMBLIN, W. J. y SEELY D. R.: *El Templo de Salomón.* Akal, Madrid, 2008.

Hay, R. A.: *The Genealogy of the Saintclaires of Rosslyn*. Thomas G. Stevenson, Edimburgo, 1835.

Hobbes, T.: *Leviatán: o la materia, forma y poder de una república eclesiástica y civil*. Alianza Editorial, Madrid, 1999.

Hutchinson, W.: *The Spirit of Masonry in Moral and Elucidatory Lectures*. Tegg, Londres, 1815.

Huxley, A.: *La filosofía perenne*. Edhasa, Barcelona, 1993.

Johnson, P.: *La historia de los judíos*. Zeta Bolsillo, Barcelona, 2010.

Kiss Maerth, O.: *El principio era el fin*. Barral, Barcelona, 1973.

Laidler, K.: *La cabeza de Dios. El tesoro oculto de los templarios*. EDL, Madrid, 2007.

Le Camus, J. P.: *Orígenes del cristianismo. La obra de los apóstoles*. Ed. Gili, Barcelona, 1910.

Leakey, R. y Lewin, R.: *Nuestros orígenes, lo que nos hace humanos*. Crítica, Barcelona, 1994.

Lenteric, B.: *Hiram, arquitecto de reyes*. Grijalbo, Buenos Aires, 2007.

Levi, E.: *La clave de los grandes misterios*. Humanitas, Barcelona, 2000.

López Piñero, J. M.: *Ciencia y técnica en la sociedad española de los siglos XVI y XVII*. Labor, Cerdanyola (Barcelona), 1979.

Mackey, A. G.: *An Encyclopedia of Freemasonry*, reeditada por Nabu Press, Charleston, 2010.

Mackey, R. W.: *El simbolismo francmasónico*. Diana, México, 1981.

Márquez, A.: *Literatura e Inquisición en España*. Taurus, Madrid, 1976.

Mazzoni, L.: *La Biblia secreta del rastafari*. Corona Borealis, Málaga 2010.

Meir, H.: *History of the Jewish people*. Mesorah Publications, Nueva York, 1986.

Mircea, E.: *El mito del eterno retorno*. Alianza Editorial, Madrid, 2000.

Morales Vallejo, J.: *El símbolo hecho piedra*. Áltera, Madrid, 2008.

Neuve-Eglise, A.: «Symbolisme de la montagne dans la Bible et le Coran: le lieu de l'appel et de la rencontre avec le divin», *Revue de Teherán* n.º 34, Teherán, Irán, septiembre de 2008.

Nieto, V. y Morales, A. J.: *Arquitectura del Renacimiento en España.* Cátedra, Madrid, 1986.
Platón: *Diálogos.* Gredos, Madrid, 2003.
Plinio el Viejo: *Historia natural.* Gredos, Madrid, 1995.
Proclo: *Lecturas al Crátilo de Platón.* Akal, Madrid, 1999.
Puech, H. C.: *En torno a la gnosis.* Fondo Taurus, Madrid, 1992.
Puerto, F. J. y otros: *Los hijos de Hermes. Alquimia y espagírica en la terapéutica española moderna.* Corona Borealis (El Observatorio), Madrid, 2001.
Puerto, J.: *La Leyenda verde: Naturaleza, sanidad y ciencia en la corte de Felipe II (1527-1598).* Junta de Castilla y León, Salamanca, 2003.
Rebold, E.: *Histoire générale de la Franc-Maçonnerie* (1851). Reeditado por Kessinger Publishing, Whitefish, Massachusetts, 2009.
Renán, E.: *La vida de Jesús.* Edaf, Madrid, 2005.
Rodríguez, P.: *Mentiras fundamentales de la Iglesia Católica*, Ed. B., Barcelona, 1997.
Roman, D.: *René Guénon et les Destins de la Franc-Maçonnerie.* Ed. Traditionnelles, París, 1995.
Runciman, S.: *Los maniqueos de la Edad Media. Un estudio de los herejes dualistas cristianos.* Fondo de Cultura Económica, México D. F., 1989.
Sánchez-Casado, G.: *Los altos grados de la masonería.* Akal (Foca), Madrid 2009.
Satprem: *Sri Aurobindo o La aventura de la consciencia.* Ediciones Obelisco, Barcelona, 1988.
Schubert, K.: *Una fe dividida. Sectas y partidos religiosos judíos.* Alianza Editorial (El Crisol del Cristianismo), Madrid, 1988.
Schure, E.: *Los grandes iniciados.* Edicomunicación, Barcelona, 1989.
Scott, W.: *El canto del último trovador.* Juan Oliveres editor, Barcelona, 1843. Reeditado en español por Kessinger Publishing en 2010.
—: *El talismán.* Imprenta de Antonio Bergnes, Barcelona, 1838. Reeditado por editorial Iberia, Barcelona, en 1958.

SERLIO, S.: *Tercer y Quarto libro de Architectura.* Ed. F. de Villalpando, Toledo, 1552.

SMITH, H.: *Druses and Their Relation to Masonery.* Ars Quatuor Coronatorum, IV, London. 1901.

SMITH, W. y ANTHON, C.: *A new classical dictionary of Greek and Roman biography, mythology and geography : partly based upon the Dictionary of Greek and Roman biography and mythology.* Kessinger Publishing, Whitefish, EE. UU., 2009.

STANIHURST, R.: «El toque de alquimia». En: Tausiet Carles, María, *Un toque de alquimia: un método casi infalible dedicado a Felipe II por Richard Stanyhurst,* La ciencia en el monasterio de El Escorial: actas del Simposium, cord. Francisco Javier Campos y Fernández de Sevilla, Madrid, septiembre de 1993.

STILLINGFLEET, E.: *Origines sacrae: Or a Rational Account of the Grounds of Natural and Revealed Religion,* Vol. 1 y 2, reeditado por Forgotten Books, Amazone, 2012.

SUZUKI, D. T.: *Mahayama, Mahayana buddhism.* Allen and Unwin, Londres, 1959.

TAYLOR, R.: *Arquitectura y magia.* Siruela, Madrid, 1992.

—: *Hermetism and Mystical Architecture in the Society of Jesus dans Baroque Art. The Jesuit Contribution.* Ed. R. Wittkowwer & I.B Jaffe, Nueva York, 1972.

TURNBULL, M. T. R. B.: *Rosslyn Chapel Revealed.* Sutton Publishing, Stroud/Gloucestershire, RU, 2009.

VOSSIUS, G. J.: *Etymologicon Linguae Latinae,* Ludovicum & Danielen Elzevirios, Amsterdam, 1662.

WATZLAWICK, P. y KRIEG, P.: *El ojo observador.* Gedisa, Barcelona, 1998.

WEIGALL, A.: *The Paganism in Our Christianity.* G. P. Putnam & Son, 1928.

YATES, F. A.: *El arte de la memoria.* Siruela, Madrid 2005.

—: *El iluminismo rosacruz.* Siruela, Madrid, 2008.

—: *La filosofía oculta.* Fondo de Cultura Económica, Madrid, 1982.

# Índice alfabético

## A
Abel 102, 103, 104, 105, 108, 143
Abibal, rey Berytiens 114
Abraham 18, 23, 54, 99, 101, 102, 109, 137, 187, 256
Abraham ben Jacob 256
Abraham Schalit 54
Adriano 36, 37
Ageo 31
Agostino Steuco 149
Agustín Bustamante 246, 247
Albert Pike 141, 150, 269, 271, 272
Aldous Huxley 150
Alejandro I Balas 63
Alejandro Janeo 33, 53, 56, 64
Alejandro Magno 32, 183
Alessandro Cagliostro 266
Allen Debus 229, 230
A. Loisy Autran 173
Amiano Marcelino 38
Andrea Palladio 262
André Dupont-Sommer 74
Annie Bésant 20
Antíoco IV 32
Antonio Canegieter 252
Antonio Márquez 237
Antonio Perrenot 230
Aretas III 33
Arias Montano, Benito 234, 236
Arístides 184
Aristóbulo 33, 34, 64
Aristófanes 188
Aristóteles 46, 96, 152
Arrio 113
Artajerjes 32
Arthur Weigall 173

## B
Balduino I de Jerusalén 285
Baptista Alberti 250
barón de Hund 190
Baruc 30
Bernabé de Busto 242
Bernard Enginger 224
Bilkis 108, 122, 123, 125, 126, 127, 129, 130, 131, 132, 136, 138, 139
Brahma 10
Buda 13, 15, 81, 166, 291
Burrows 16

## C
Caín 102, 103, 104, 105, 106, 107, 108, 109, 118, 119, 143
Cambises 32
Cardenal Silíceo 242
Carlos I 232, 237, 246
Carlos II 255, 259
Caterina de Siena 10
Cerinto 217
Charles Anthon 113
Charles Fourier 259
Christian Heinrich Postel 258

Christian Rosenkreutz 21, 190
Christopher Knight 284, 287
Christopher Plantin 236
Christopher Wren 255, 256
Chueca 242, 245, 296
Cicerón 97, 184, 185, 260, 296
Ciro II 31
Clemente de Alejandría 181, 182, 260, 296
Clemente V 286
Constantino el Grande 34, 38
Cornelio Agrippa 232
Cornell Martin Bernal 265
Cosme de Medici 235

# D

Dan Brown 262, 263, 273, 284
Daniel, el profeta 30, 58
Darío I 32
David Roberts 275
Diego Bertrán 232
Diego de Santiago 234
Diego Fernández de Córdova 242
Diego Hurtado de Mendoza 234
Diodoro Sículo 125, 265, 267
Diógenes de Sinope 194
Dion Casio 36
Dion Crisóstomo 64
Dion Fortune 198
Dionisio Aeropagita 238
Dupont-Sommer 74
Duque de Alba 237

# E

Edouard Schure 152, 191, 192
Eduardo II de Inglaterra 283
Edward Stillingfleet 119, 120
E. H. Gifford 114
Eleázar ben Simón 56
Elias Ashmole 190
Eliphas Levi 106, 196, 263
Emanuel Swedenborg 10
Enoch 58, 65, 105, 106, 148, 149, 163

Enufis de Heliópolis 260
Epicteto 187, 297
Epifanio de Constancia 64
Erasmo de Rotterdam 237
Ernesto de Wittelsbach 231
Esdras 31, 32, 54, 55, 221
Esmerdis 32
Euclides 249, 260
Ezequías 27
Ezequiel 22, 27, 28, 29, 30, 34, 49, 55, 152, 247, 256, 257

# F

F. Chrysander 258
Felipe II 7, 227, 229, 230, 231, 232, 234, 240, 241, 242, 243, 244, 245, 246, 247, 248, 250, 251, 252, 253, 254, 257, 295, 297, 299, 300
Fernández de Madrigal, Alfonso 244
Fernando Checa 241, 242
Filón de Alejandría 66, 112, 150
Filón de Biblos 112, 114
Flavio Josefo 35, 50, 51, 64, 67, 68, 87, 89, 146, 150, 243, 245, 255
Frances A. Yates 238, 239, 297
Francesco Giorgi (Francesco Zorzi) 238
Francis Bacon 189, 259
Francisco Alonso-Fernández 232
Francisco de Hobelque 252
Francisco de Urbino 246
Francisco Ibarra 252
Francisco Sánchez de las Brozas 232
Franz Cumont 173, 174
fray José de Sigüenza 237, 248, 250
fray Lucas Paccioli 250
fray Luis de León 237
fray Richard Augustine Hay 277, 279, 280
Fred W. de Laneym 261
Fritjot Capra 207

# G

Gandhi 166
Gaspar de Quiroga y Sandoval 230

George F. Schreiber 261
George Ripley 254
George Rogers Bigelow 260
George Washington 263, 269
Gerald Ford 269
Gerhard Schott 258
Giordano Bruno 190, 212, 259
Giovanni Vincenzo Forte 234
Gottfried Leibniz 150
Gregorio del Olmo 140
Gregorio López Madera 242

## H

Hanan Eshel 75
H. C. Puech 219
Helmut Ziegert 138, 139
Henry Saint Clair 279, 282, 283, 284
Henry W. Coil 266
Heráclito 212
Hermes Trimegisto 235
Herodes I 34
Heródoto 265
H. Falk 59
Hilario Santos Alonso 257
Hilcías 83
Hipólito de Ostia 64
Hiram Abi 40, 42, 43, 44, 76, 85, 86, 87, 92, 94, 95, 98, 101, 111, 122, 133, 134, 143, 144, 145, 162, 164, 166, 172, 197, 258, 290
Hiram, rey de Tiro 43, 86, 92, 144
Hircano II 33, 55
H. Leroy 59
Honorato Juan 242
Hugues de Payns 282
Huston Smith 150
Hyam Maccoby 59

## I

Ian Halliday 39
Ignacio de Loyola 231
Ignacio Gómez de Liaño 70, 217, 218, 222
Iojanán ben Zakai 35

Irineo de Lyon 217
Isaac Newton 10, 257
Isaías 28, 69, 73, 101, 131
Isócrates 188

## J

Jacob Boehme 10
Jacob Jehuda León 255
Jacobo II 276, 281
Jacqueline Dauxois 142
Jámblico 38, 152
James George Frazer 170
James Stevens Curl 265
J. C. Mardrus 142
Jean François Champollion 264
Jean-Jacques Rousseau 259
Jean-Pierre Bayard 41
Jeconías 28
Jeremías 28, 69
Jerjes de Persia 82
Jeroboam 135
Jesús de Nazaret 59
J. M. Ragón 179
J. M. Robertson 173
Johann Bernhard Fischer von Erlach 256
Johann G. Fichte 212
Johann Jacob Scheuchzer 257
Johann Saubert de Helmstadt 255
Johannes Lund 256
Johannes Reuchlin 235
John B. Orr 261
John Dee 232
John de Segrave 279
John H. Elliot 243
John Henry Cowles 272
John Keats 268
John Locke 120
John M. Allegro 74
John Reid 292
John Russell Pope 262, 268, 269
John W. Cowles 261
John Wood 257
Jokoub Adol Mar 142
Jonatán Macabeo 63

José Luis Abellán  250
José Pardo Tomás  230
Joseph Smith  10
Josías de Judá  27, 83
Josquin des Prés  239
Joviano  39
Juan Bautista de Toledo  240
Juan Bautista Villalpando  240, 243, 247
Juan Calvete de Estrella  242
Juan de Giscala  56, 57
Juan de Herrera  229, 234, 240, 243, 244, 246, 248, 249, 250
Juan de la Cruz  10, 12, 231
Juan de Valdés  232
Juan de Zúñiga  242, 252
Juan el Bautista  70
Juan Hicarno  33, 53, 56, 63
Juan Páez de Castro  234
Judas Macabeo  32
Juliano el Apóstata  38
Jung  41, 169
Juste de Fraye  252

## K

Karl C. Krause  212
Karl Marx  166
Kaspar Schwenkfeld  10
Keith Laidler  290
Ken Wilber  150
Kurt Schubert  54, 55

## L

Le Fèvre de la Boderie  238
Leonardo Fioravanti  253
Leonhard Christoph Sturm  256
León Zeldis  71
Lévy-Bruhl  233
Llorenç Coçar  230
López Piñero  229, 298
Louis Antoine  177
Luca Cambiaso  250
Ludovico Capellus  255
Luis Moya  245

## M

Mackey  98, 99, 266, 267, 298
maestro de Justicia  62, 63, 69, 74
maestro Eckhart  10
Mahoma  14, 15, 16, 23, 99, 166
Maimonides  255
Makeda  123, 124, 132, 139, 142
Malcom III  278, 279
Manetón  183
Mani  217
Marcel Detienne  170
Marción  217
Marduk  5, 80, 82
Margaret Ramsey  279
María-Madeleine Davy  22
Marsilio Ficino  235
Martin Bernal  265, 270
Martines de Pascually  24
Mateo Vázquez Leca  252
Mausolo, rey de Caria  269
Menelik I  84, 131, 132, 134, 135, 139, 140
Merrick Richard  292
Michael A. Persinger  209
Michael Turnbull  283
Miguel de Molinos  11
Mircea Eliade  17, 83
Moisés  14, 16, 18, 19, 22, 25, 29, 52, 58, 59, 67, 99, 101, 102, 113, 114, 140, 158, 166, 221
Morales Vallejo  240, 299
Mozart  266

## N

Nabucodonosor  28, 31, 131, 159
Nerón  35, 97
Nicholas Clapp  142
Nicholas Hawkmoor  256
Nikolaus Goldmann  256

## O

Ovidio  82

## P

padre Francisco Bonilla 253
padre Prado 240
Paracelso, Teofrasto 230
Parménides 220
Pedro del Hoyo 252
Pedro Gordon 142
Pellegrino Tibaldi 233, 234, 246
Percy Bysshe Shelley 267
Phlibert de l'Orme 240
Pico della Mirandola 190, 235, 259
Pitágoras 38, 89, 152, 183, 184, 260, 265
Platón 38, 46, 102, 121, 148, 152, 183, 186, 188, 207, 235, 259, 265, 269, 299
Plinio el Viejo 64
Plotino 212
Plutarco 176, 260
Pompeyo 33
Porfirio 114, 152
Preste Juan 138
Proclo 186, 265, 299

## R

Rabban Gamaliel 60
Rachel Elior 75
Raymundo Lulio 229, 244, 253, 254
René Guénon 24, 145, 149, 196, 197, 198, 201, 299
René Taylor 240, 251
rey David 22, 23, 42
rey Herodes 56
rey Salomón 22, 23, 25, 39, 49, 84, 99, 125, 126, 127, 132, 133, 134, 139, 143, 145, 147, 158, 257
Richard Stanihurst 231, 234, 253, 254
R. North 49
Robert Bruce 279, 283, 284
Robert Brydon 292
Robert Burns 275
Robert Fludd 20, 190, 191
Robert Hays 268
Robert Lomas 284, 287
Robert Owen 259
Roboam 83, 135
Rodrigo Zamorano 234
Roland Guerín 62
Rosso de Luna 239
Rudolf Steiner 205
Ruy Gómez de Silva 252

## S

Saint Simon 259
Salomé Alejandra 33
Sanchoniaton 112, 113, 114, 115, 116, 118
san Francisco de Asís 10
san Juan de la Cruz 10
san Mateo 276
san Pablo 184
santa Hidelgarda 10
Sebastiano Serlio 243
Semíramis 113, 114
Sexto Julio Severo 37
Sigmund Freud 169
Simón bar Kojba 37
Simón ben Giora 56, 57
Simón el Mago 217, 218
Simón Macabeo 56
Sócrates 97, 166, 188, 207
Sófocles 184
Spinoza 212
Stuart Mitchell 293

## T

Taná Akiva 37
Teresa de Jesús 231
Tertuliano 217, 269
Theodore Roosevelt 269
Thomas Jefferson 262
Thomas Mitchell 292
Tito 34, 35, 37, 57, 61
Tomaso Campanella 190, 259
Tubalcaín 42, 87, 88, 107, 108, 109, 111, 112, 118, 119, 120, 121, 122, 197
T. W. Manson 49

## V

Valentín de Andreæ 21
Verdi 266
Vespasiano 35, 36, 37, 56, 57
Villalpando 240, 241, 243, 247, 248, 255, 256, 257, 300
Villard de Honnecourt 40, 289
Virgilio 253

## W

Walter Scott 275
Wensinck 16
William Blake 10
William Hutchinson 120
William Penn 259
William Saint Clair 275, 276, 277, 278, 279, 281, 282, 283, 284, 285, 286, 287
William Schaw 281
William Wallace 279
William Wordsworth 275
Wolfram Von Eschenbach 21

## Y

Yehovah 5, 16, 25, 28, 73, 82, 83, 103, 104, 105, 114, 127, 137, 145, 222
Yus Asaf 70

## Z

Zeus 15, 32, 38, 110
Zorobabel 22, 29, 31, 32, 34, 161, 164, 292
Zósimo 184

# Índice

**Prólogo** . . . . . . . . . . . . . . . . . . . . . . . . . . . . . . . . . . . . . . . 5

**Capítulo I** . . . . . . . . . . . . . . . . . . . . . . . . . . . . . . . . . . . . . 9
    Las montañas sagradas . . . . . . . . . . . . . . . . . . . . . . . . . 9
    La construcción del Templo . . . . . . . . . . . . . . . . . . . . . . 22
    El significado del Templo . . . . . . . . . . . . . . . . . . . . . . . . 40

**Capítulo II** . . . . . . . . . . . . . . . . . . . . . . . . . . . . . . . . . . . . 49
    Los saduceos y fariseos . . . . . . . . . . . . . . . . . . . . . . . . . . 49
    Los esenios . . . . . . . . . . . . . . . . . . . . . . . . . . . . . . . . . . 61
    Los otros dioses en el Templo de Salomón . . . . . . . . . . . 76

**Capítulo III** . . . . . . . . . . . . . . . . . . . . . . . . . . . . . . . . . . . 85
    ¿Quién construyó el Templo? . . . . . . . . . . . . . . . . . . . . . 85
    El origen cainita de Hiram . . . . . . . . . . . . . . . . . . . . . . . 101
    Bilkis, la reina de Saba . . . . . . . . . . . . . . . . . . . . . . . . . . 122

**Capítulo IV** . . . . . . . . . . . . . . . . . . . . . . . . . . . . . . . . . . . 143
    El Templo del rey Salomón y las logias . . . . . . . . . . . . . . 143
    El origen y significado de la leyenda . . . . . . . . . . . . . . . . 160
    El mito solar y el hombre . . . . . . . . . . . . . . . . . . . . . . . . 169

**Capítulo V** . . . . . . . . . . . . . . . . . . . . . . . . . . . . . . . . . . . . 179
    Los iniciados . . . . . . . . . . . . . . . . . . . . . . . . . . . . . . . . . 179

El hombre verdadero .................................. 193
La llave del conocimiento ............................ 205

**Capítulo VI** ............................................... 227
El Templo de Jerusalén y Felipe II ................. 227
El Templo del Rito Escocés de Washington ..... 258
La capilla Rosslyn, un pedazo de masonería escocesa ..... 273

**Bibliografía** ............................................. 295

**Índice alfabético** .................................... 301